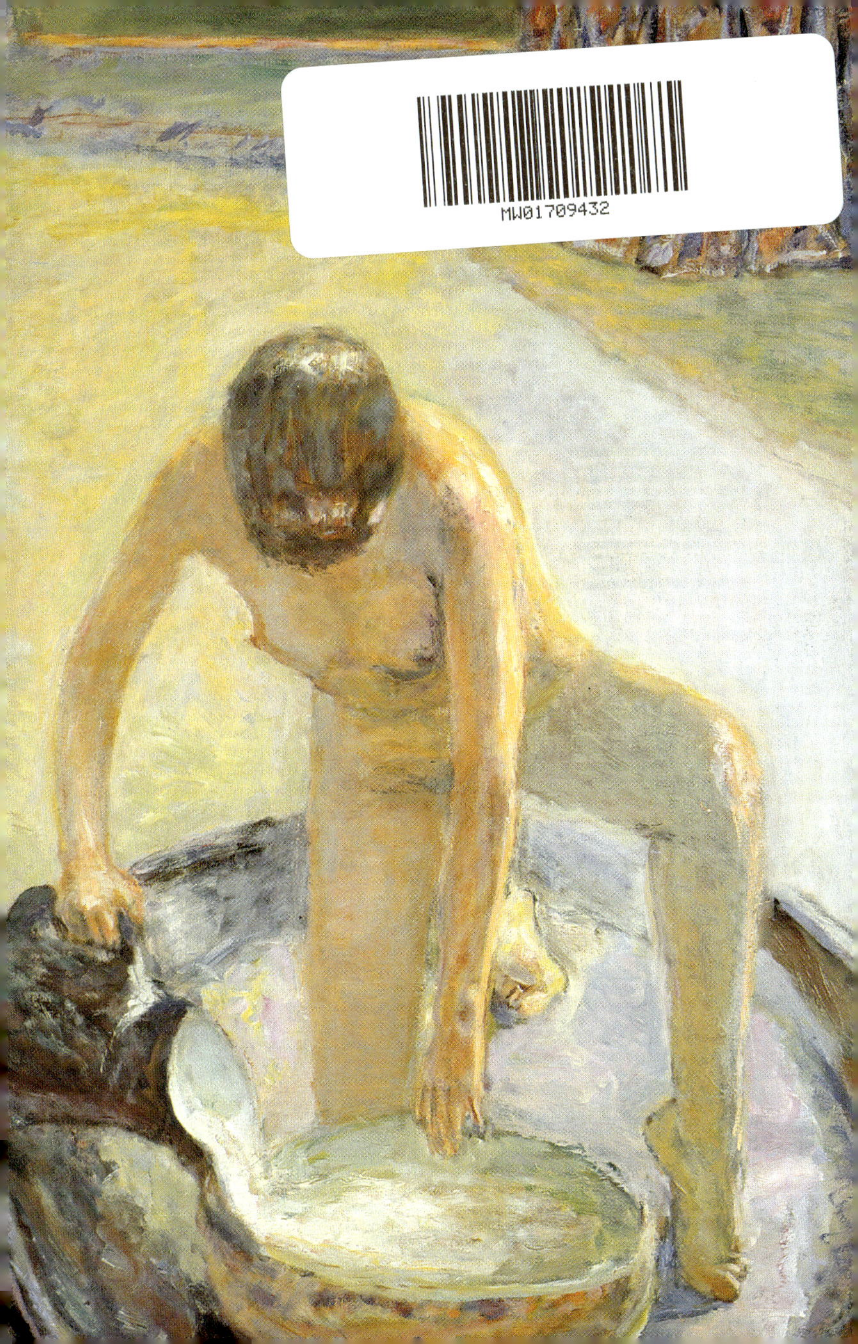

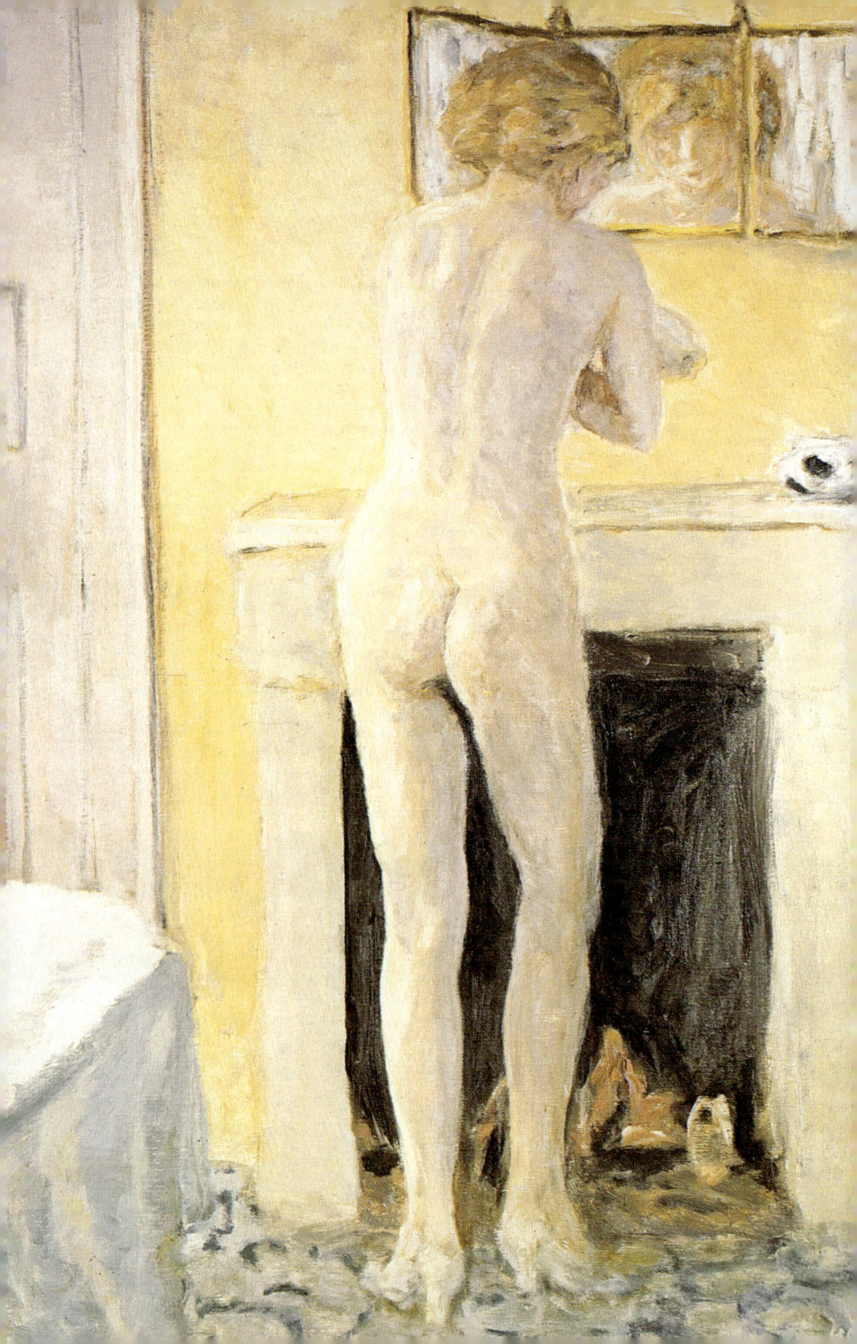

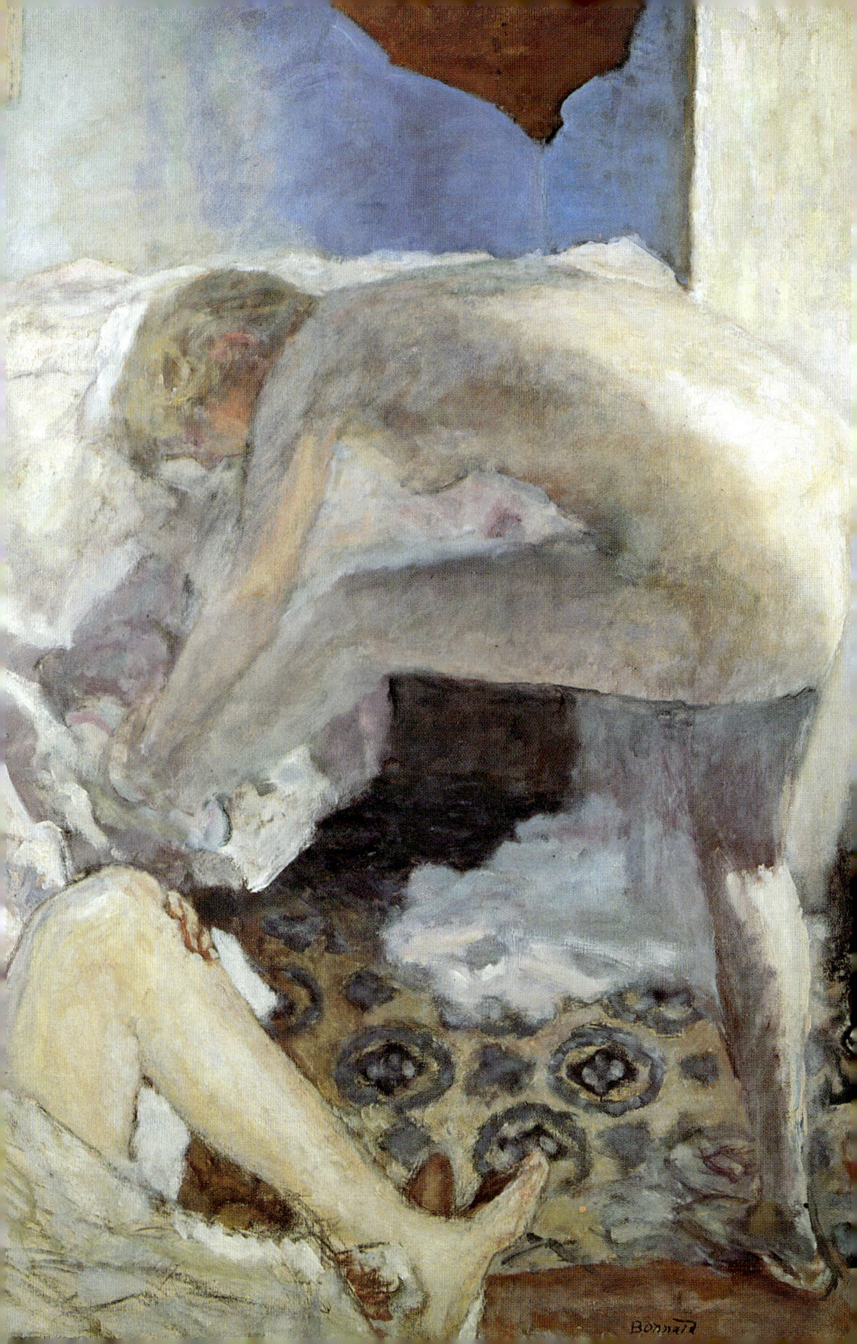
Bonnard

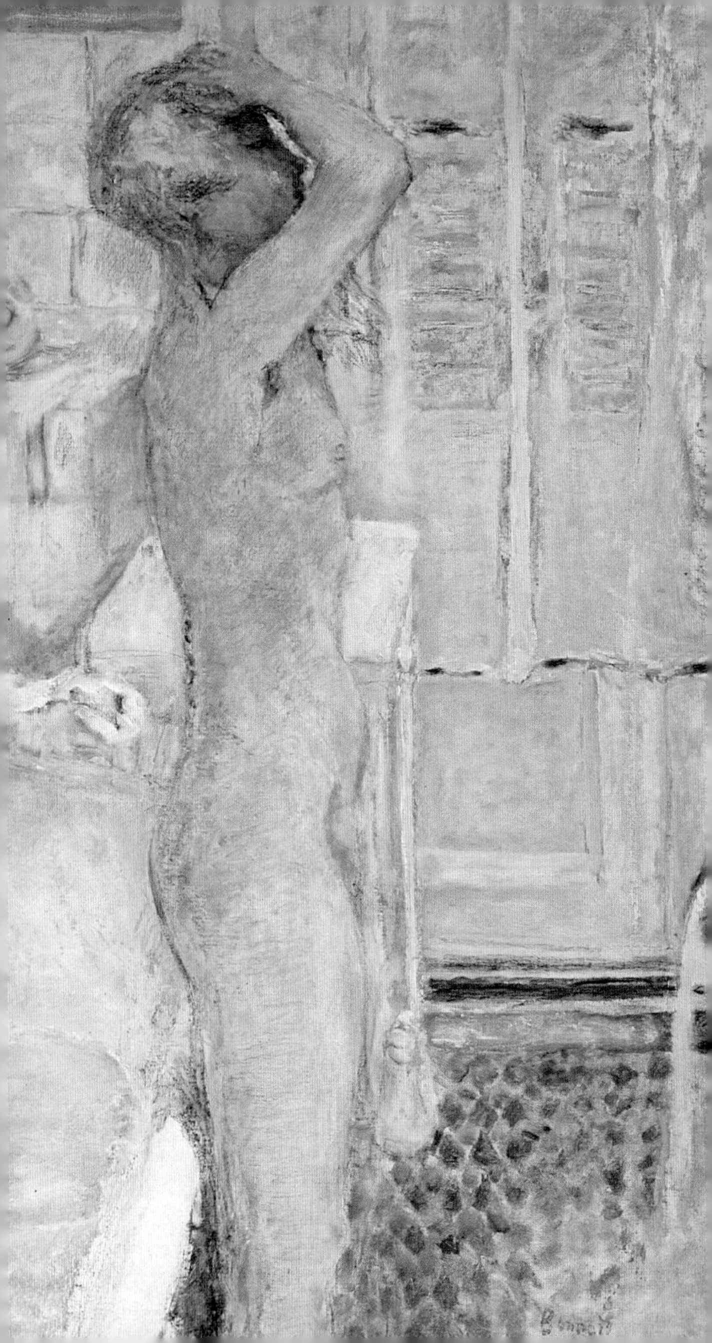

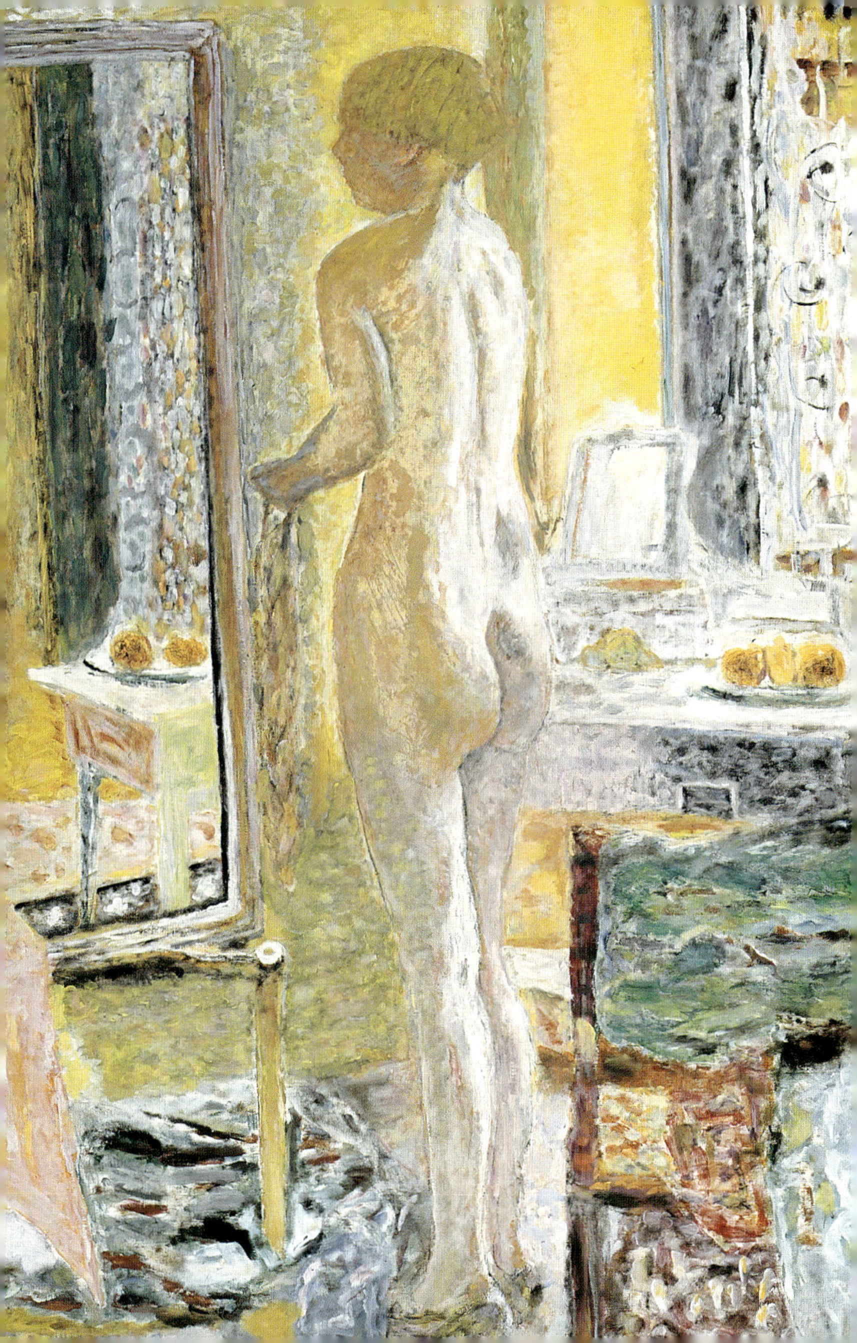

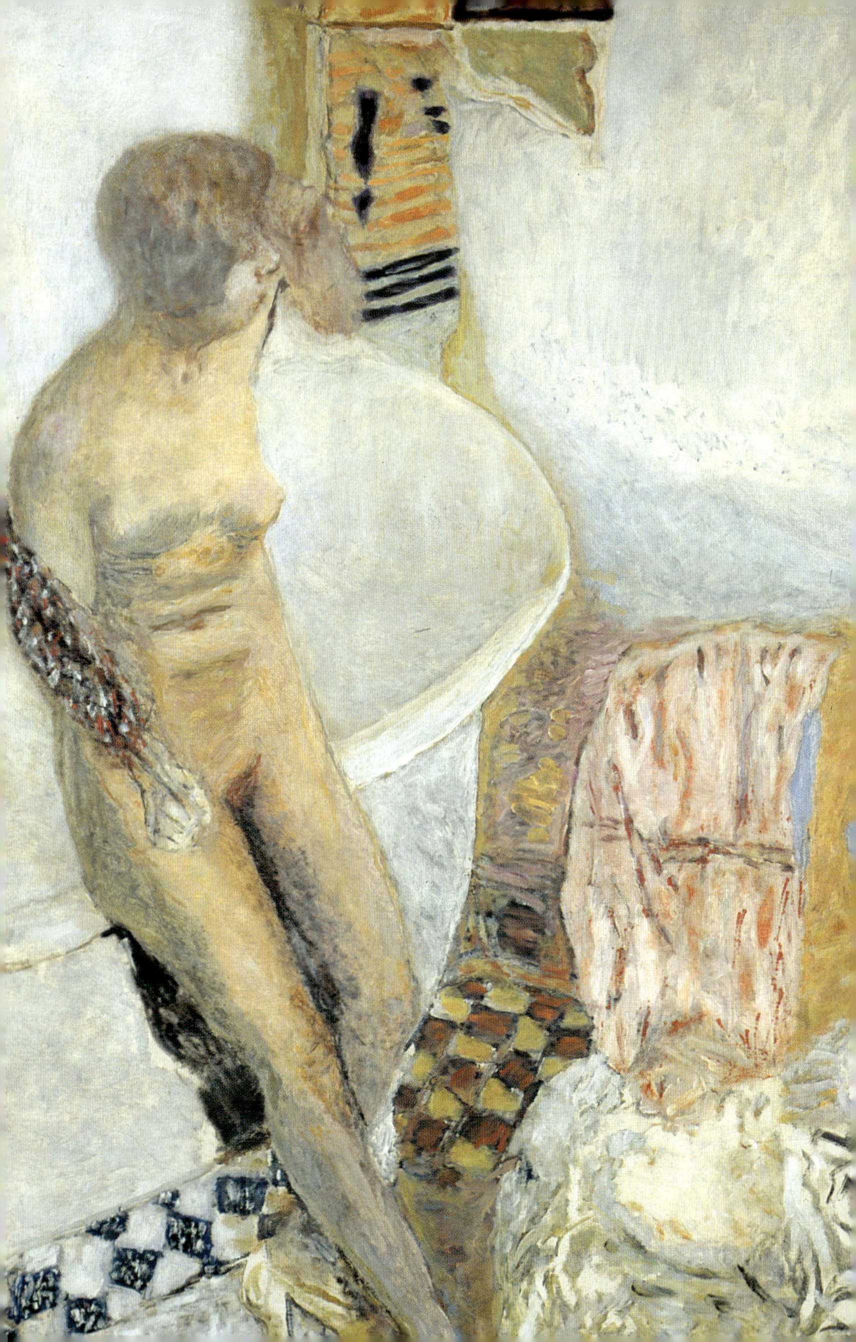

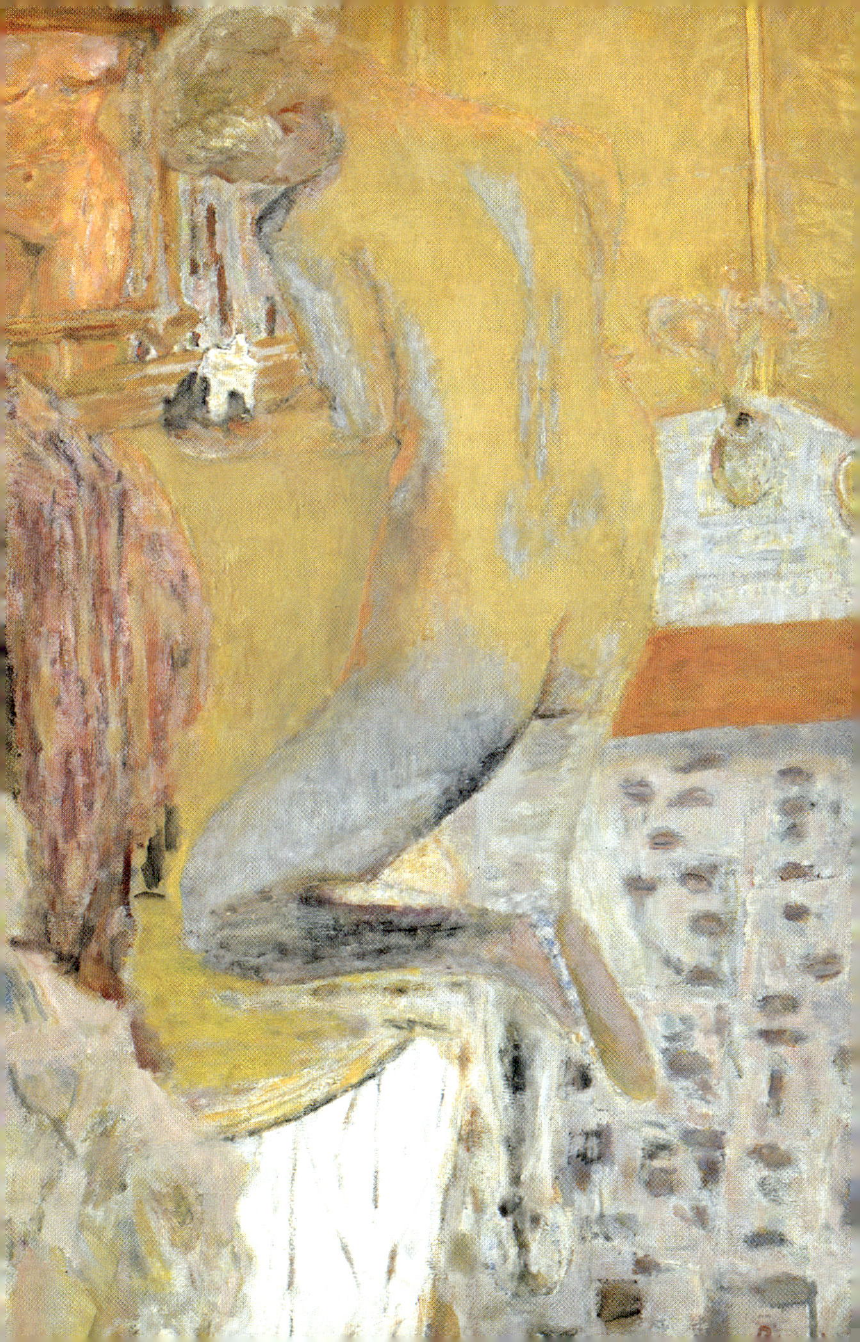

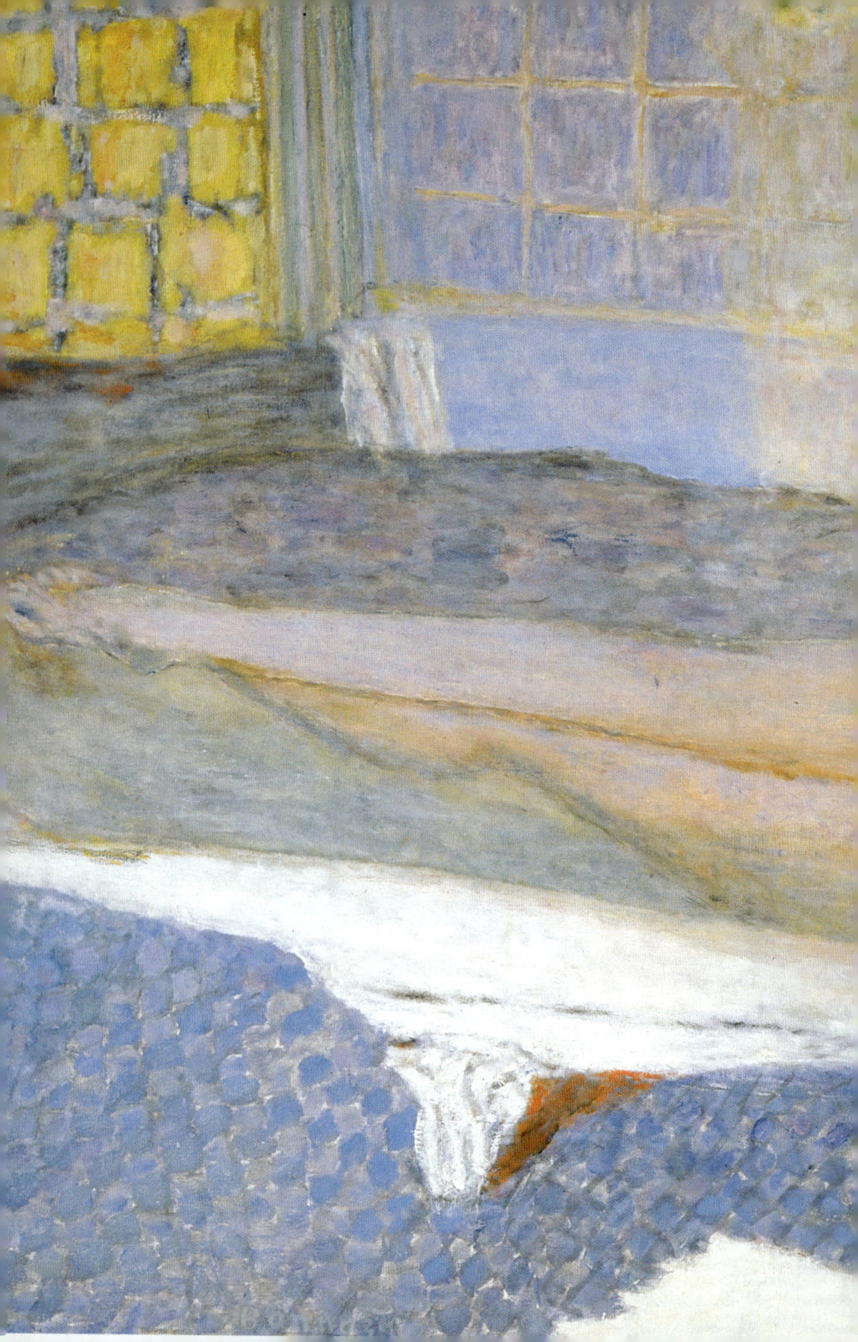

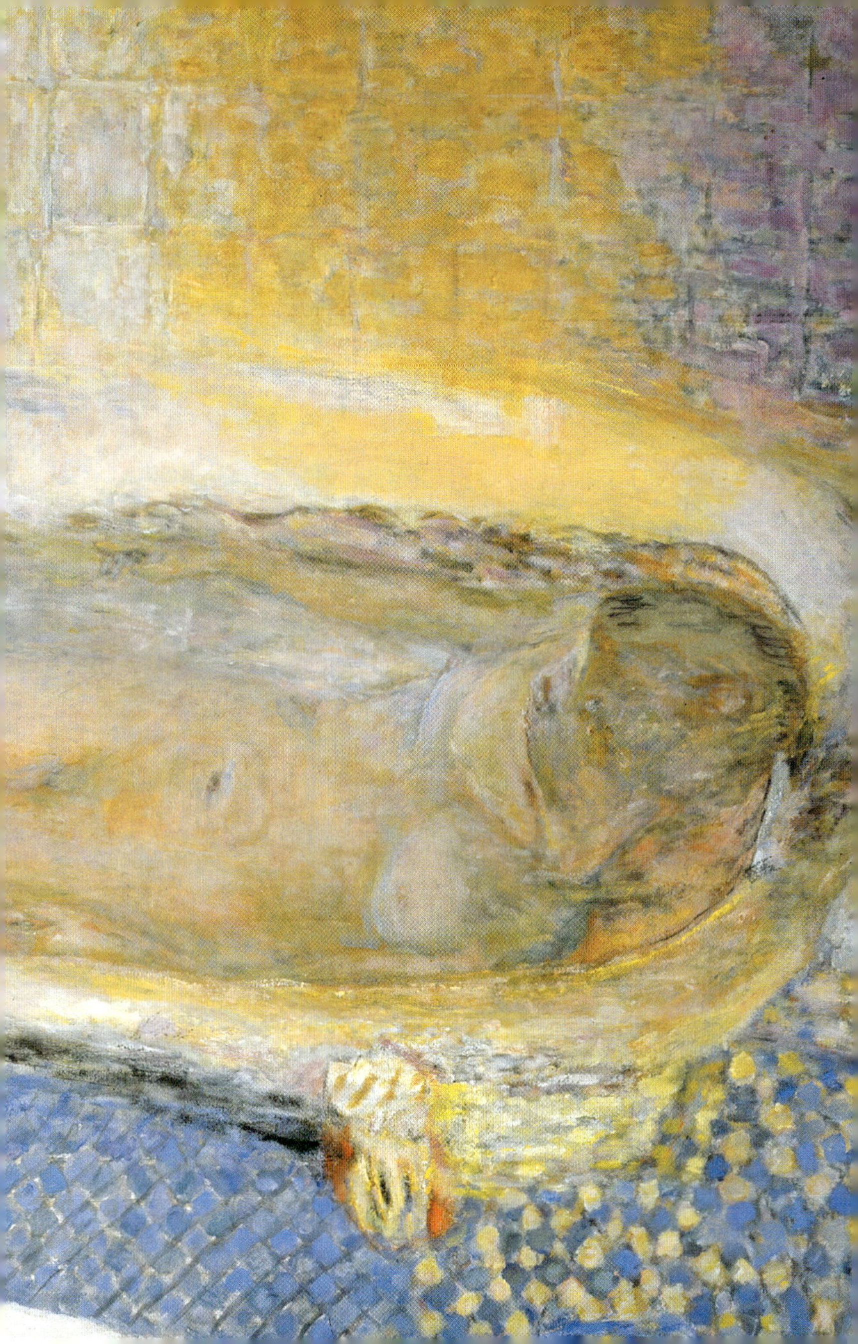

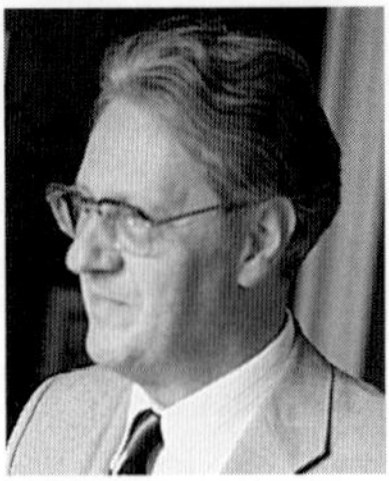

Antoine Terrasse, particulièrement intéressé par le tournant du XIXe au XXe siècle en peinture, a notamment publié des ouvrages sur Bonnard, Maurice Denis, les impressionnistes. Parmi ceux-ci : *Seurat* (H. Screpel, 1976), *Degas et la photographie* (Denoël, 1983), *De Cézanne à Matisse* (Famot, 1980), *Bonnard illustrateur* (Adam Biro, 1988), *Les Nabis*, avec Claire Frèches-Thory (Flammarion, 1990), *Correspondance Bonnard-Matisse*, avec Jean Clair (Gallimard, 1991), *Pont-Aven, l'école buissonnière* (Découvertes Gallimard, 1992). Il a également participé à l'élaboration de nombreuses expositions en France et à l'étranger.

1er dépôt légal : juin 1999
Dépôt légal : janvier 2006
Numéro d'édition : 139756
ISBN : 2-07-053474-X
Imprimé en France par IME

BONNARD
«LA COULEUR AGIT»

Antoine Terrasse

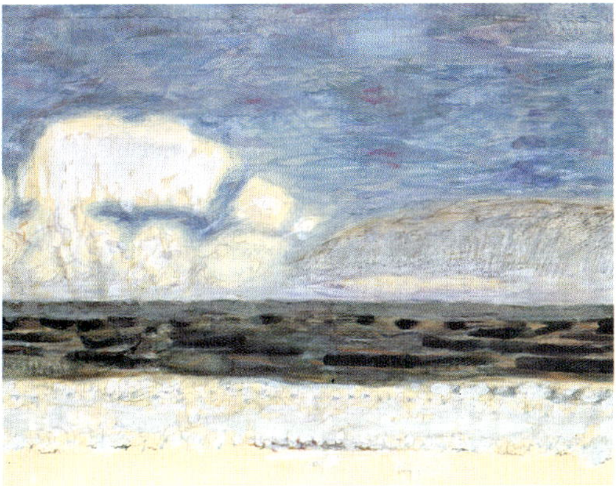

DÉCOUVERTES GALLIMARD
ARTS

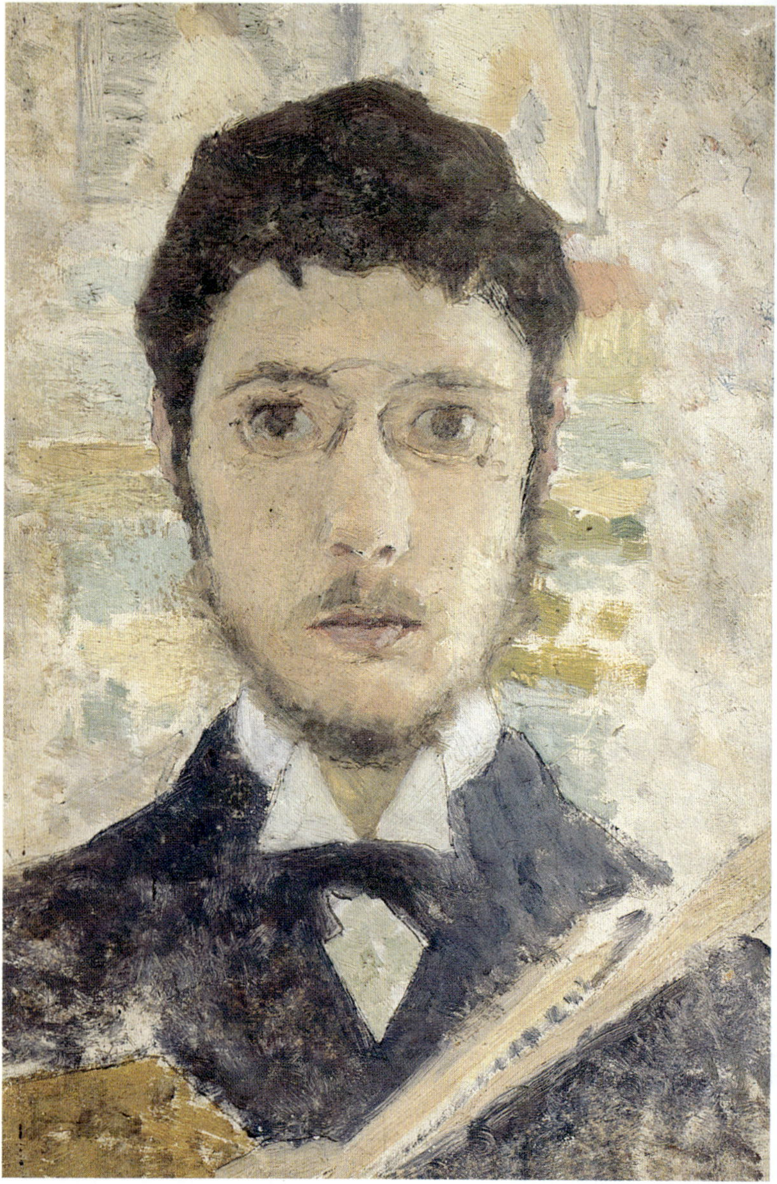

«Ce qui m'attirait ce n'était pas tellement l'art mais plutôt la vie d'artiste avec tout ce qu'elle comportait dans mon idée de fantaisie, de libre disposition de soi-même. Certes depuis longtemps j'étais attiré par la peinture et par le dessin mais sans que cela fût une passion irrésistible; tandis que je voulais à tout prix échapper à la vie monotone.»

Pierre Bonnard

CHAPITRE PREMIER
«CE JEUNE PEINTRE IRA LOIN, CAR IL A UN ŒIL DE PEINTRE»

Ce premier *Portrait de l'artiste* par lui-même a été peint en 1889. Agé de vingt-deux ans, Bonnard est élève à l'Académie Julian. Son regard est intense derrière le lorgnon cerclé de fer. Ci-contre, dessinée au crayon et à la plume, *La Voiture de livraison* fait partie de l'un de ses premiers albums des années 1885-1888.

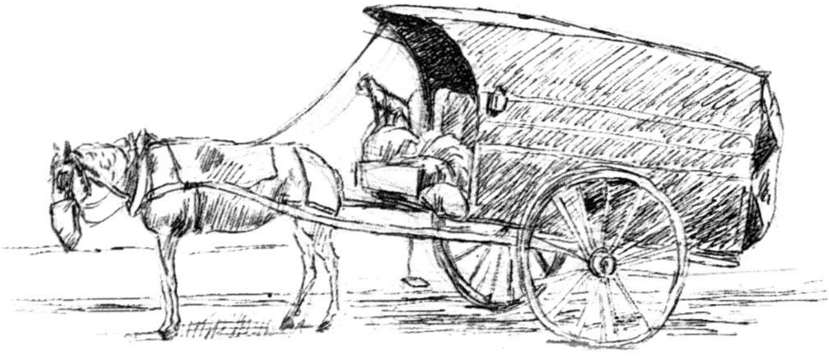

Voici un monde de la peinture lentement, patiemment élaboré dans une farouche indépendance. Sans doute Bonnard doit-il pour une part cette réserve à son ascendance. Son père est originaire du Dauphiné, sa mère d'Alsace; deux provinces d'un grand caractère. Il est également dans sa nature de vouloir préserver une liberté dont il comprend très vite qu'elle est essentielle

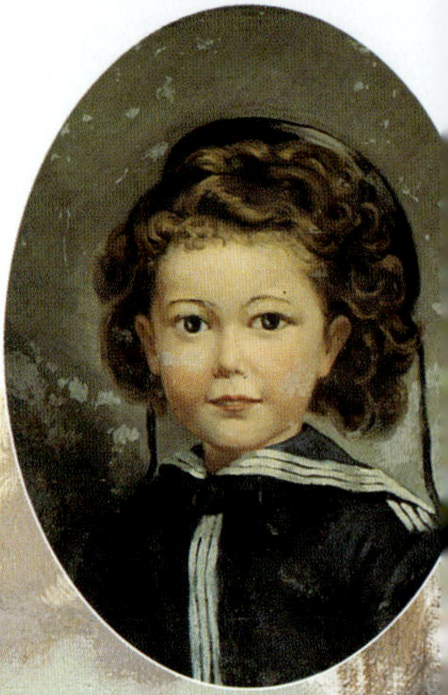

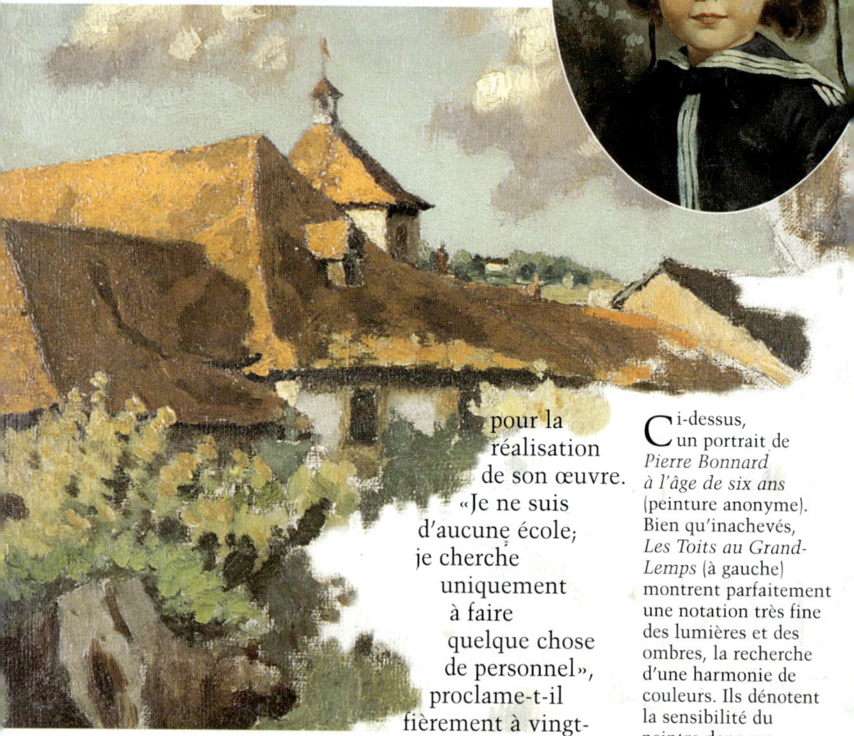

pour la réalisation de son œuvre. «Je ne suis d'aucune école; je cherche uniquement à faire quelque chose de personnel», proclame-t-il fièrement à vingt-quatre ans; et dans sa quatre-vingtième année, il reprend : «En art, il n'y a que des réactions qui comptent.» Aucune indifférence, toutefois, dans cette volonté de rester un peu à l'écart. Bonnard saura admirer et aimer les peintres qui l'entourent, et saisir le sens puis l'intérêt des recherches d'artistes contemporains fort différents de lui.

Ci-dessus, un portrait de *Pierre Bonnard à l'âge de six ans* (peinture anonyme). Bien qu'inachevés, *Les Toits au Grand-Lemps* (à gauche) montrent parfaitement une notation très fine des lumières et des ombres, la recherche d'une harmonie de couleurs. Ils dénotent la sensibilité du peintre dans ses premiers paysages du Dauphiné, où il revient en été et en automne.

Pierre Bonnard naît à Fontenay-aux-Roses, près de Paris, le 3 octobre 1867. Son père, Eugène Bonnard, chef de bureau au ministère de la Guerre et grand amateur de jardins, a choisi de demeurer dans ce village où se pratique encore la culture des roses. L'accès en est facile, par le chemin de fer d'Orsay. Pierre a un frère aîné, Charles; il aura une sœur, Andrée.

C'est à Fontenay qu'il passe son enfance, et à Paris. L'été ramène la famille au Grand-Lemps, près de La Côte-Saint-André en Dauphiné, dans la maison qui a été celle de son grand-père Michel Bonnard, agriculteur et marchand de grains. A la vieille demeure pourvue d'un grand jardin est attenante une ferme; ainsi apprend-il tôt à connaître la nature et les bêtes. C'est un enfant vif, qui ouvre sur le monde de grands yeux noirs.

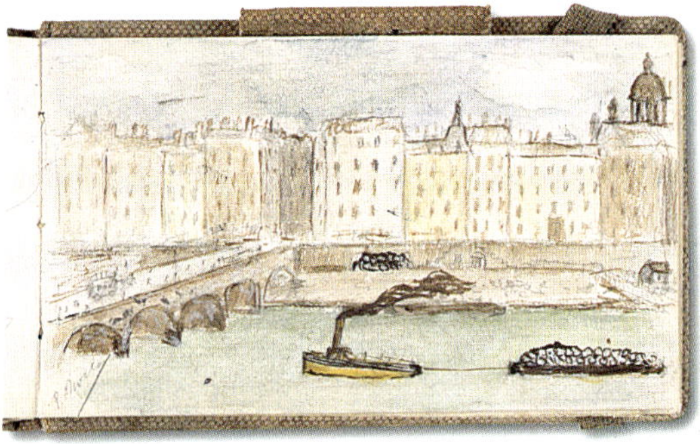

La Seine à Paris, une aquarelle peinte par Bonnard à l'âge de quatorze ans, constitue sa première vue de la capitale. Il notera de mémoire, à la plume et au crayon, les différents aspects de la vie à Paris où il habitait chez sa grand-mère maternelle.

D'abord écolier à Vanves, il fera ensuite d'excellentes études aux lycées Louis-le-Grand et Charlemagne. Il aime les lettres, le latin et le grec, la philosophie. Il manifeste déjà beaucoup d'intérêt pour le dessin et la couleur.

«Je compte barbouiller du matin jusqu'au soir»

Effectuée à l'âge de quatorze ans, dans des coloris très fins, une petite aquarelle montrant la Seine à Paris révèle la qualité de sa vision. Bachelier en 1885, il s'inscrit à la faculté de droit, pour suivre le désir de son père, et il obtiendra sa licence en juillet 1888. Entre-temps il suit aussi les cours de l'Académie Julian, dès 1887, et est admis à l'Ecole des beaux-arts. Il parlera lui-même de sa «fréquentation intermittente» de ces cours. Mais il y aura rencontré Paul Sérusier, le «massier» de son atelier chez Julian, puis Maurice Denis, Paul Ranson, Henri-Gabriel Ibels, Ker-Xavier Roussel, Edouard Vuillard, René Piot.

C'est durant les vacances au Grand-Lemps qu'il peut s'adonner le plus longuement à la peinture. Libéré de sa licence, et annonçant son arrivée, il écrit ainsi à sa mère, le 20 juillet 1888 : «J'éprouve un vrai sentiment de délivrance et je porte le deuil de mes études avec la plus grande allégresse. Ne t'imagine pas que j'arrive à Lemps pour faire de l'enregistrement. Je vais apporter une cargaison de toiles et de couleurs et je compte barbouiller du matin jusqu'au soir.» Ses petits paysages rapportés de ce Dauphiné font penser à certains Corot d'Italie par leur lumière et la délicatesse de leurs tons.

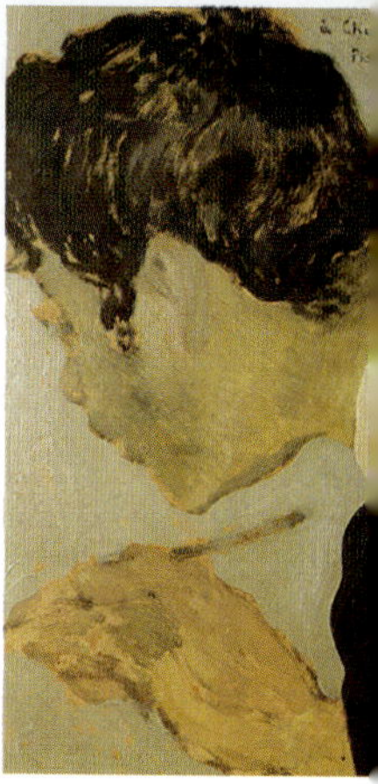

Ci-dessus, *Bonnard de profil* par Edouard Vuillard en 1891. Ci-dessous, l'Académie Julian dessinée par Bonnard. Il s'est représenté au centre, à son chevalet. Assis à sa gauche, Paul Sérusier, «massier» de son atelier.

La révélation du «Talisman»

Il est heureux parmi ses camarades d'atelier. Leur intelligence, leur ouverture d'esprit le touchent. Son humour, son caractère enjoué les rapprochent. Vuillard est rapidement celui dont il se sent le plus proche : même finesse et même réserve intime. A la rentrée de 1888, Paul Sérusier, de retour de Bretagne, leur montre à tous en grand secret un petit tableau qu'il vient d'effectuer à Pont-Aven «sous la dictée» d'un peintre de quarante ans dont il a fait la connaissance : Paul Gauguin. Sur une planchette de bois se devine un coin de paysage. Il y a là quelques arbres de ce Bois d'Amour qui domine Pont-Aven et se reflète dans sa rivière. Les formes sont schématisées; les couleurs posées en aplats vigoureux. L'organisation de ces couleurs intenses les étonne, les ébranle. Cela d'autant plus qu'ils n'avaient encore jamais vu les toiles des impressionnistes. Ce sera leur «Talisman».

Entraînés par Sérusier, tous ces débutants vont découvrir quelques tableaux de Gauguin exposés à la fin de 1888 chez Boussod et Valadon, boulevard Montmartre,

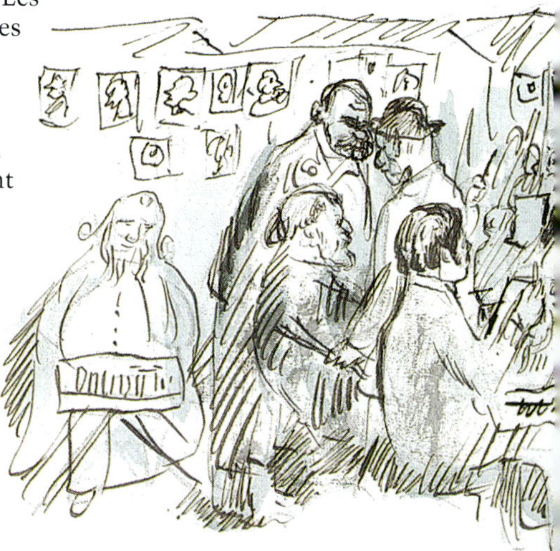

parmi lesquels *La Vision du sermon*, dont le rouge intense de la prairie brûle comme un feu. Là ils vont découvrir également Van Gogh. Puis, chez Durand-Ruel, rue Le Peletier, Degas, Sisley, Monet, Renoir, Pissarro. Et dans la boutique du Père Tanguy, marchand de couleurs rue Clauzel, des toiles de Paul Cézanne.

Les «nouveaux prophètes» : les Nabis

Si la liberté reste le maître mot chez lui, Bonnard se rallie volontiers au groupe bientôt formé par Paul Sérusier : il y retrouve tous ses amis. Ce seront désormais les Nabis, d'un mot qui signifie à la fois «initiés» et «prophètes» en hébreu. Initiés, parce qu'ils sont allés en secret voir les toiles de ces impressionnistes que voulaient ignorer leurs professeurs. Et prophètes de l'art de Gauguin, dont ils découvrent encore nombre d'œuvres exposées au café Volpini en juin 1889, à l'occasion de l'Exposition universelle organisée à Paris pour célébrer le centenaire de la Révolution française. Gustave Eiffel vient de lancer dans le ciel sa «Tour de trois cents mètres». Gauguin a jugé bon de profiter de l'affluence pour montrer dans ce café du Champ-de-Mars ses derniers tableaux et ceux de ses amis parmi lesquels, surtout, ceux du jeune Emile Bernard, de Daniel

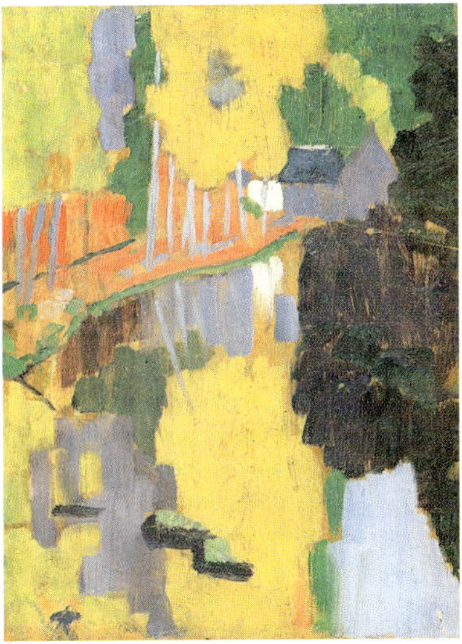

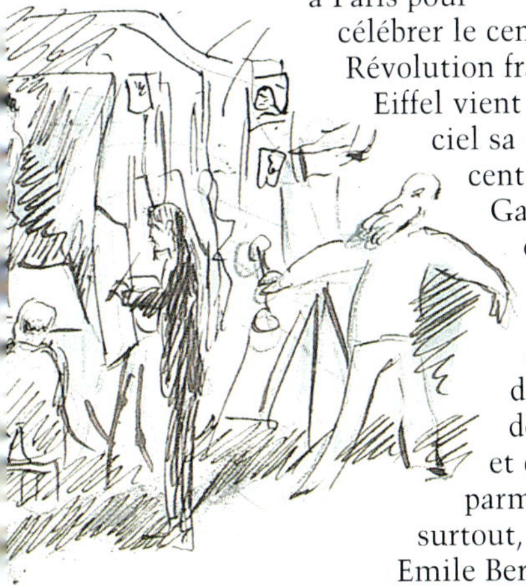

«Le Salon annuel de Paris présentait les œuvres des artistes les plus estimés de l'époque. Un jeune débutant n'ayant pas de relations particulières avec les révolutionnaires de l'art pouvait les ignorer car ils vivaient en marge», dira Bonnard. D'où l'étonnement de chacun devant *Le Bois d'Amour*, le coin de paysage peint par Paul Sérusier à Pont-Aven «sous la dictée de Gauguin».

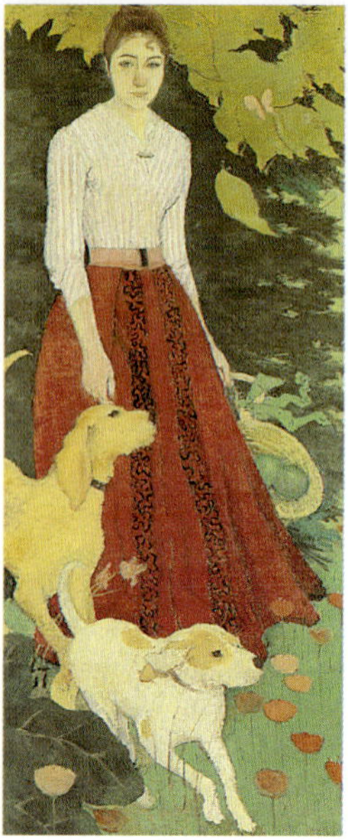

de Monfreid, de Louis Anquetin. «Nous avions fait le transport de nos toiles nous-mêmes, écrit Emile Bernard. Gauguin tirant sur la charrette à bras, tandis que nous poussions derrière...»

Révélation décisive que celle de ces tableaux. Maurice Denis rappellera l'émoi de tous : «Au lieu de fenêtres ouvertes sur la nature, comme les tableaux des impressionnistes, c'étaient des surfaces lourdement décoratives, puissamment coloriées et cernées d'un trait brutal, cloisonnées...» Pour les Nabis, cette exposition confirme l'impression produite par le petit paysage peint par Sérusier au Bois d'Amour de Pont-Aven. Exalter la couleur, et simplifier la forme dans un trait qui en accentue le caractère, tel devient leur mot d'ordre commun, au moment de ce qu'il est possible d'appeler leurs nouveaux débuts, face à ce qui les rebutait dans l'enseignement officiel.

Bonnard commence ce portrait de sa sœur, *Andrée Bonnard avec ses chiens*, en 1889. Revenant du verger, la jeune fille est entourée de ses deux chiens, Ravageau et Bella, qui courent autour d'elle. Les couleurs sont claires mais raffinées. Le dessin, d'une savante simplicité, n'accuse aucune forme, mais tend surtout à rendre l'expression du mouvement. L'élégance des lignes et l'équilibre des proportions font oublier le parti pris décoratif des feuillages et des fleurs.

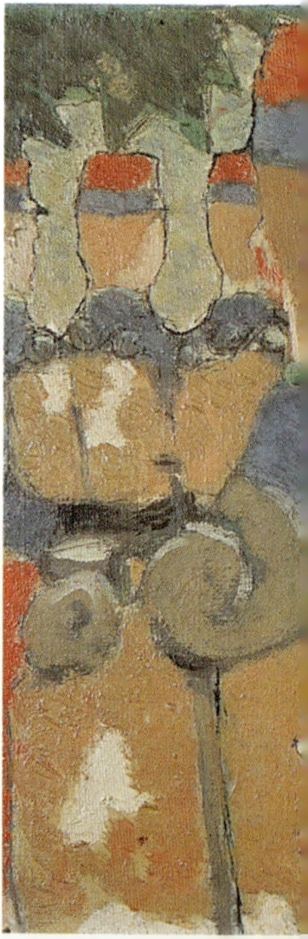

«Des flots de vert, de bleu et de jaune»

Bonnard résiste d'abord à ces préceptes. Au Grand-Lemps durant cet été 1889, il entreprend un grand portrait de sa sœur Andrée auquel il travaillera de longs mois. Première toile de dimensions importantes, ce tableau exécuté à l'âge de vingt-deux ans manifeste déjà une maîtrise surprenante. Bonnard songe de plus en plus à ne faire que de la peinture, et ne rêve que de couleurs... tout en travaillant à temps partiel chez un receveur de l'Enregistrement à Courbevoie : il poursuit en effet un semblant de carrière juridique, et prêtera même serment d'avocat en novembre. Il a loué un premier atelier,

14 rue Le Chapelais, aux Batignolles. Et lorsqu'il part pour Arcachon à la fin de décembre afin de rejoindre son ami Claude Terrasse, jeune professeur de musique et son futur beau-frère, il écrit à sa sœur : «J'emporte ma boîte à couleurs et des flots de vert, de bleu et de jaune vont couler à leur tour. Arcachon, quatre taches : vert foncé les sapins, vert clair la mer, jaune le sable, bleu le ciel. On n'a qu'à changer les taches de dimension et l'on peut faire vingt vues différentes d'Arcachon. C'est ainsi que je me représente ce pays enchanteur...»

L'année 1890 va être décisive. Licencié en droit et avocat, Bonnard se rend tous les jours au Parquet de la Seine... «comme l'âne à son moulin». Il y dessine en souriant les hommes de loi. Du 8 avril au 24 mai il doit effectuer une période militaire; il est soldat de 2e classe au 52e régiment d'Infanterie à Bourgoin. Ce qui donne lieu à une petite toile, *L'Exercice*, l'une de ses premières tentatives de maniement des tons purs.

En 1890, Bonnard dessine surtout... les hommes de loi (*Au Parquet*, ci-dessous). Il donne même quelques indications de couleurs pour un tableau éventuel.

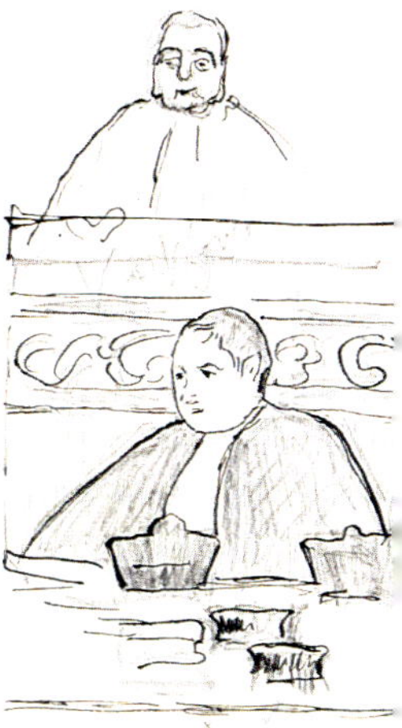

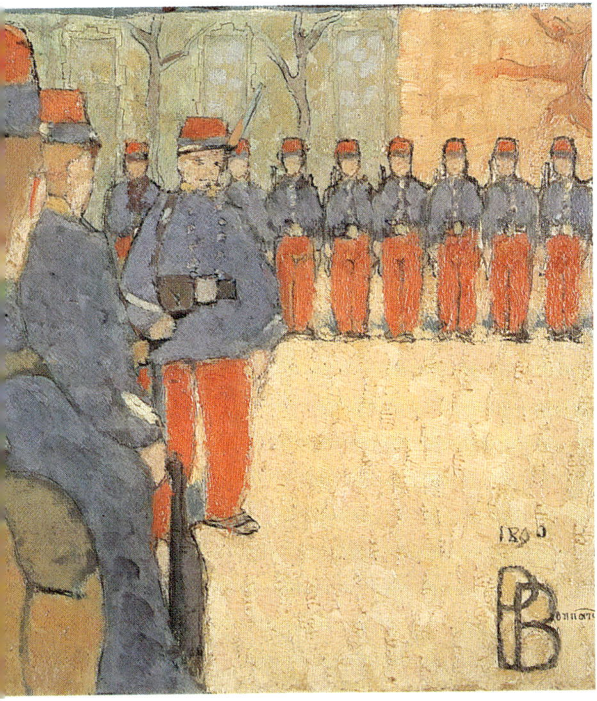

Peint en 1890, alors que Bonnard est 2e classe à Bourgoin, dans l'Isère, *L'Exercice*, tableau plein d'humour, révèle l'une de ses premières tentatives dans le sens des couleurs vives et d'une composition originale. Les uniformes s'y prêtent : vareuses bleues et pantalons rouges, sur un fond de sable jaune et or. La scène, où ces figures, vues de dos, sont cernées d'un trait expressif, apparaît comme le détail d'un ensemble.

«Le bariolage magnifique des crêpons japonais»

Bonnard travaille le plus possible afin de se montrer au prochain Salon des Indépendants de mars 1891. Il lui faut, pour échapper au Droit, tenter de gagner sa liberté. En cet été 1890, il commence une série de petites «études». A côté de ces œuvres de dimensions modestes, il entreprend la réalisation d'un grand

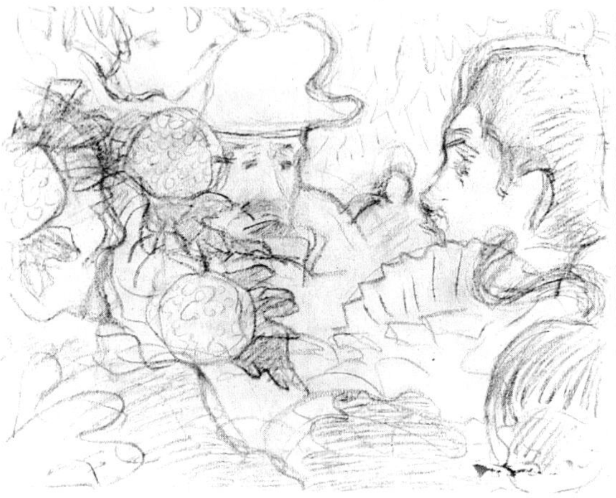

paravent à quatre feuilles, *Femmes dans des jardins*. Après une importante première version, ce vaste ensemble sera juste achevé pour le Salon, mais il sera présenté différemment. «J'ai accompagné dimanche mes tableaux à l'exposition, annonce-t-il à sa mère le 13 mars. Il y en aura cinq, plus quatre panneaux décoratifs : le paravent est démoli. J'en ai fait quatre panneaux séparés. Ils font bien mieux contre un mur. C'était trop tableau pour un paravent.» Les cinq tableaux, ce sont – avec le grand portrait de sa sœur et avec *L'Exercice – Le Bon Chien*, une *Etude de chat*, *L'Après-midi au jardin*.

Mais les quatre panneaux décoratifs des *Femmes au jardin* sont autrement importants. La scène est prise dans le parc du Clos, au Grand-Lemps. Les jeunes modèles sont sa sœur Andrée et leur cousine Berthe Schædlin. Les figures sont dessinées, dirait-on, d'un seul mouvement. On ne voit d'abord

L'Après-midi au jardin (à droite) représente la famille réunie au Grand-Lemps dans le parc du Clos. Etrange petite composition où sont resserrés six personnages dont, hormis celle de sa sœur à droite et de son père sous un grand chapeau d'été au centre, on ne découvre que peu à peu les figures, blotties entre fleurs et feuillages. Le peintre lui-même apparaît tout en haut à droite à l'angle du tableau. Il y a beaucoup de tendresse sous l'ironie et l'humour de ces tableautins où se manifestent déjà certains traits de l'influence japonaise. Simplicité du sujet, goût du fragment, absence de profondeur, silhouettes arrêtées dans leur mouvement, caractérisent cette composition.

A gauche, une étude au crayon pour *L'Après-Midi au jardin*, en 1891. Bonnard a toujours conservé ce dessin, se souvenant que son tableau avait été acheté au Salon par le peintre Henry Lerolle.

que ces lignes souples, tracées d'un geste circulaire et vif, rappelant le dessin des Japonais. Les motifs réguliers des étoffes à pois et à quadrillage évoquent aussi leur goût des étoffes ouvragées. Il s'agit d'une transposition à la fois décorative et picturale des motifs que le peintre a sous les yeux, effectuée à travers ce qu'il emprunte aux estampes qu'il possède ou que possèdent ses amis nabis. Il choisit le format en hauteur des kakémonos, dont l'étroitesse permet à toutes les arabesques de se développer et qui, au surplus, est le plus approprié à son idée initiale d'un paravent. Cependant, chacun de ces panneaux possède une vie propre et constitue en soi un tableau. Il manquait à l'ensemble – hormis le sujet – un lien capable d'en assurer l'unité, telle une frise courant de l'un à l'autre : il les sépara.

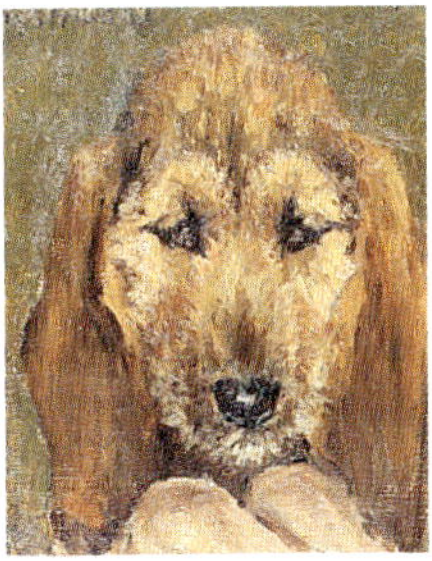

Le Bon Chien, c'est Ravageau. Son nom est écrit en toutes lettres au sommet de son portrait.

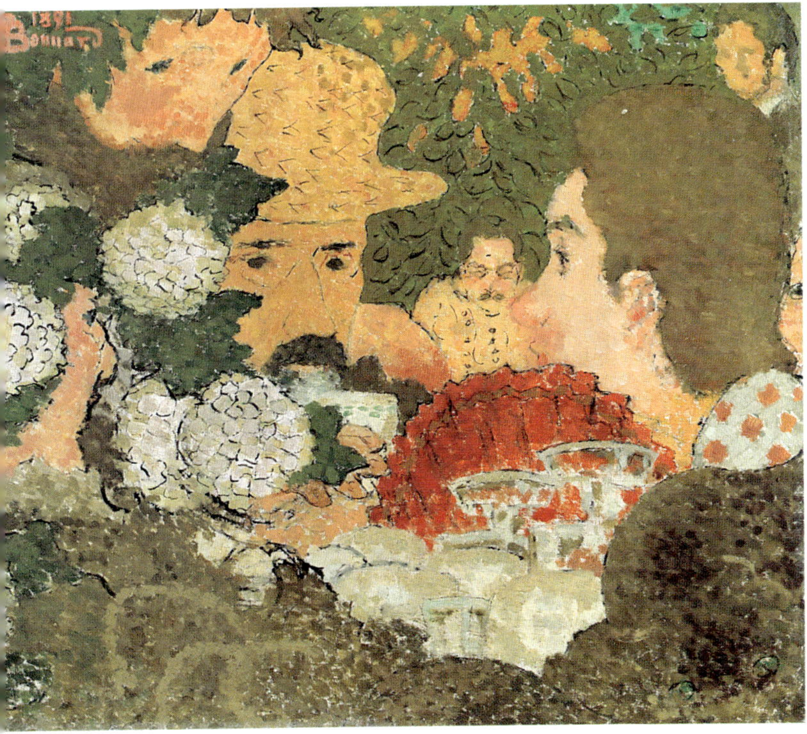

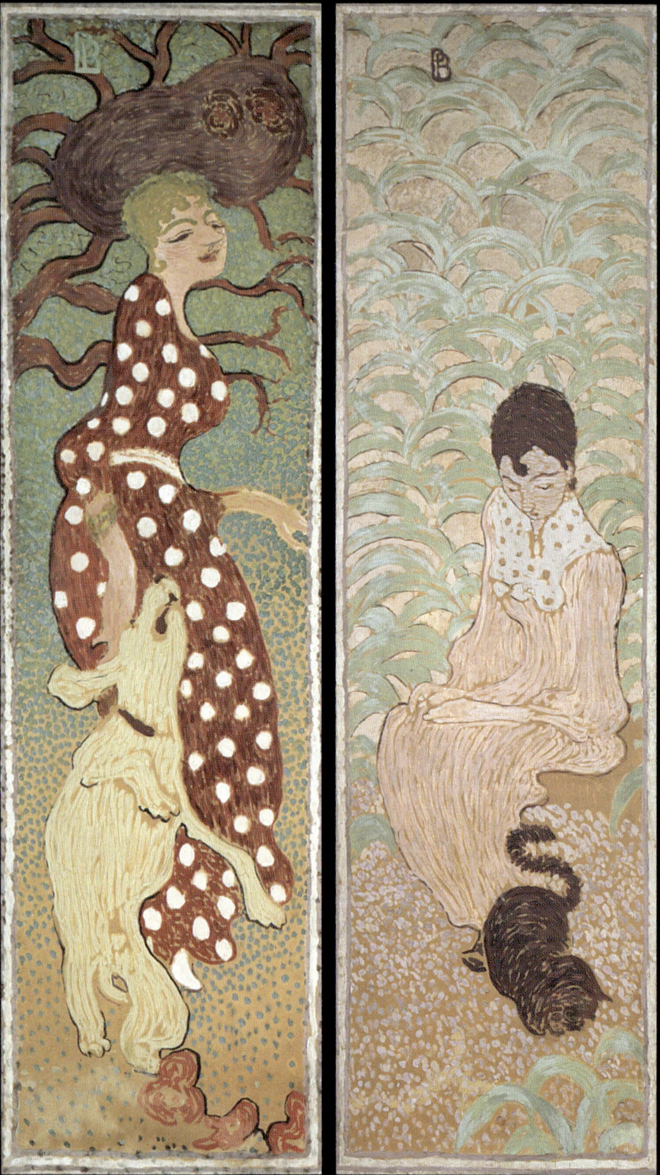

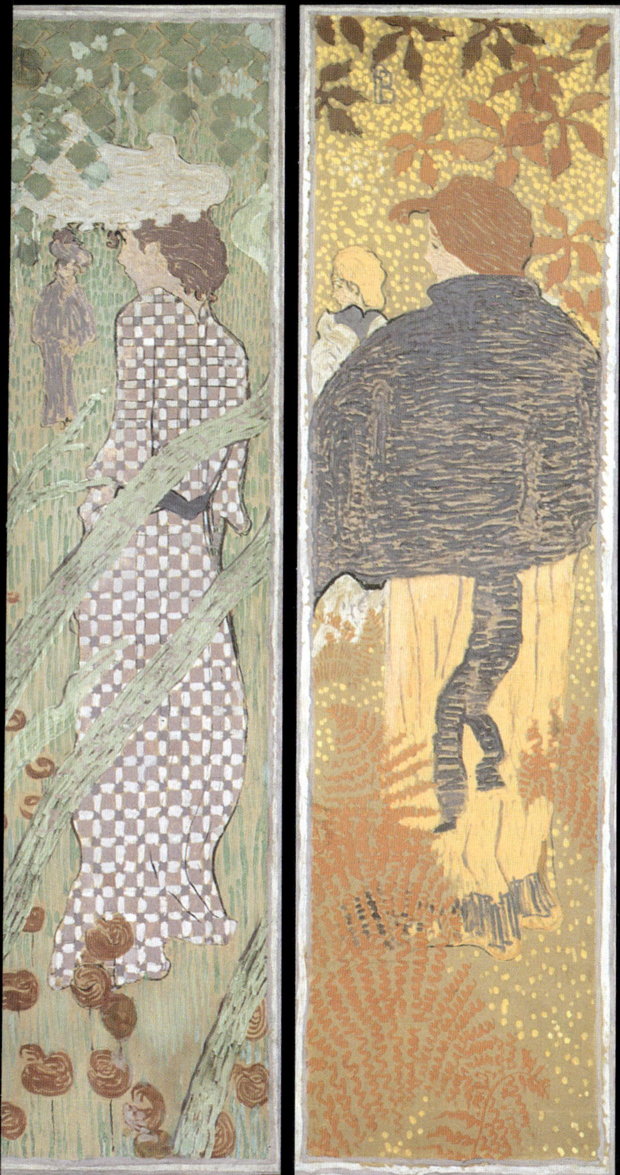

L'influence du Japon est manifeste dans *Femmes au jardin*, vaste composition de quatre panneaux entreprise en 1890.

❝C'est dans les grands magasins que je trouvais pour un sou ou deux des crêpons ou des papiers de riz froissés aux couleurs étonnantes. Je remplis les murs de ma chambre de cette imagerie naïve et criarde. Gauguin, Sérusier se référèrent en fait au passé. Mais là ce que j'avais devant moi c'était quelque chose de bien vivant d'extrêmement savant. J'avais compris au contact de ces frustes images que la couleur pouvait comme ici exprimer toutes choses sans besoin de relief ou de modelé. Il m'apparut qu'il était possible de traduire lumière, formes et caractère rien qu'avec la couleur, sans faire appel aux valeurs.❞

Bonnard à Gaston Diehl, 1943

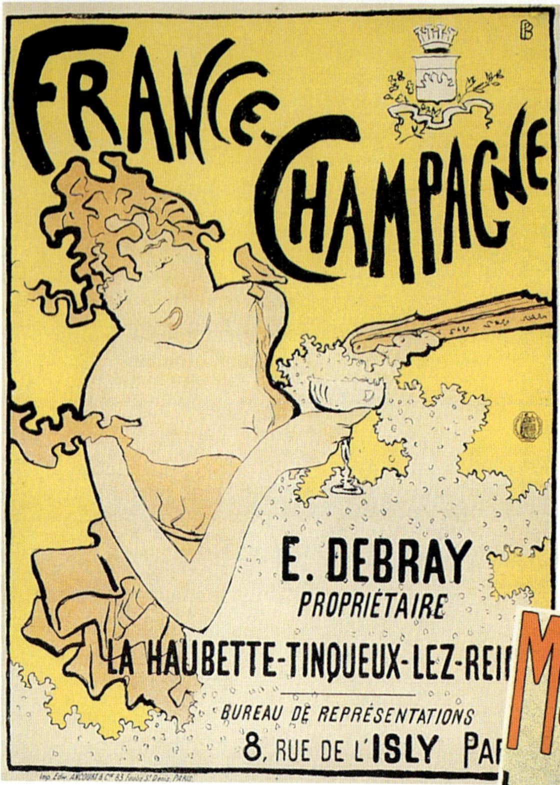

Début 1891, Bonnard exécute une commande pour France-Champagne. La mise en page de l'affiche est tout à fait nouvelle. Seuls la tête et le haut du corps y apparaissent. D'une main, la jeune femme tient une coupe dont la mousse déborde; de l'autre, son éventail replié qui vient souligner le nom de la marque. Sa chevelure et sa gorge opulente évoquent bien les figures de l'époque. L'allongement voulu du bras désigne la coupe, dont la mousse suggestive égaie toute l'image.

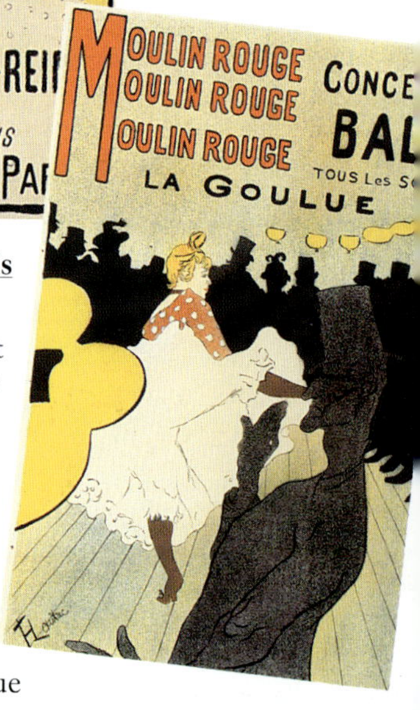

«J'ai touché cent francs. Je t'assure que j'étais fier d'avoir ça dans ma poche»

Alors qu'il travaille à ces peintures, un projet d'affiche lui a été commandé pour la marque France-Champagne; il en a appris la vente à ses parents, dans une rapide lettre à sa mère. A cette nouvelle, son père, ravi, a dansé dans le jardin. Finie, désormais, la carrière juridique. Bonnard va vivre de son métier de peintre. Il loue un nouvel atelier, 28 rue Pigalle.

Son envoi au Salon des Indépendants a été remarqué, notamment par le jeune critique

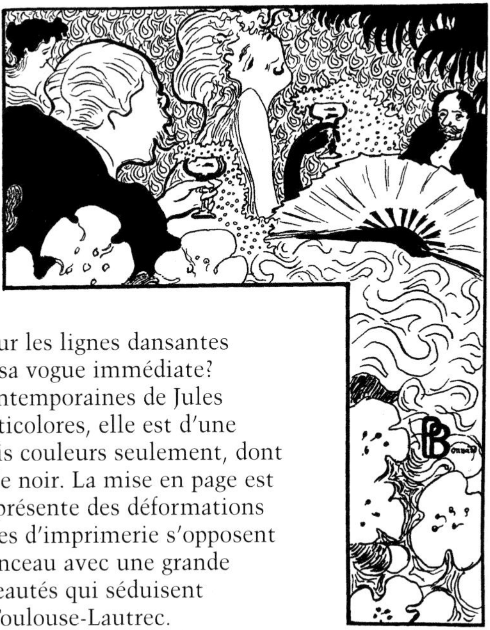

Félix Fénéon : «Qu'il agence une affiche ou peigne les feuilles du paravent qu'on a pu voir en avril au Pavillon de la Ville de Paris, M. Pierre Bonnard aime développer sa composition derrière un motif en arabesque qui l'obstrue en partie.»

L'affiche pour France-Champagne évoque le goût de la fin du siècle pour les lignes dansantes et les volutes. D'où vient sa vogue immédiate? Comparée aux affiches contemporaines de Jules Chéret, pimpantes et multicolores, elle est d'une remarquable sobriété. Trois couleurs seulement, dont le fond jaune, ponctuées de noir. La mise en page est tout imprévue. Le dessin présente des déformations audacieuses. Aux caractères d'imprimerie s'opposent des lettres arrondies au pinceau avec une grande fantaisie. Autant de nouveautés qui séduisent les peintres – parmi eux Toulouse-Lautrec. Les deux artistes se rencontrent et se lient d'amitié à cette époque; Bonnard emmène Lautrec chez son imprimeur. Les voici tous deux en concurrence pour un projet destiné au Moulin Rouge. Lautrec l'emporte, et Bonnard, reconnaissant son génie, lui abandonnera, ou presque, ce domaine particulier.

Cette couverture pour une «Valse de salon» fut demandée à Bonnard après le grand succès de son affiche «France-Champagne» : «J'ai du fabricant de champagne une nouvelle commande pour une couverture de musique. C'est une valse réclame dont on vient de lui composer la musique.» Page de gauche, l'affiche de Toulouse-Lautrec pour le Moulin rouge en 1891. Le trait aiguisé de Toulouse-Lautrec, dans sa concision, convient parfaitement à l'art de l'affiche.

«Nous étions quatre comme les sergents, 28 rue Pigalle»

Bonnard a vingt-quatre ans. Il est grand et mince, tel qu'il le demeurera. Il porte une moustache et un petit collier de barbe; derrière le lorgnon cerclé de fer, son regard est d'une extrême intensité. Il est heureux de travailler en compagnie de Vuillard et de Maurice Denis – souvent suivi de Lugné-Poe, son camarade du lycée Condorcet – avec qui il partage son atelier de la rue Pigalle.

Après son affiche pour France-Champagne, il a reçu de la même marque la commande d'une couverture pour une «Valse de salon», qui sera sa première illustration.

Pour l'ensemble de ses projets décoratifs, qu'il s'agisse d'éventails, d'assiettes, de meubles, Bonnard reprend souvent les sujets qu'il a traités en peinture; ainsi fait-il figurer les *Deux Chiens jouant* dans son esquisse pour le décor d'un grand buffet.

«Notre génération a toujours cherché les rapports de l'art avec la vie, dira-t-il. A cette époque j'avais personnellement l'idée d'une production populaire et d'application usuelle : gravures, meubles, éventails, paravents.» Rien de surprenant à ce que l'on retrouve dans ses œuvres contemporaines des similitudes de forme et d'esprit. Décoration et peinture ne s'opposent pas, ici, mais se rejoignent.

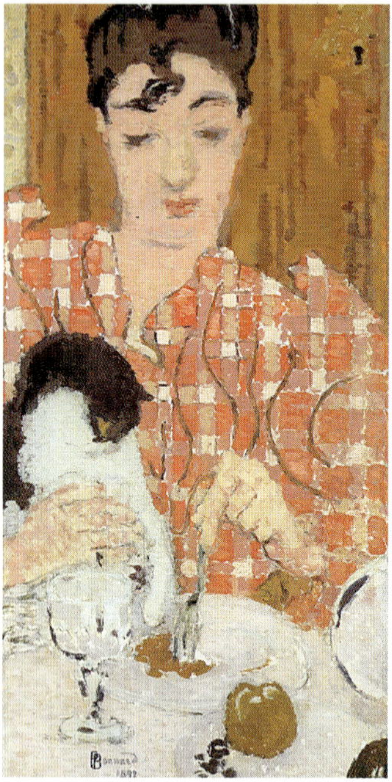

Le Corsage à carreaux de 1892 manifeste déjà l'un des aspects les plus particuliers de l'art de Bonnard. Il fixe son modèle et son regard surplombe la table qui semble fuir. Il insiste sur l'élément décoratif que constituent les carreaux du corsage de la jeune femme (sa sœur Andrée). Autant de traits qui évoquent son intérêt pour l'art des Primitifs, sur ce qu'il appelait «leurs fonds ouvragés». Ainsi retrouvera-t-on tels de ces effets lorsqu'il en jouera sur les nappes d'une salle à manger ou pour le carrelage d'une salle de bains.

En décembre, les Nabis participent à une première exposition de leur groupe chez Le Barc de Boutteville, 47 rue Le Peletier. Ils ne sont pas les seuls exposants : on voit avec eux Emile Bernard, Louis Anquetin, Emile Schuffenecker, Charles Filiger... les émules de Gauguin et de Pont-Aven. Et Toulouse-Lautrec.

L'œil humain : une vision «mobile et variable»

Puis arrive le Salon des Indépendants de mars 1892. Bonnard y envoie notamment deux toiles importantes : *Le Corsage à carreaux* et *La Partie de croquet*, tableaux commencés durant l'été précédent et juste achevés. *Le Corsage à carreaux* offre, ajoutée

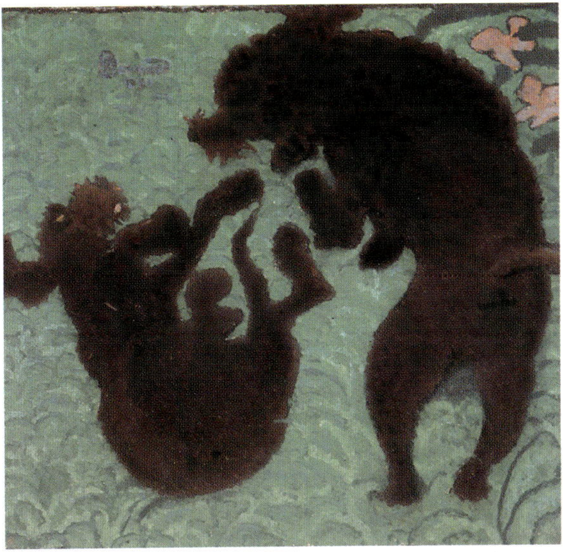

Ces *Deux Chiens jouant* (1891) s'ébattent dans une prairie verte et sans horizon comme dans les tableaux de Pont-Aven. Ils sont repris et multipliés dans le *Projet de meuble* ci-dessous effectué la même année à l'aquarelle en vue d'un concours d'art décoratif. On songe devant ce décor aux ornements de laques japonais des époques Edo et Meiji.

à l'effet rouge et blanc du tissu, une particularité essentielle de son regard de peintre : cette vision qui lui permet de montrer la jeune femme de face, et la table servie en surplomb, plats et assiettes filant sous les yeux. Déjà il tient compte de ce qu'il appellera la «vision mobile» de l'œil, que tout sollicite à la fois. «L'œil du peintre donne aux objets une valeur humaine, et reproduit les choses telles que les voit un œil humain. Et cette vision est mobile, et cette vision est variable...»
De là une interprétation picturale qui évoque les Primitifs. Elle est à l'origine de certaines naïvetés parfois; mais elle constitue également l'un de ses charmes. *La Partie de croquet* est une toile de grandes dimensions dont le sujet

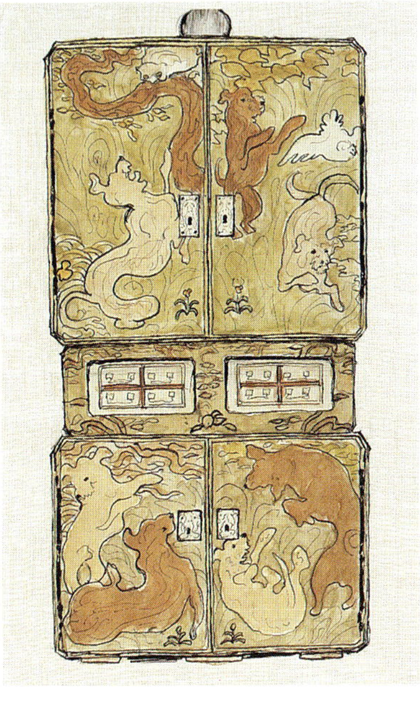

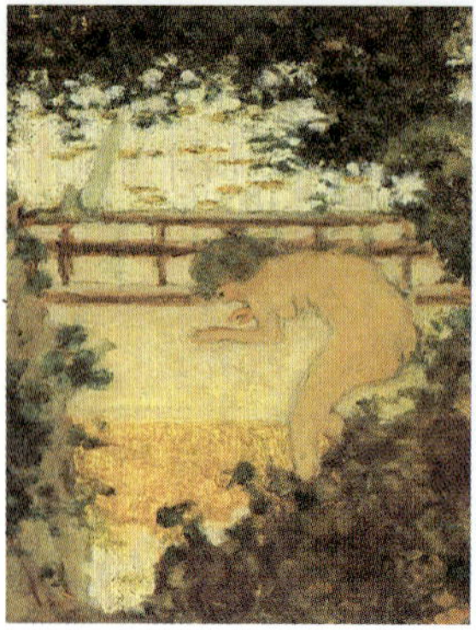

a été pris au Grand-Lemps; on y retrouve le jardin du Clos à la tombée du soir, d'où son premier titre : *Crépuscule*. Elle constitue un résumé de toutes les influences subies en ses premières années de peinture, et son envoi aux Indépendants a été très remarqué.

«J'entreprends deux grands panneaux sur étoffe [*La Femme aux canard* et *Le Peignoir*] que je veux [...] exposer rue Le Peletier» : il s'agit de préparer pour novembre une nouvelle exposition de groupe chez Le Barc de Boutteville. Bonnard donnera plus tard une description simple et précise du premier : «Fond d'étoffe velours blanc. Une femme en vêtement sombre, le bras pendant, a des canards à ses pieds. Dans le haut, une maison rectangulaire sans toit...» Le second montre une longue femme en peignoir, vue de dos; l'inspiration japonaise y est toujours évidente. Le critique Gustave Geffroy, joignant à son sentiment de la peinture sa sensation de l'étoffe, écrit immédiatement du premier panneau, *La Femme aux canards*, qu'il est «duveteux et fin comme un pelage de jeune cygne», et du second, *Le Peignoir*, qu'il est «moelleux et chaud comme une peau de tigre...» Ils vont être achetés l'un et l'autre par deux peintres : Henry Lerolle et Albert Besnard.

Marthe

Arrivent les premières images de Marthe, rencontrée en 1893; elle s'appelle en réalité Maria Boursin, mais elle préfère le prénom de Marthe. Elle a vingt-quatre ans, un corps gracile, une jolie chevelure, des yeux bleu pervenche. «Elle avait déjà d'un oiseau, gardera toujours, l'air effarouché, le goût de l'eau, de se baigner, la démarche sans poids, qui vient des ailes...», écrira Thadée Natanson. L'un de ces premiers tableaux la montre nue, s'approchant de

La *Baignade* de 1893 (à gauche) est l'un des premiers nus de Marthe sur fond de verdure.

La composition du *Peignoir* (1892), tout en hauteur (ci-dessous), rappelle les kakémonos dont le peintre trouvait de nombreux exemples dans la revue *Le Japon artistique*. Gustave Geffroy parle à juste titre de «ce jeu de lignes symétriques et contrariées, mêlées et démêlées avec un goût charmant, compliqué et contourné de la décoration».

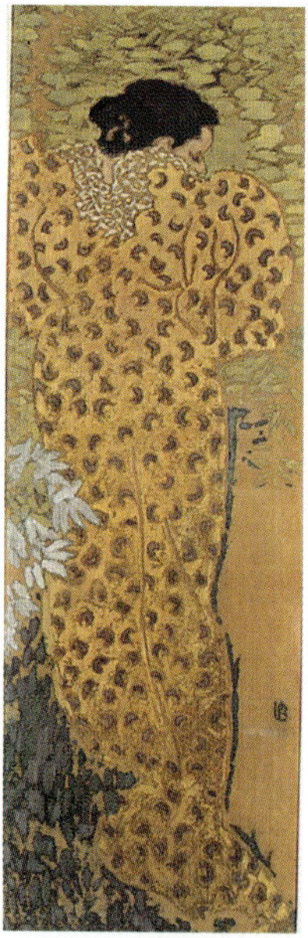

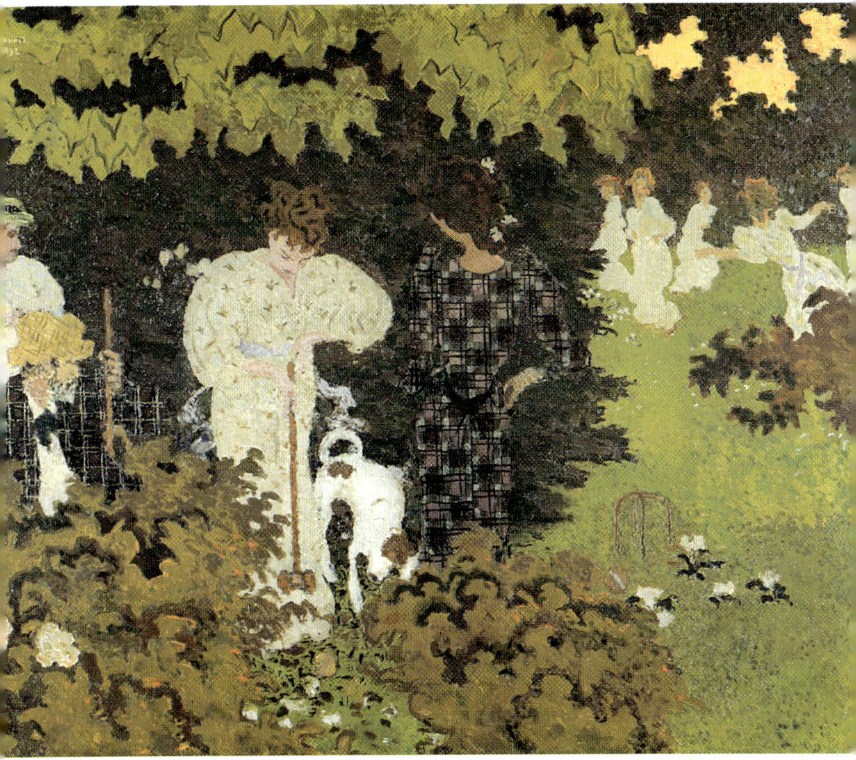

l'eau d'une rivière, près d'un petit pont de bois. D'elle, vivant modèle autour de lui, Bonnard créera ce type de femme légèrement grandie sur ses jambes, cambrée, fine de taille, les seins hauts et fermes. Corps élancé dont il donnera des interprétations si différentes qu'on y pourra suivre, en même temps que celle de l'homme, l'évolution du peintre. Mais, debout, assise ou allongée, la voici enfilant ou rajustant ses bas noirs – grand émoi de tous les artistes du temps.

Bonnard, artisan de la «vie de tous les jours»

Aux tableaux, généralement d'un petit format, étirés en largeur ou en hauteur, dans lesquels il a commencé à représenter les aspects de la vie

Dans *La Partie de croquet*, les joueurs du premier plan offrent à leur manière ce hiératisme que Gauguin faisait observer chez les Primitifs. Le dessin en aplats des étoffes, comme un collage, et l'absence de modelé évoquent l'art du Japon. La ronde des jeunes filles sur l'herbe verte rappelle une fois encore Gauguin.

parisienne, il ajoute des tableaux de bien plus grandes dimensions : ces panneaux décoratifs, triptyques ou quadriptyques, où se déploie toute la vie citadine. Ainsi un grand paravent à quatre volets, réalisé à la détrempe sur toile, auquel il a donné pour titre *La Promenade des nourrices* – il s'agit d'une grande vue insolite de la place de la Concorde avec «en haut, faisant bordure, une station de fiacres». Autre paravent, un *Ensemble champêtre* inspiré cette fois par le parc du Clos au Grand-Lemps, quadriptyque dont il détachera plus tard le quatrième volet, *L'Enfant au seau.* «Je ne me suis jamais considéré comme une espèce de génie, confiera-t-il à Gaston Diehl. Et quand la peinture ne me permettait pas d'en vivre suffisamment, je réalisais toute espèce de travaux : étoffes, paravents, meubles. Beau rôle que celui de poète s'il vous condamne à être banni de la République.»

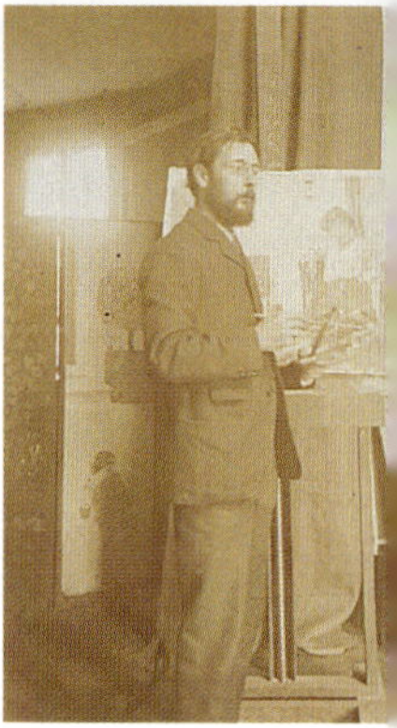

Bonnard est ici dans son atelier parisien, rue de Douai. Derrière lui, *L'Enfant au seau,* qu'il n'a pas encore détaché d'un paravent à quatre volets peint sur étoffe vers 1894 et intitulé *Ensemble champêtre.* A droite, *L'Enfant au seau* joue avec du sable devant la maison du Clos, au Grand-Lemps. Ci-dessous, *Chat et enfants,* dessin à l'encre noire.

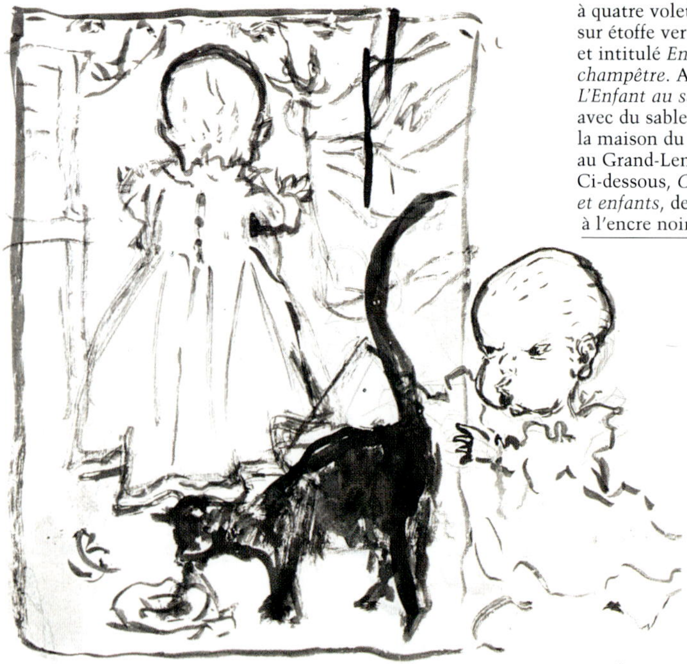

Témoin et acteur

Est-ce tout à la fois l'imprévu de sa mise en page, l'inattendu et la cocasserie d'un détail ou, sous l'ironie et l'humour, un attachement avoué pour ses modèles? Plus qu'un simple spectateur, il est lui-même un acteur de la scène qu'il nous fait découvrir, et nous entraîne avec lui. Nous sourions devant telle attitude d'enfant. Nous devenons passants parmi les passants, entre les fiacres et les omnibus.

Nombre de peintres ont traduit avant lui l'animation de la grande ville. Précédés et comme annoncés par Corot, Granet, Jongkind, Bonington ou Turner, qui tous peignirent les quais de la Seine, les impressionnistes s'intéressaient, déjà, à la vie de la rue. Tout en les admirant, Bonnard poursuit l'idée d'une peinture plus subjective que la leur et introduit dans ces scènes, où eux ne voient que des paysages, une analyse psychologique qui en fait de véritables portraits. Il ne peut se départir d'une tendresse infinie devant tout ce qu'il y a de plus simple, de plus quotidien. Devant le mouvement même de la vie.

Rien dans son dessin qui ne soit une transcription directe, émue et vivante de ce qui a été observé et senti. Le mouvement de la main épouse la mobilité de la vision, qui court à la poursuite de la sensation visuelle. Chez lui, pas de contours marqués d'un trait uni, mais des résilles, des filets qui apprivoisent les formes avec douceur et énergie. Un dessin qui dès le début lui appartient en propre afin de traduire dans l'instant toutes les surprises du regard : «Il s'agit de se souvenir de ce qui vous a saisi, et de le noter le plus

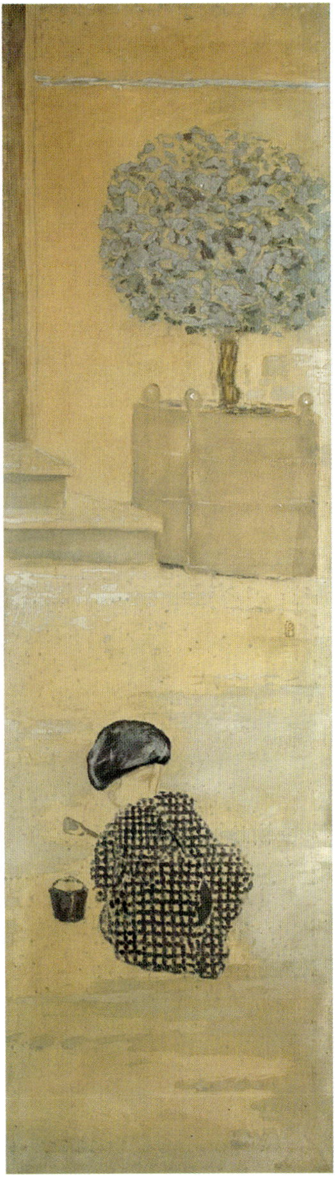

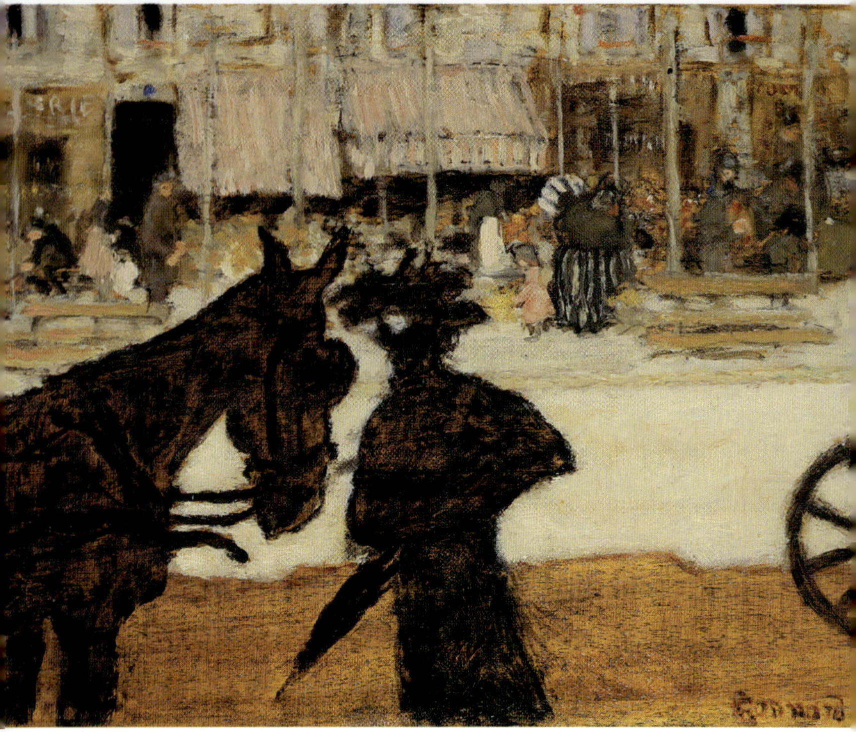

vite possible.» De là cette savante alliance de suggestion et de précision, qui invite à la découverte. «Nommer un objet, c'est supprimer les trois quarts de la jouissance du poème, qui est faite du bonheur de deviner peu à peu. Le suggérer, voilà le rêve», disait Mallarmé, que Bonnard admirera toute sa vie.

Gravure et peinture

«J'ai fait l'imprimeur cette semaine et j'ai appris beaucoup de choses [...]. J'espère bien en tirer parti», écrivait-il à ses parents en 1892. Cette déclaration annonce l'intérêt du peintre pour toutes les techniques de l'illustration.

Après *Reine de joie*, de Victor Joze (l'affiche pour le livre a été créée par Toulouse-Lautrec, et se trouve reproduite en frontispice dans l'ouvrage), il illustre

La rue constitue pour Bonnard le plus attrayant des spectacles. Imagier attendri, il nous fait respirer l'air du temps. Voici au premier plan une passante devant *Le Cheval de fiacre.* Tous deux sont montrés en ombres chinoises contre la lumière éclatante du boulevard. Au fond, on perçoit l'animation colorée de la ville. La roue d'une voiture à droite contribue à animer le mouvement de cette scène.

Le Solfège de Claude Terrasse, petit ouvrage plein de fantaisie qui rappelle certains éléments de ses peintures. Les robes des personnages féminins, décorées de carreaux et de rayures, symbolisent les tons et les demi-tons; les figures expressives se détachent sur des fonds ouvragés de volutes; certaines d'entre elles, destinées à indiquer les temps de la mesure, sont réalisées sur des feuilles divisées à la façon d'un paravent à deux, trois ou quatre volets.

Puis il se prend à rêver : «Cela va me permettre d'exécuter une chromolithographie à mes frais, suivie de plusieurs autres s'il y a moyen, et que je répandrai à Paris à des prix modiques. [...] C'est le tableau de l'avenir.» Ainsi compose-t-il une *Scène de famille* tirée à une trentaine d'exemplaires, puis d'autres estampes, toujours pour illustrer les albums de musique de son beau-frère.

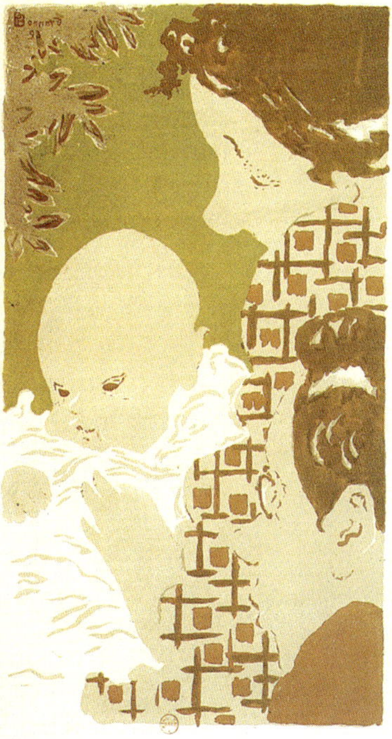

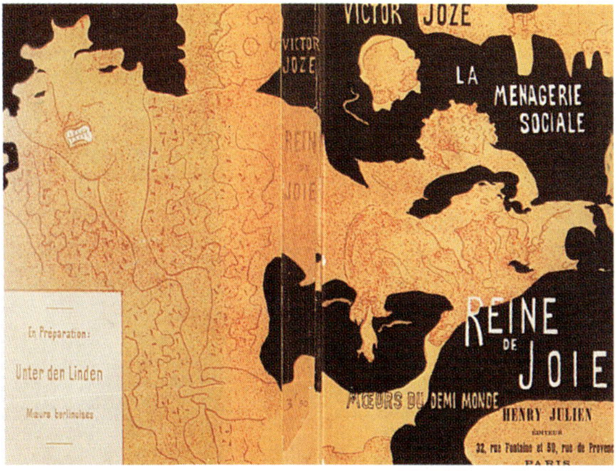

Cette *Scène de famille* a été publiée dans *L'Estampe originale* en 1893. On y retrouve, en lithographie, l'attrait de Bonnard pour les effets japonisants. Ci-contre, la couverture pour *Reine de joie*, «Mœurs du demi-monde» de Victor Joze, dont l'œuvre est surtout connue aujourd'hui pour cette couverture et pour l'affiche-frontispice de Toulouse-Lautrec.

Fin décembre 1893, nouvelle lithographie : deux *Parisiennes* emmitouflées dans des fourrures. Elle paraît dans *La Revue blanche*, et marque ainsi le début d'une longue collaboration avec Thadée Natanson, principal animateur de cette revue dont le critique d'art Félix Fénéon deviendra le secrétaire de rédaction. Viennent en effet, dès 1894, l'affiche pour la revue et une autre lithographie, *La Femme au parapluie* : une silhouette fragile marche avec précaution sur la chaussée, un bras en avant. Comme pour l'affiche, où l'on voit ses étranges yeux bleus, le modèle est Marthe.

Le parcours de l'œuvre gravé n'est pas distinct du cours de l'œuvre peint; il l'épouse, le complète et, à certains moments, le renforce. Bonnard conjugue les multiples apports. Il cherche à tirer de chaque technique un enseignement utile à l'autre. «J'ai beaucoup appris au point de vue peinture en faisant de la lithographie en couleurs. Quand on doit étudier les rapports de tons en jouant de quatre ou cinq couleurs seulement qu'on superpose ou qu'on rapproche, on découvre beaucoup de choses», confiera-t-il plus tard à André Suarès. C'est ainsi que lors de sa première exposition particulière, chez Durand-Ruel en janvier 1896, il tient à montrer non seulement des tableaux mais également ses affiches pour France-Champagne et pour *La Revue blanche*, deux paravents (dont *La Promenade des nourrices*), deux lithographies et *Solfège*.

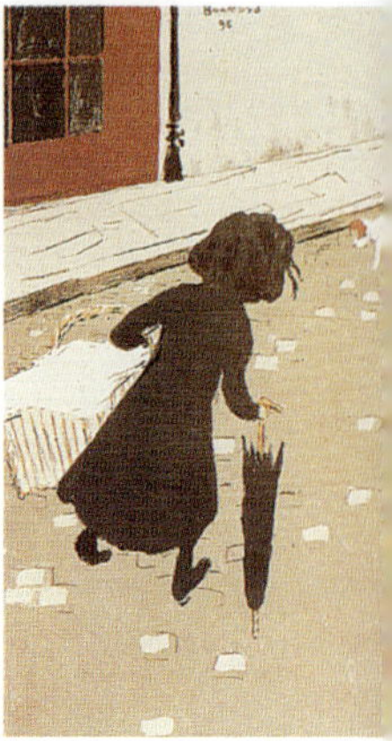

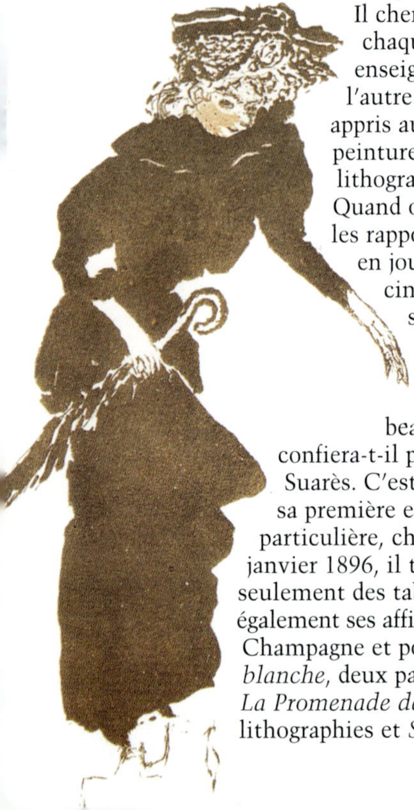

Aux lithographies en noir ou en deux tons qu'il a données à *La Revue blanche*, à *L'Epreuve* ou à *L'Escarmouche* entre 1893 et 1895 succèdent en 1896 les lithographies en couleurs pour les Albums d'Ambroise Vollard. L'affiche pour le Salon des peintres graveurs et *La Petite blanchisseuse* (ci-dessus) incluses dans le premier *Album d'estampes originales* (où l'on trouve aussi les noms d'Edvard Munch, d'Odilon Redon, et ceux de ses amis Maurice Denis, Edouard Vuillard, Félix Vallotton, Rippl-Ronaï), sont les premières estampes qu'il ait confiées à cet éditeur.
Ci-contre : *La Femme au parapluie*, lithographie.

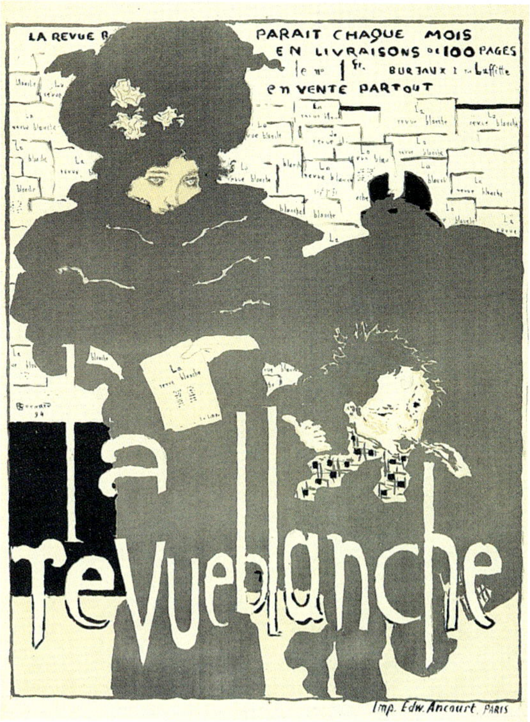

Thadée Natanson, après avoir remarqué, comme ses frères Alfred et Alexandre, les œuvres de Bonnard exposées aux Indépendants et chez Le Barc de Boutteville, lui commanda l'affiche de *La Revue blanche* pour 1894. Les lettres aux traits verticaux étirés se dressent en blanc au seuil de la composition.

Le Boulevard (ci-dessous) est l'une des lithographies en couleurs pour la suite des *Quelques Aspects de Paris* édités par Ambroise Vollard. Son mouvement n'est pas sans rappeler l'animation citadine du *Cheval de fiacre*.

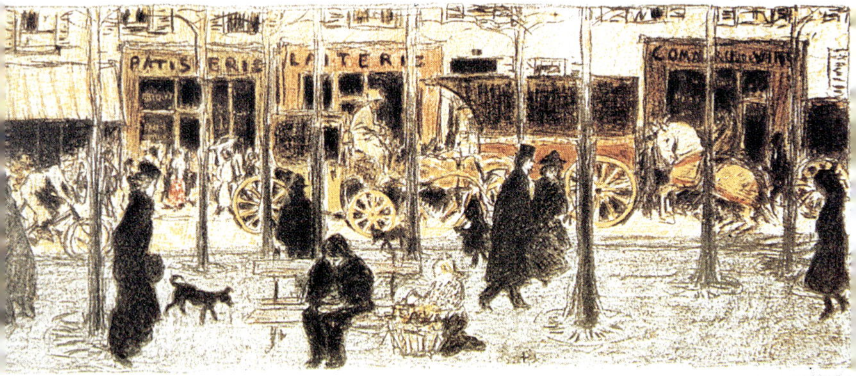

Bonnard, Vuillard et leurs camarades

Les deux amis partagent un même besoin d'indépendance et se fient d'abord à leur intuition. Ils demeurent très unis cependant à leurs camarades et participent à toutes les activités communes. Dessins, lithographies, bois gravés pour *La Revue blanche* où artistes et écrivains se retrouvent autour de la «rayonnante et sibylline» Misia, la jeune épouse de Thadée Natanson.

Les différents dessins de Pierre Bonnard reproduits ici forment la petite chronique illustrée d'une partie de l'activité théâtrale et littéraire du peintre et de ses amis.

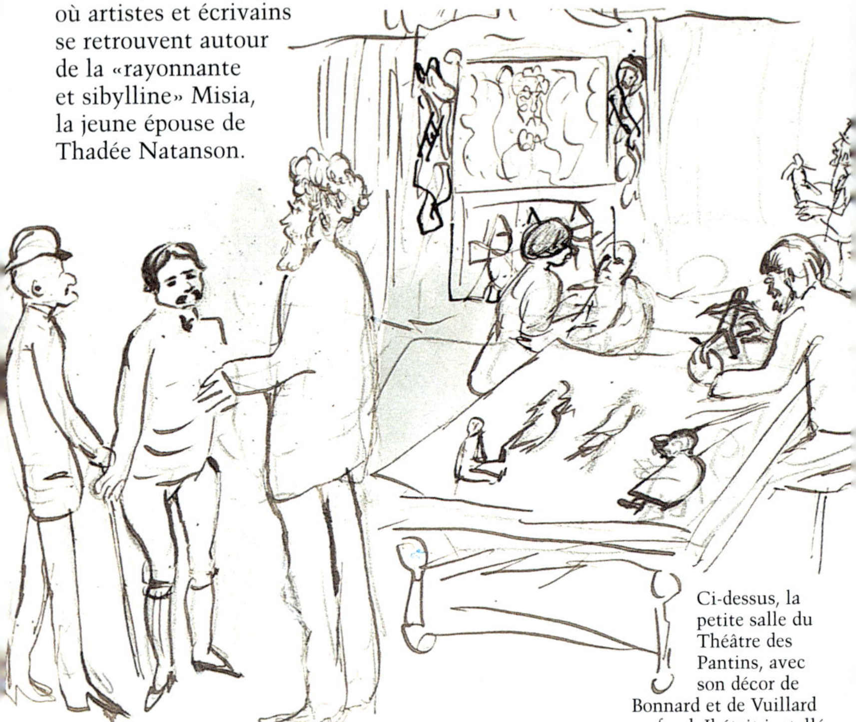

Ci-dessus, la petite salle du Théâtre des Pantins, avec son décor de Bonnard et de Vuillard au fond. Il était installé rue Ballu, chez Claude Terrasse que l'on voit, chevelu et barbu, en grande conversation avec Alfred Jarry, en tenue de cycliste, et avec Franc-Nohain. Bonnard est assis et modèle des marionnettes.

Décors, costumes ou programmes sont exécutés pour le Théâtre-Libre d'André Antoine, pour le Théâtre d'Art de Paul Fort, pour la Maison de l'Œuvre, où Lugné-Poe monte *Pelléas et Mélisande* de Maeterlinck et les pièces de Björson, d'Ibsen, de Strindberg. Bonnard a dessiné la vignette du théâtre et Vuillard la plupart

ALMANACH du Père Ubu

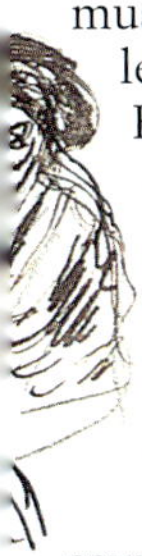

des programmes. En décembre 1896, c'est *Ubu roi* d'Alfred Jarry. La musique est de Claude Terrasse, les décors de Sérusier et de Bonnard, qui confectionne aussi masques et marionnettes pour le Théâtre des Pantins, «théâtricule» créé par Franc-Nohain, Alfred Jarry et Claude Terrasse, et installé dans l'appartement de ce dernier, rue Ballu. Nombreux encore sont ceux qui dessinent des meubles pour la galerie de l'Art nouveau de Samuel Bing, ou des projets de vitraux pour le verrier américain Louis Comfort Tiffany... Intense activité qui les aura menés dans tous les milieux intellectuels parisiens.

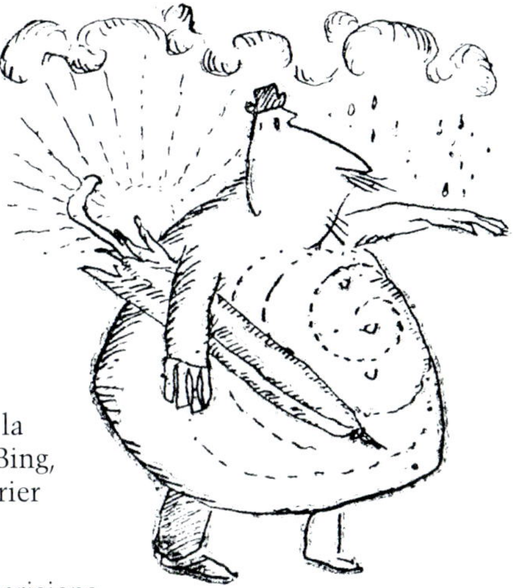

Le *Père Ubu*, extrait du petit almanach éponyme d'Alfred Jarry, est montré en «agronome citadin» et tend sa main sous la pluie.

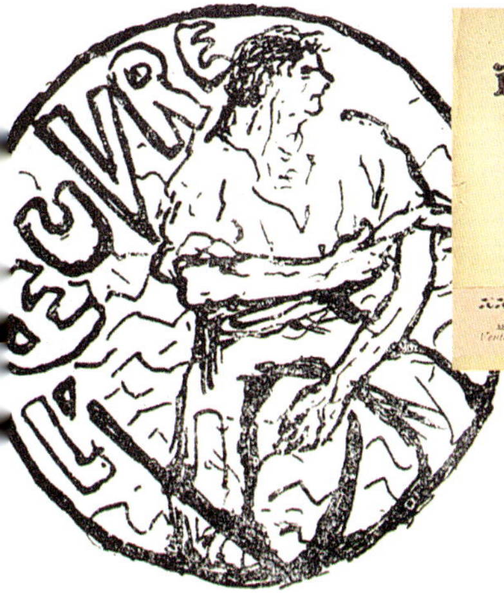

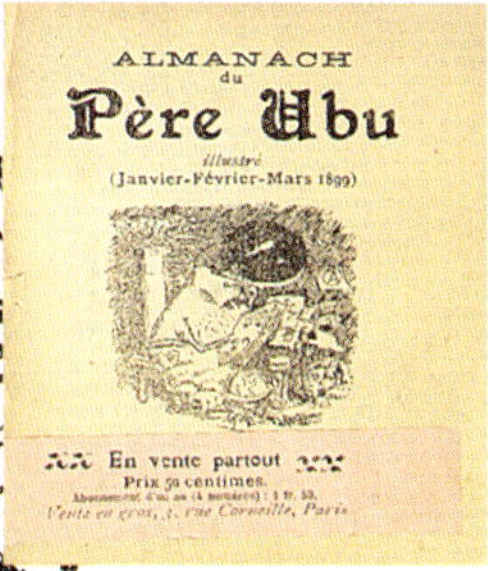
ALMANACH du Père Ubu
illustré
(Janvier-Février-Mars 1899)
En vente partout
Prix 50 centimes.
Vente en gros, 3, rue Corneille, Paris

Ci-contre, la vignette pour La Maison de l'Œuvre, premier nom de ce théâtre fondé par Lugné-Poe, Vuillard et Camille Mauclair. On y reconnaît le profil de Lugné-Poe.

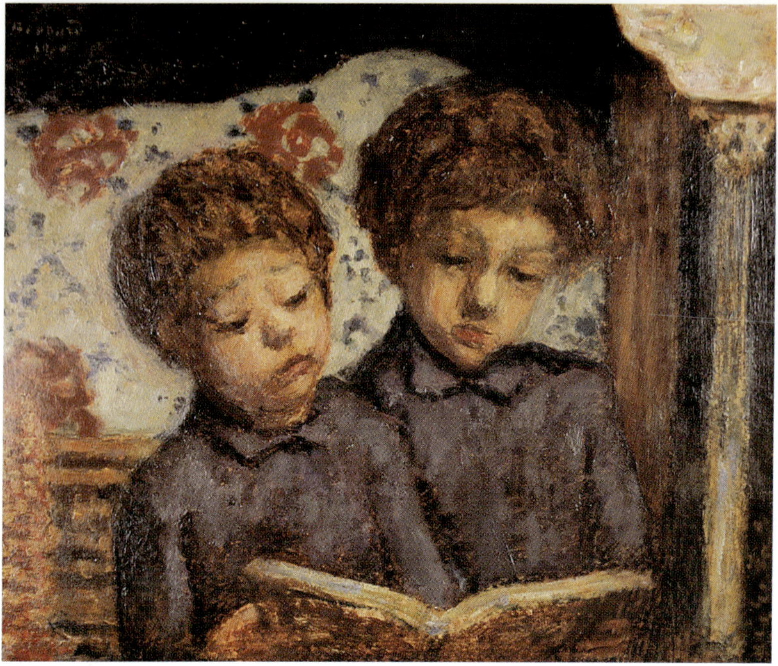

Bonnard en famille

Le Clos, au Grand-Lemps, est égayé par la présence des enfants nés au foyer de Claude et Andrée Terrasse. Bonnard ne cessera de peindre ses neveux Charles, Jean, Robert et nièces Renée et Vivette, ces enfants «qui le consolent de ceux qu'il n'a pas eus». Chaque année, à l'été ou en automne, il revient en Dauphiné et observe leurs jeux : promenade à dos d'âne, course au cerceau, baignade dans le bassin. Puis il monte dans l'atelier que sa mère lui a fait aménager au second étage de la maison, et en fait les sujets de ses tableaux. Les vacances finies, ce sera à Paris les devoirs, le solfège, les veillées sous la lampe.

Bonnard aime cette douceur des intérieurs d'hiver quand les portes sont bien closes, et le feu allumé. C'est encore le temps des lampes à huile et de leurs abat-jour qui étreignent la lumière et la libèrent en

Ces *Enfants lisant*, peints en 1900, sont peut-être plutôt en train de solfier, comme ils en avaient l'habitude. Il s'agit de Charles (à gauche) et de Jean Terrasse. La lampe que l'on aperçoit à droite de la peinture établit un effet de lumière autant qu'un effet de contraste avec la tonalité assez sombre des couleurs ocrées et bleutées. Bonnard effectuera souvent ces confrontations de différentes harmonies.

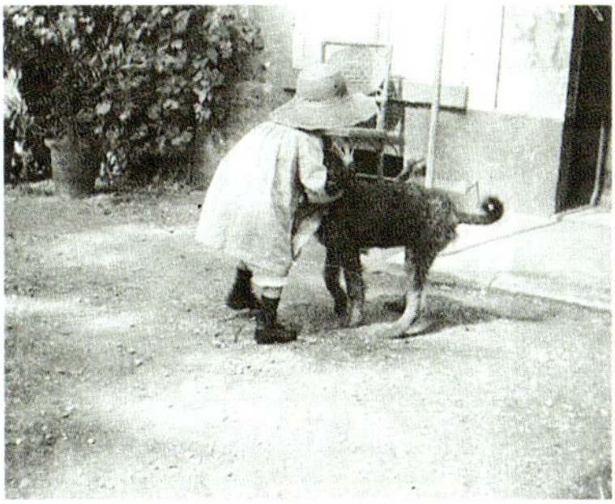

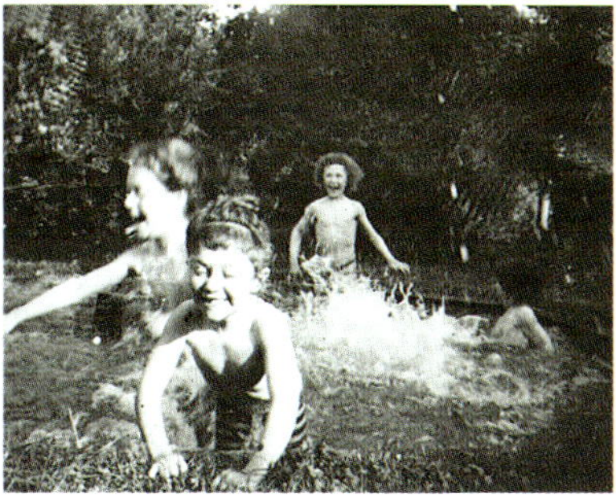

un faisceau évasé. De là ces portraits le soir, moitié éclairés et moitié dans l'ombre, ces figures qui entrent dans le silence de la nuit. Monde calfeutré, enveloppant, qui enserre le temps comme l'espace. Mais où peut rayonner aussi la splendeur d'un corps de femme.

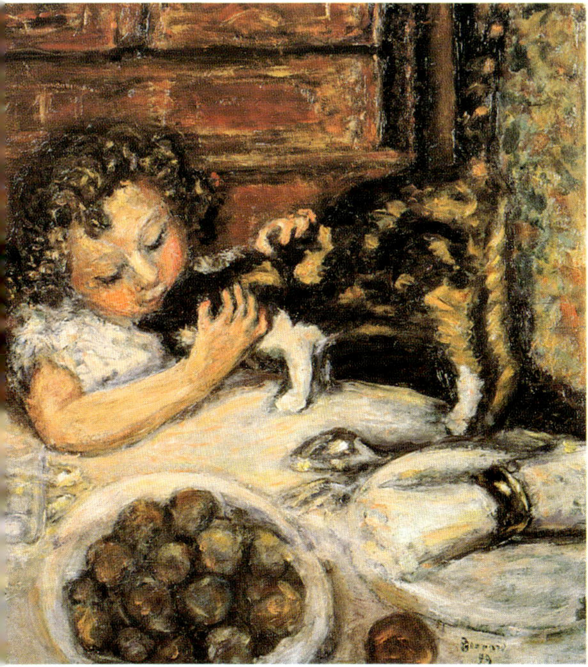

R*enée Terrasse jouant avec le chien* et *Enfants au bassin* : ces deux photographies sont tirées d'un ensemble consacré par le peintre aux jeux de ses neveux. La *Petite Fille au chat* (à gauche), c'est à nouveau Renée à cinq ans. On retrouve dans cette peinture, qui date de 1899, toutes les caractéristiques du *Corsage à carreaux* pour le regard en surplomb de la table. Mais c'est ici l'entente de l'enfant et de l'animal qui domine dans une atmosphère de complicité.

Les nus : sensualité et solitude

Dans les premiers nus, on voyait Marthe s'approchant ou sortant de l'eau avec quelque crainte. Avec *L'Indolente* de 1899, tout, dans ce tableau, du corps brûlant abandonné à la lumière, jusqu'à la stridence des couleurs fauves, évoque la volupté. Mais avec cette volupté apparaît dans l'œuvre du peintre une gravité soudaine. Il montre dans *L'Homme et la Femme* cette poignante solitude qui naît parfois après le plaisir. Séparés par le paravent dressé verticalement au centre de la toile, la jeune

Farniente : c'est sous ce titre que Bonnard présenta ce tableau en 1899. Thadée Natanson, qui l'acheta, lui donna le nom de *L'Indolente*. S'il s'agit bien de l'une des images les plus sensuelles de la peinture, on peut y percevoir, comme Gérard Titus-Carmel, «une sourde inquiétude».

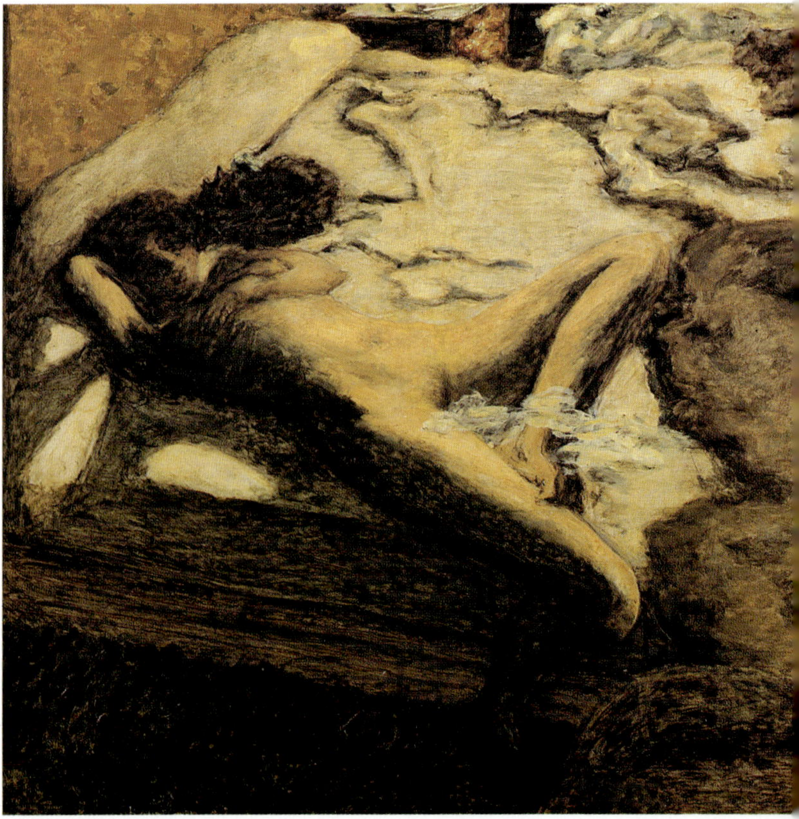

femme assise sur le lit et l'homme debout, étiré tel un Greco, poursuivent l'un et l'autre leur rêve intérieur.

Bonnard va lier l'homme à sa condition, le définir dans ses traits éternels. Il a pris une nouvelle conscience de lui-même et du temps; des différents âges de la vie.

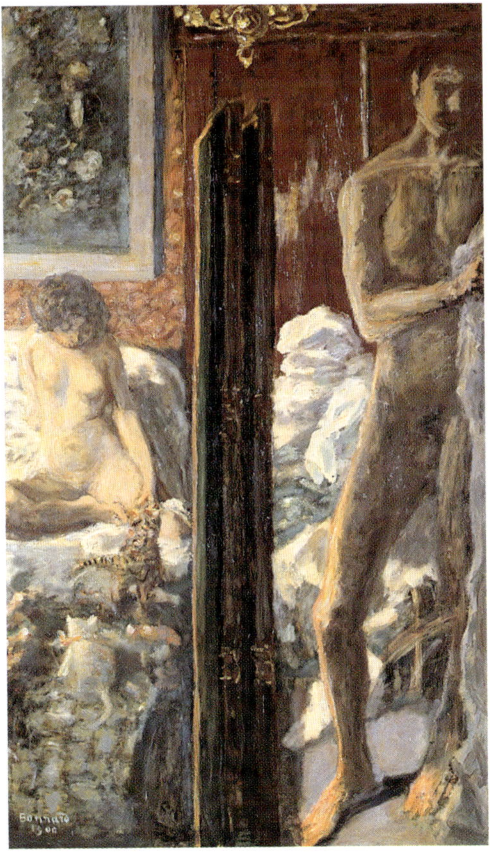

Maître de la lumière

Après leurs expositions de groupe chez Vollard en 1897 et 1898, les Nabis exposent chez Durand-Ruel en mars 1899 autour d'Odilon Redon, à qui ils rendent ainsi hommage. Avec eux : Emile Bernard, Paul Signac, Henri-Edmond Cross, Théo Van Rysselberghe. Importante manifestation dont Thadée Natanson rend compte. C'est cette nouvelle approche de la lumière qu'il a remarquée dans l'envoi de Bonnard : «En maître absolu, il absorbe toute la lumière ambiante. A son gré il la raréfie, l'éteint jusqu'aux plus exquises délicatesses de ce *Crépuscule*, ou le prodige assourdi de cet *Intérieur*. A son gré il en emplit le *Paysage normand*, qui rayonne, ou la fait jaillir blonde, inondante, des draps où elle joue avec un superbe corps de femme qui s'abandonne.» De son côté, Camille Pissarro, fort réticent au début envers Bonnard, dit à son fils Lucien : «Ce jeune peintre ira loin, car il a un œil de peintre.»

A côté de *L'Indolente*, *L'Homme et la Femme*, daté de 1900, offre un caractère dramatique, souligné par les vifs contrastes de lumières. Cette toile fut acquise par Thadée Natanson qui y avait décelé une œuvre magistrale dans sa gravité nouvelle.

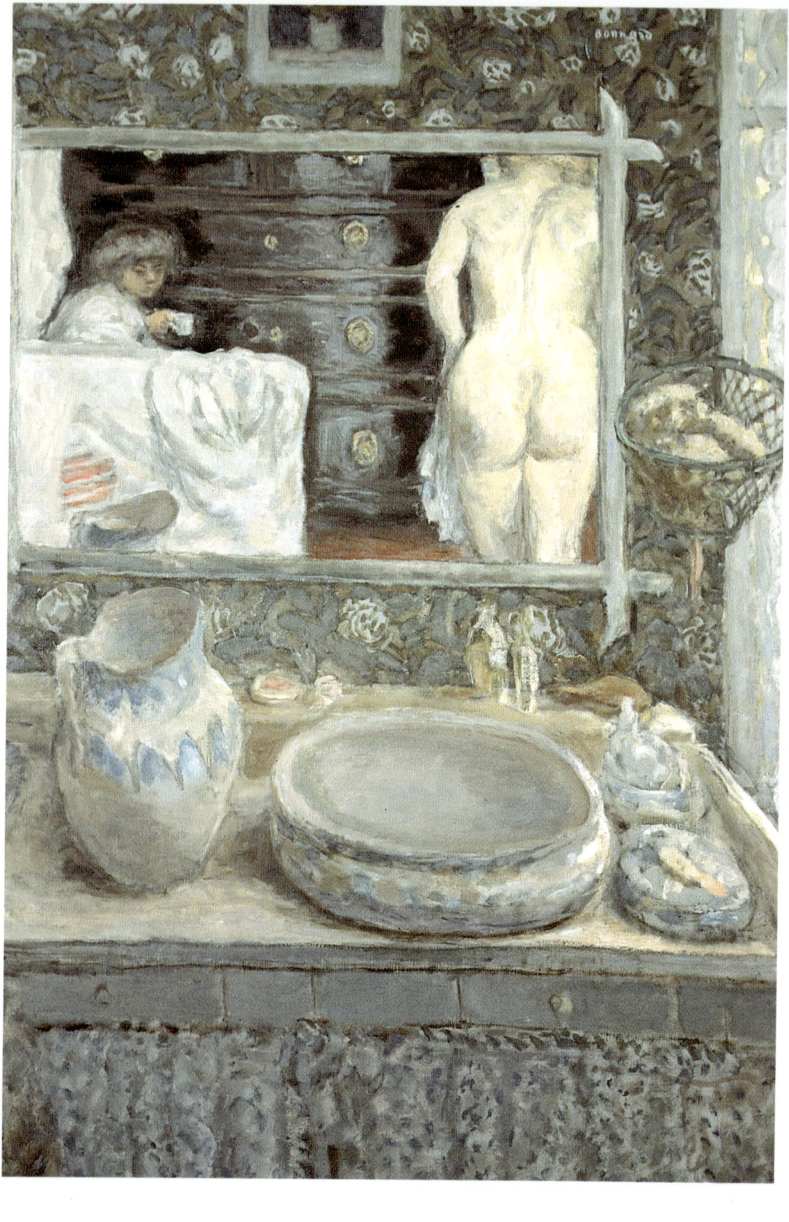

«Un jour, les mots et les théories qui étaient le fond de nos conversations : couleurs, harmonies, rapports de lignes et de tons, équilibre, ont perdu leur signification abstraite pour devenir quelque chose de très concret. Brusquement j'avais compris ce que je cherchais et comment je pourrais tenter de l'obtenir.»

Pierre Bonnard

CHAPITRE II
«TOUT L'ART EST COMPOSITION : C'EST LA CLEF DE TOUT»

S'il vénère les impressionnistes, Bonnard s'oriente vers un sens très nouveau de la composition. La glace d'un miroir, qui enferme une pièce entre ses murs, ou la prolonge dans une ouverture, devient l'instrument privilégié de ses mises en page. *La Glace du cabinet de toilette*, exposée au Salon d'Automne de 1908, en est l'un des meilleurs exemples. Ci-contre : Bonnard dans son atelier, vers 1905.

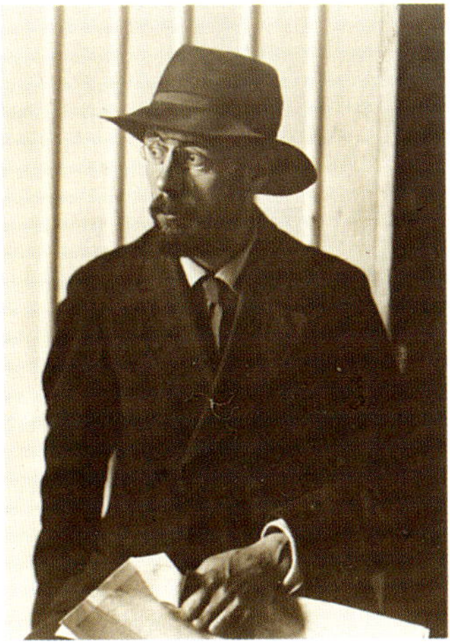

A partir de 1900, Bonnard quitte Paris dès le printemps. Il a loué cette année-là une petite maison entourée d'un jardin à Montval. Ses amis ne sont pas loin : Maurice Denis est à Saint-Germain-en-Laye, Roussel à L'Etang-la-Ville, Maillol à Marly-le-Roi. Il ira ensuite à Médan puis à Villennes et à Vernouillet, suivant le cours de la Seine qui s'élargit et ouvre devant lui un horizon plus vaste. Ses tableaux prennent plus d'ampleur, s'éclaircissent. Le blanc, le lilas, le rose des arbres en fleurs viennent parer les premiers verts de la nature. Cette éclaircie de sa peinture est tout en nuances. Période de transition que l'effort apporté à ses grands livres a favorisée.

En mai et juin 1897 a paru dans *La Revue blanche* un roman du Danois Peter Nansen : *Marie*, illustré de 18 dessins au pinceau de Bonnard. Vollard, qui songeait déjà à des illustrations pour Verlaine, lui demanda, après avoir vu *L'Indolente* à l'exposition du groupe chez Durand-Ruel, des lithographies destinées à une belle édition des poésies libres de *Parallèlement*. L'ouvrage parut en septembre 1900, orné de 109 lithographies, tirées en rose sanguine. Malgré l'insuccès du livre, Ambroise Vollard en voulut tout de suite un second:

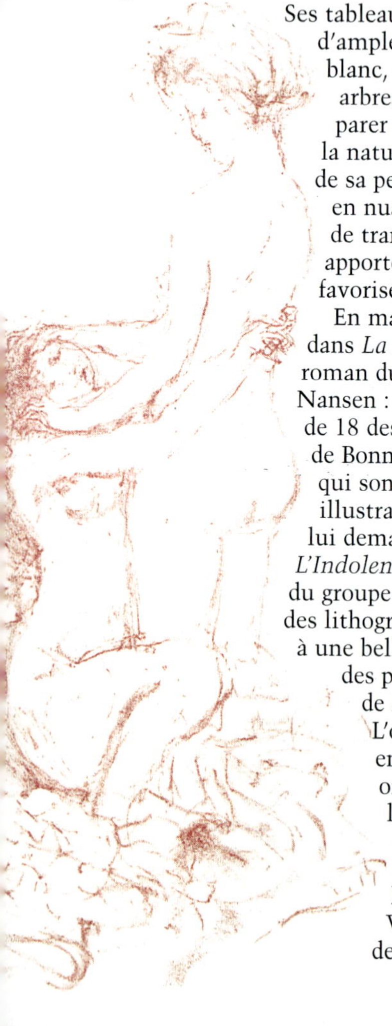

Considéré aujourd'hui comme l'un des plus beaux livres de peintre du XXe siècle, le *Parallèlement* de Verlaine illustré par Bonnard (à gauche, ci-dessous) ne connut aucun succès durant de nombreuses années. Bonnard admira toujours Ambroise Vollard d'avoir courageusement persévéré dans son rôle d'éditeur. «J'avais tenu aux lithographies en rose, ce qui me permettait de mieux rendre l'atmosphère poétique de Verlaine», dira le peintre.
Le dessin, souple et voluptueux, forme une alliance magnifique avec l'art du poète, se mêlant aux strophes ou débordant librement dans les marges.
On retrouve dans la lithographie ci-dessous le motif du tableau *L'Indolente*.

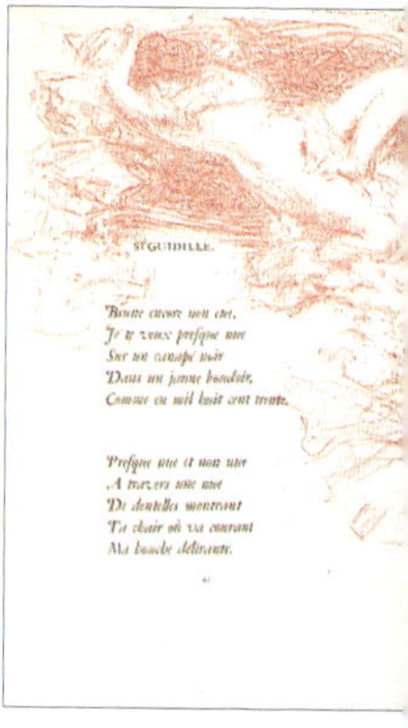

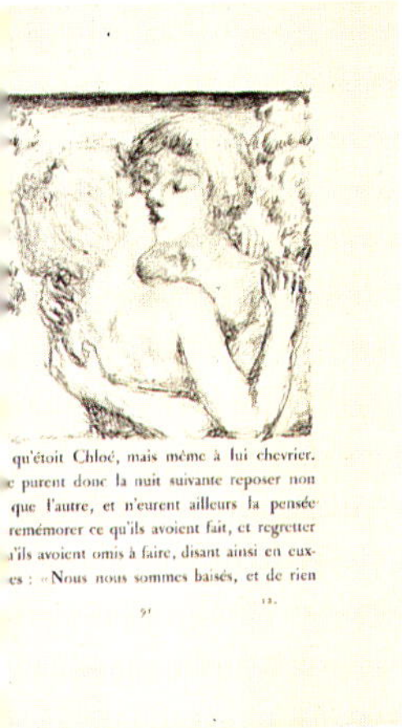
qu'étoit Chloé, mais même à lui chevrier.
e purent donc la nuit suivante reposer non
que l'autre, et n'eurent ailleurs la pensée
remémorer ce qu'ils avoient fait, et regretter
s'ils avoient omis à faire, disant ainsi en eux-
es : «Nous nous sommes baisés, et de rien

91 12.

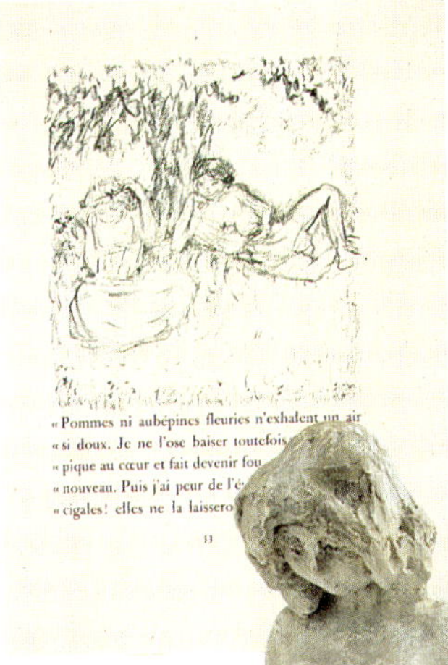
«Pommes ni aubépines fleuries n'exhalent un air
«si doux. Je ne l'ose baiser toutefois
«pique au cœur et fait devenir fou
«nouveau. Puis j'ai peur de l'é
«cigales! elles ne la laissero

13

Pour évoquer les paysages agrestes de *Daphnis et Chloé*, Bonnard avait en mémoire ceux du Dauphiné, ajoutés à la campagne qu'il observait à Marly-le-Roi ou à Montval, en Ile-de-France. Dans toutes ses compositions, on retrouve la même finesse et la même aisance. Le livre, comportant 156 lithographies (à gauche), fut achevé d'imprimer le 31 octobre 1902.

Daphnis et Chloé. «Je travaillai rapidement, avec joie. J'ai évoqué à chaque page le berger de Lesbos avec une sorte de fièvre heureuse qui m'emportait malgré moi.»

Sculptures, photographies

Après les dix années passées avec ses camarades nabis, Bonnard éprouve, comme chacun d'eux, le besoin d'une indépendance nouvelle, cette affirmation de soi nécessaire, dans toutes les directions possibles. A la peinture et à la gravure, il ajoute un moment la sculpture. Cette courte expérience n'aura pas de suite, mais il aimera toujours regarder fort attentivement la sculpture et gardera à son mur de multiples reproductions d'antiques ou de figures de la Renaissance, tandis que de nombreuses toiles évoqueront encore ce regard sur la statuaire.

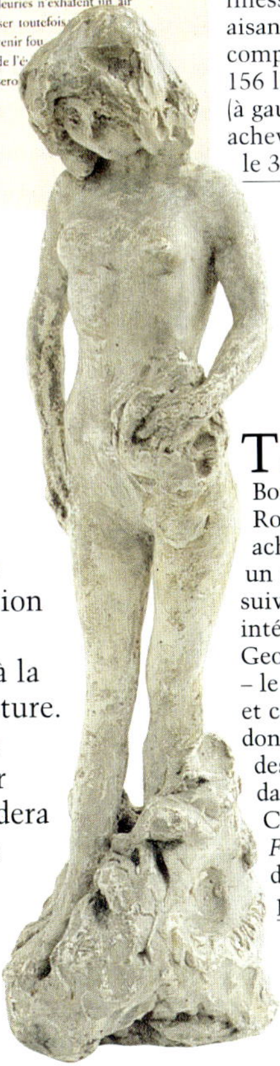

Très attentif à la sculpture, Bonnard admire Rodin, à qui il achètera d'ailleurs un dessin, et il suivra avec grand intérêt l'œuvre de Georges Lacombe – le «Nabi sculpteur» – et celle de Maillol, dont il montrera des statuettes dans ses tableaux. Ci-contre, *jeune Femme debout* de Bonnard, plâtre, vers 1901.

Comment, saisi par la promptitude de la vision humaine et si avide de capturer les aspects les plus fugitifs, n'aurait-il pas été tenté par la photographie?

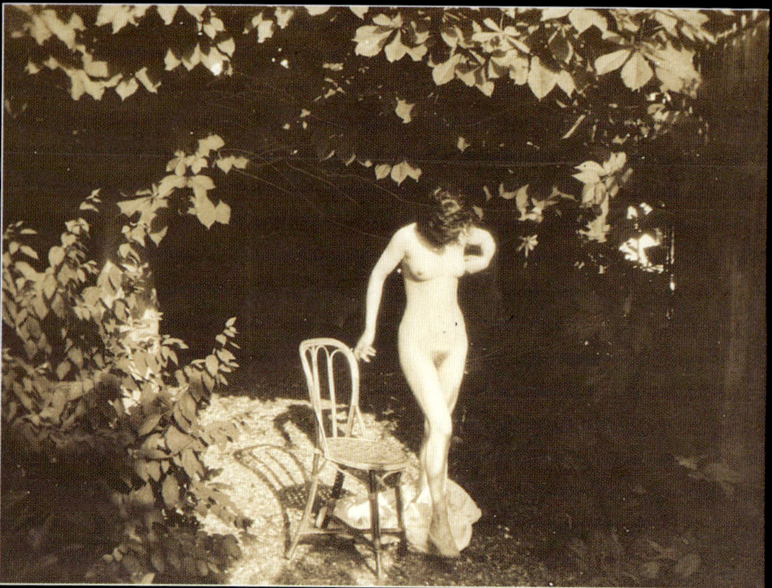

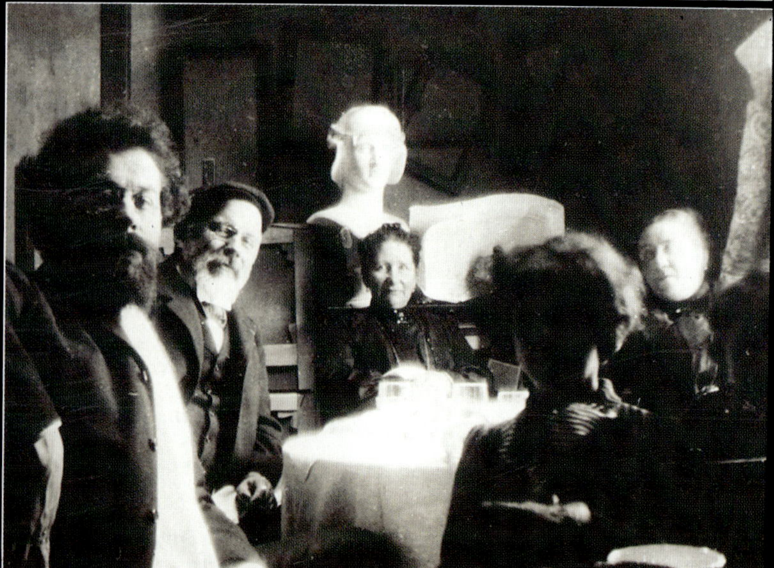

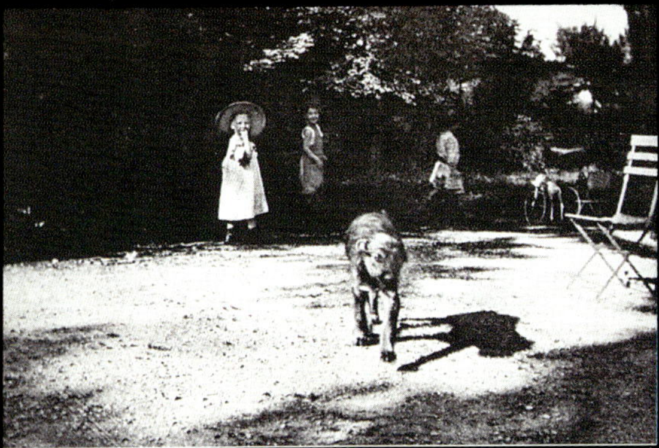

Marthe, toujours...

En photographie aussi, Marthe est le plus constant modèle du peintre.

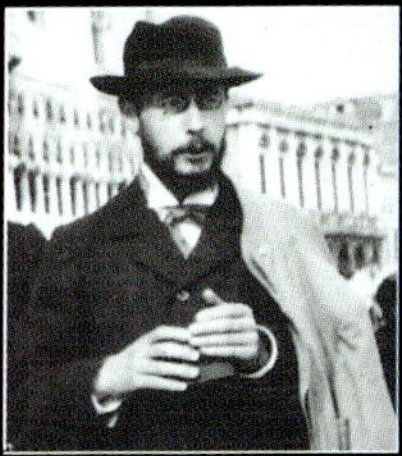

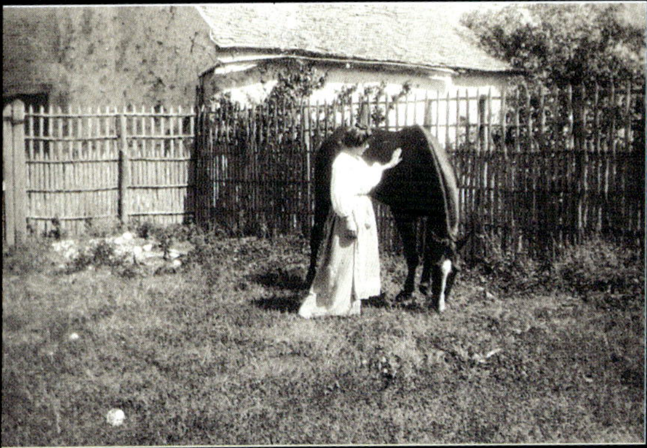

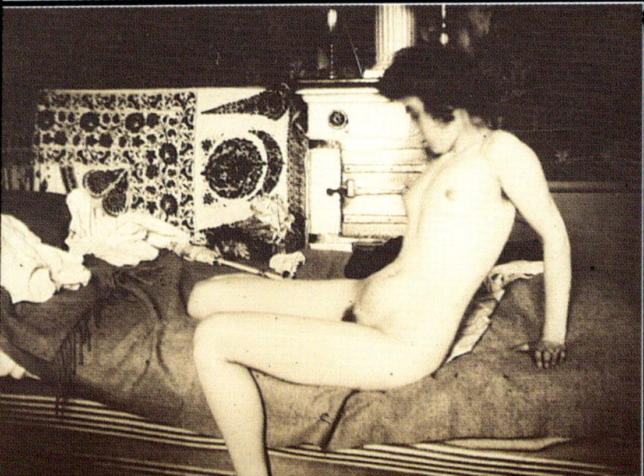

Après les nus pris en intérieur à Paris est venue la série de nus prise dans le jardin de Montval, images à la fois voluptueuses et pudiques. Certaines d'entre elles sont admirables par la lumière qui joue sur le velours de la chair et fait un vif contraste avec les ombres des feuillages. Passée cette période, Bonnard prendra encore des clichés de son entourage familial et amical, de modèles dans son atelier, de nus, où se détache une superbe épreuve de Marthe au jardin (page suivante, à gauche). Bonnard entreprend une série de toiles mettant en scène des nus de profil, dont ce *Nu à contre-jour* de 1908 (page suivante, à droite).

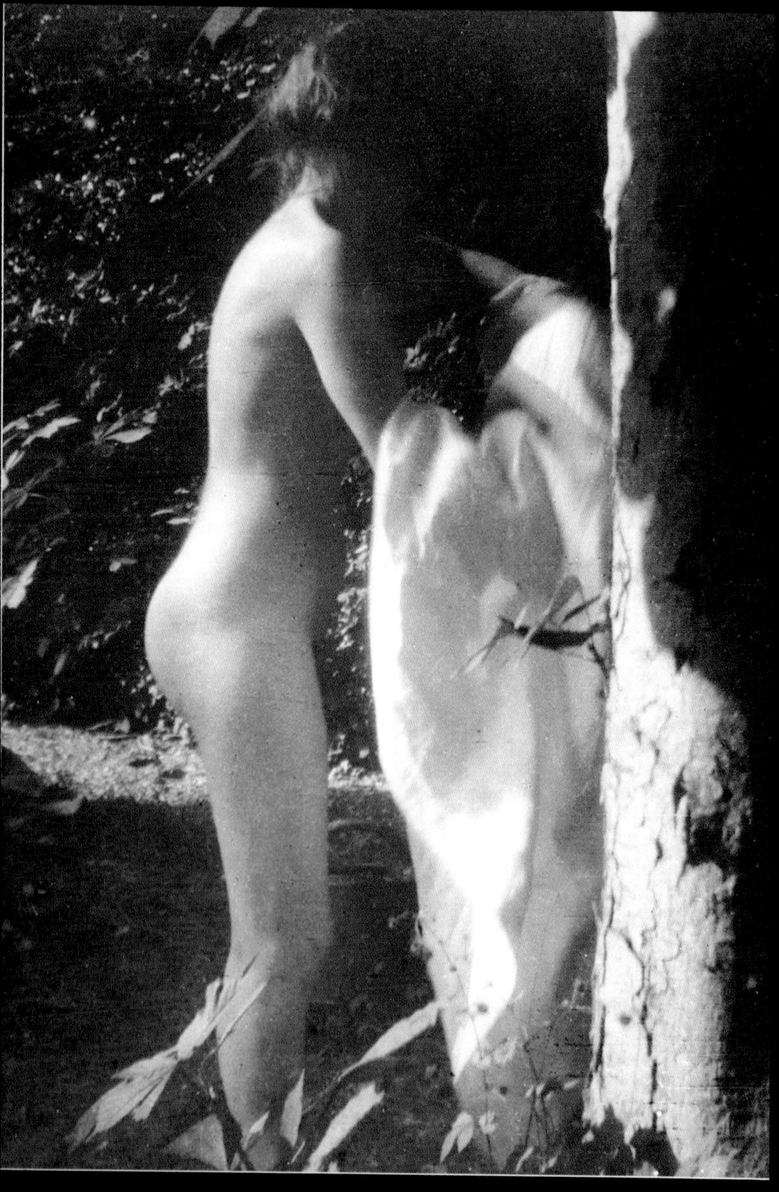

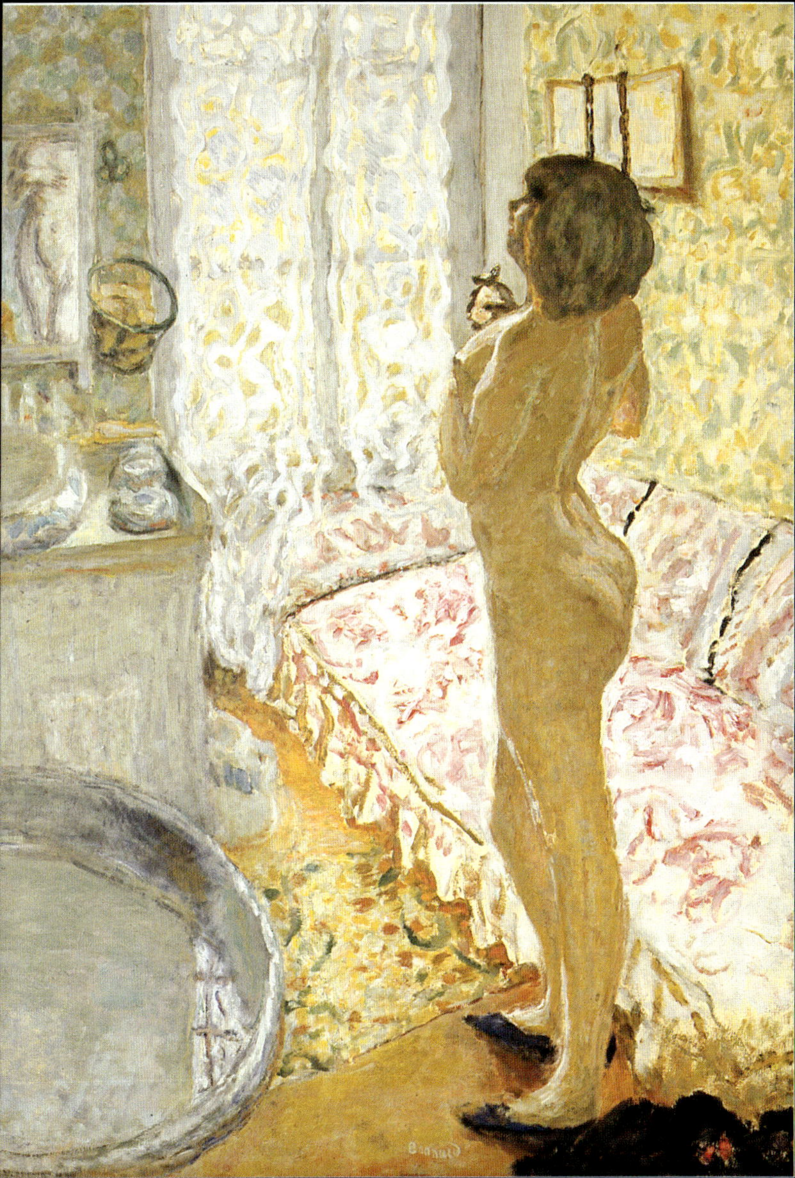

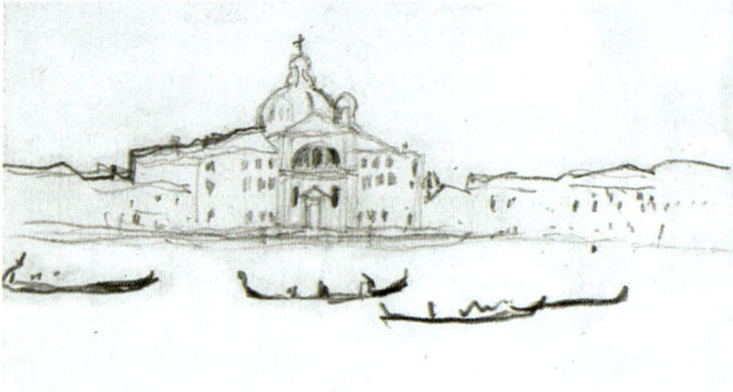

Ce petit dessin de l'*Eglise du Redentore* a été exécuté lors du court voyage de Bonnard à Venise en 1899, avec Vuillard et Roussel. Ci-dessous : deux dessins à l'encre, dont celui de la couverture, pour *La 628-E8* d'Octave Mirbeau. Le livre, paru en 1908, comporte de nombreuses illustrations évoquant les paysages traversés lors des croisières que fit le peintre en Belgique et en Hollande les années précédentes, sur le yacht de Misia.

Celle-ci permettait, en effet, de «capter l'instantané». L'intérêt de ses photographies, auxquelles il n'attachera jamais lui-même de valeur artistique particulière, est pour nous d'y retrouver, outre sa vision personnelle, les rapports qui s'établissent entre elles et son œuvre picturale au même moment. L'œil du photographe pouvait-il être si différent de l'œil du peintre, si... photographique déjà en ce qu'il saisissait et chérissait l'insolite et qu'il était si inquiet de l'inattendu? L'art de l'instantané, c'est l'art de la surprise.

A la fin du siècle et dès le début des années 1900, Bonnard a entrepris plusieurs voyages à l'étranger. Après Venise et Milan en 1899 avec Roussel et Vuillard, ce fut en 1901 l'Espagne – Séville, Grenade, Tolède, Madrid – avec Vuillard et les princes Emmanuel et Antoine Bibesco. Ce sera bientôt, en 1905 et 1906, des croisières en Belgique et en Hollande sur le yacht de Misia, devenue alors l'épouse d'Alfred Edwards, propriétaire du puissant journal *Le Matin*, en compagnie de Maurice Ravel, de Pierre Laprade et de Paul Leclercq, l'un des fondateurs de *La Revue blanche*. Courts voyages en général où le temps lui aura manqué pour travailler. Seuls resteront des carnets de dessins effectués durant les croisières en yacht, d'où il tirera quelques tableaux et

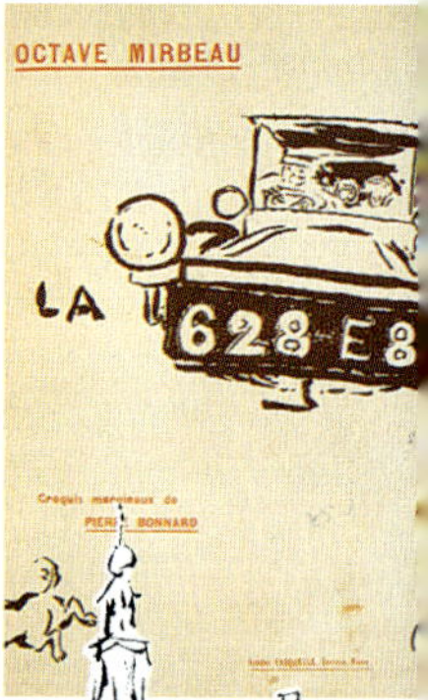

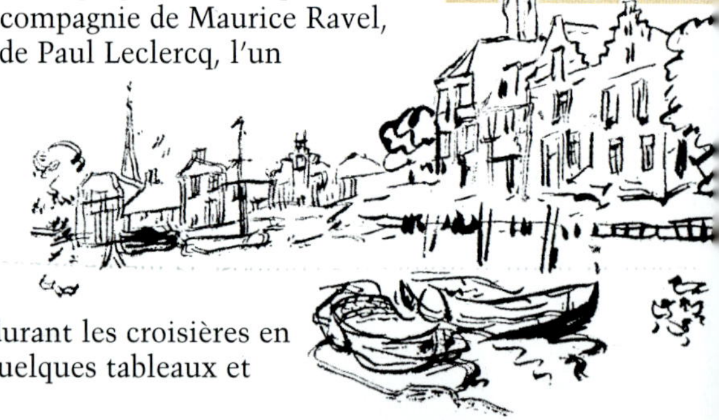

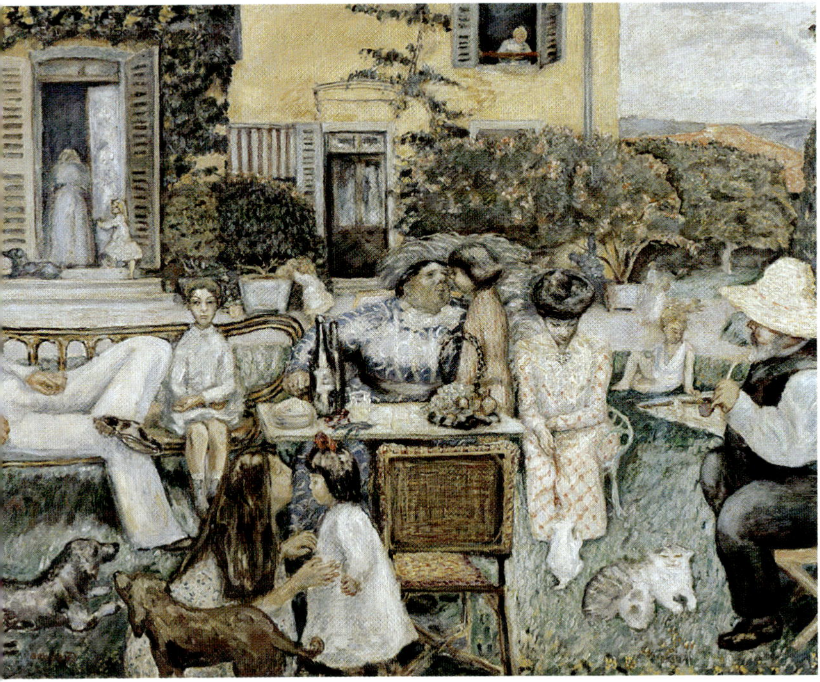

des illustrations pour *La 628-E8*, un livre d'Octave Mirbeau évoquant justement un voyage en Belgique et aux Pays-Bas et qui avait pour titre le numéro d'immatriculation de sa voiture. Tout s'inscrivait cependant avec une grande précision dans sa mémoire.

Une période incertaine

S'il aime les changements, Bonnard ne peut rester longtemps éloigné de Paris, de l'animation de ses rues, de son climat si favorable à l'éclosion des idées. Il expose régulièrement aux Indépendants, a participé en 1903 au premier Salon d'Automne en y présentant *L'Après-Midi bourgeoise*, portrait de famille à la fois tendre et teinté d'ironie; il a composé la même année deux affiches pour *Le Figaro*, puis illustré par près de 70 dessins à l'encre les *Histoires naturelles* de Jules Renard pour Flammarion.

L'*Après-Midi bourgeoise* représente la famille Terrasse réunie devant le Clos, la demeure du Grand-Lemps. Mêlant tendresse et ironie, Bonnard décrit le calme bonheur d'un dimanche d'été, le repas terminé. Les deux personnages opulents sont M. et Mme Prudhomme, parrain et marraine de l'un des enfants (Auguste Prudhomme, à droite, est l'historiographe connu de Grenoble).

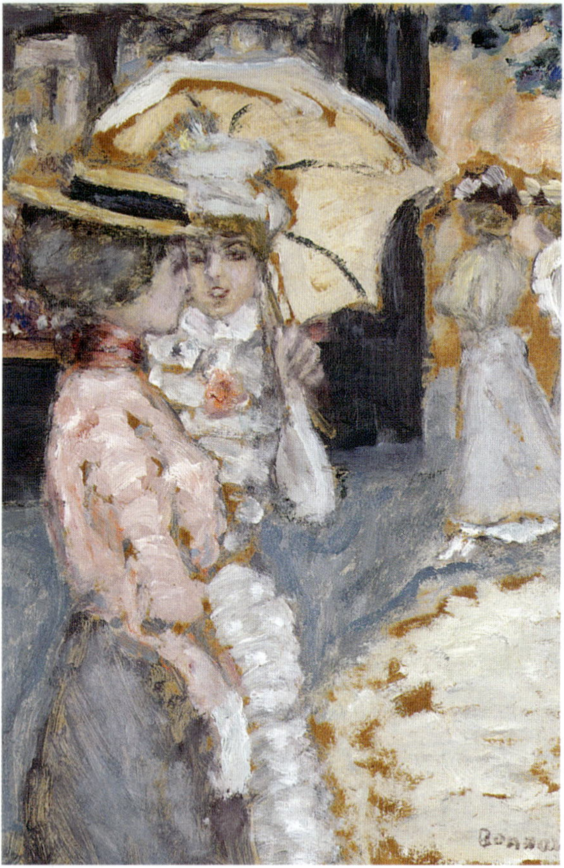

Au premier plan des scènes parisiennes, presque toujours, les femmes. Bonnard les surprend à leur insu, dans toutes leurs attitudes. L'une arrange au passage ses cheveux; l'autre avance d'un pas fragile, retenant d'une main sa longue robe. Ici, dans *La Promenade*, deux amies marchent au soleil; on voit la première de profil, l'autre de face sous son ombrelle, accessoire obligé de la mode du temps, et charmant élément décoratif. Deux autres jeunes femmes arrivent en sens inverse. C'est tout le mouvement de la rue. Les couleurs, roses et bleus virant parfois au mauve, sont ponctuées de blanc. Ainsi pour la frange des dessous clairs.

Après tant de grandes réussites déjà, Bonnard paraît se chercher à nouveau. Il prolonge ses scènes intimistes, élargit ses vues de Paris, montre à côté de ses paysages des petites marines effectuées à Colleville ou à Varengeville, des nus pour lesquels il fait poser des modèles d'atelier. C'est une période incertaine, malgré l'invention toujours présente. André Gide, qui perçoit dans ses toiles «quelque chose de bizarrement neuf et d'excitant», le juge précisément «irrégulier» mais également «chercheur, inventif, jamais morne».

Autre «aspect de Paris», et même suggestion du mouvement, *Le Pont des Arts*, et l'île de la Cité au loin (à droite). Mais le regard est très élargi et porte vers l'horizon. Le beau visage de femme, sous le grand chapeau fleuri, est celui de Misia.

Bonnard et Matisse, un dialogue vrai et serein

Matisse, qui n'a que deux ans de moins que Bonnard, est influencé en 1904 à Saint-Tropez par le divisionnisme des couleurs de Paul Signac : ce sera *Luxe, calme et volupté*. En contact, l'année suivante, à Collioure avec Derain, il veut cette fois exalter, comme lui, toutes les couleurs ensemble notamment dans un portrait de sa femme, *La Femme au chapeau*. Ce tableau de grandes dimensions présenté au Salon d'Automne en 1905 y créa avec les autres toiles vivement colorées de Derain et de Vlaminck le scandale des «Fauves».

Pas de passage de cet ordre, chez Bonnard. Pas de ralliement – même très momentané, comme celui de Matisse – au divisionnisme et au pointillisme. Le peintre, qui voit vite et qui juge vite, prend son temps : aurait-il été possible de continuer un impressionnisme scientifique sans aboutir à un système, puis à une impasse? Il suit son prodigieux

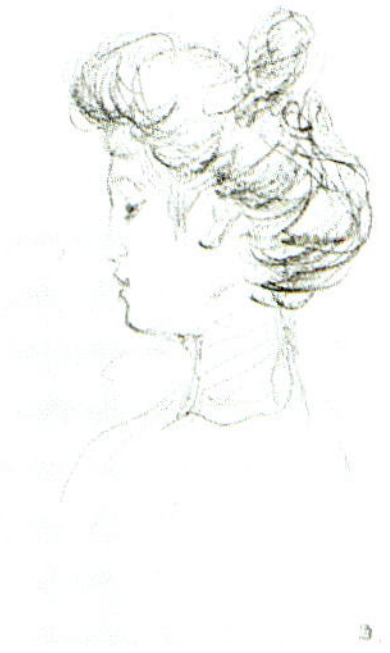

Extrait d'un carnet du peintre, voici, au crayon, le profil célèbre de Misia. On le retrouve plusieurs fois, et à différentes époques, dans l'ensemble de ses dessins.

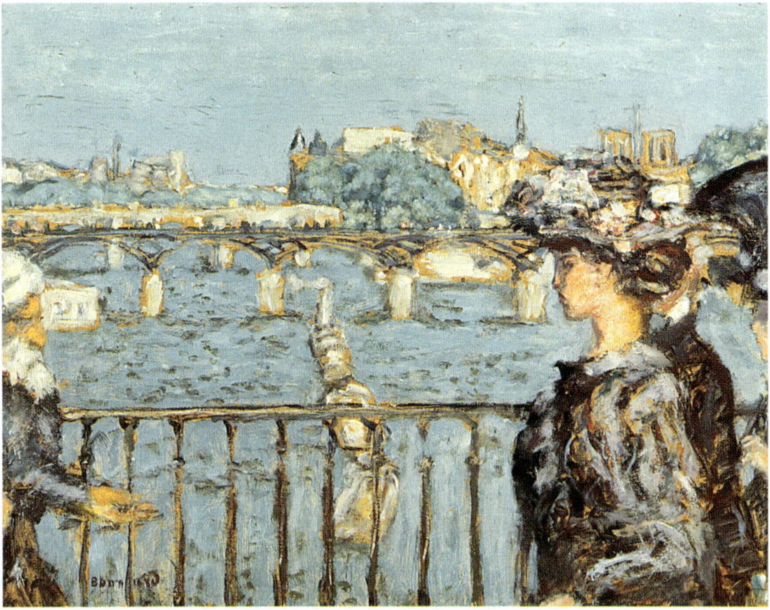

instinct de peintre : «L'instinct qui supplée à la science peut quelquefois être supérieur à la science qui supplée à l'instinct.»

Matisse expose *Le Bonheur de vivre* au Salon des Indépendants de 1906. S'il est vrai qu'il y ait dans cette vaste composition, comme le suggère Pierre Schneider, l'insertion «d'une double tradition : celle de la pastorale et de la bacchanale», comment ne pas se souvenir des tableaux contemporains de Bonnard, peuplés de faunes et de nymphes, sous l'emprise encore, dirait-on, de ses illustrations pour *Daphnis et Chloé*? C'est à partir de ces années 1905 que, tout au long de leur vie, Henri Matisse et Pierre Bonnard, qui s'étaient rencontrés dès le début du siècle, vont avec respect et amitié contempler l'un et l'autre leurs travaux respectifs.

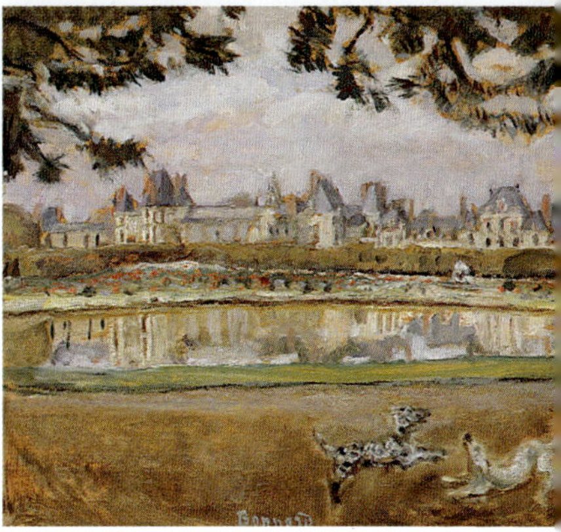

Le Château de Fontainebleau avec, au premier plan, le bassin du Romulus. A l'intérieur du palais, Vuillard et Bonnard furent vivement intéressés, en 1907, par les grandes fresques de la Renaissance.

Il n'y aura pas de confrontation Bonnard-Matisse, comme celle qui existera entre Matisse et Picasso. Mais un dialogue vrai et serein, fondé sur une même idée de la peinture, chose mentale certes mais indissociable du regard obstiné sur la nature. Ils exposeront ou voisineront ensemble à la galerie Bernheim-Jeune à laquelle ils seront liés par un contrat – tacite avec Bonnard dès 1906 et rédigé en bonne et due forme avec Matisse en 1909. Ils y feront ainsi chacun leur première exposition, Bonnard en novembre 1906, Matisse en février 1910.

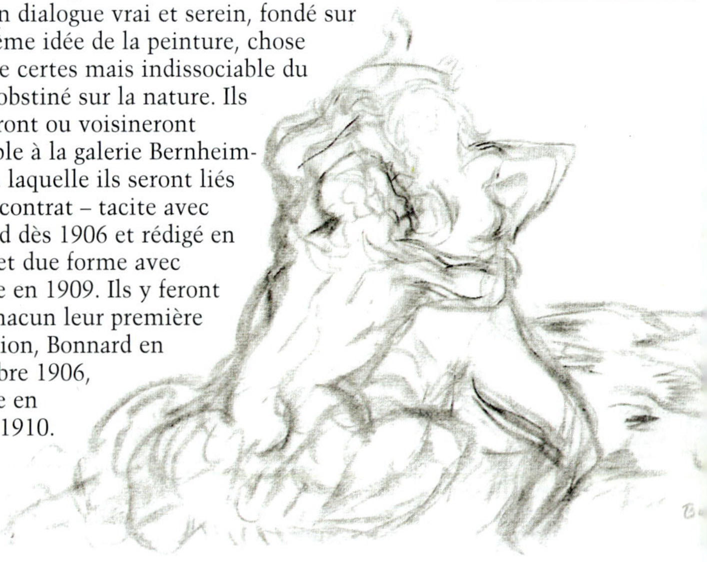

C'est chez Berheim-Jeune que Matisse achètera *La Soirée au salon* de Bonnard en 1911 et Bonnard, *La Fenêtre ouverte à Collioure* de Matisse en 1912 : tableaux dont ils ne se sépareront jamais. Chacun d'eux connaît sa différence avec son ami, et n'en regarde son œuvre qu'avec plus d'attention.

Bonnard et Vuillard : une amitié indéfectible

Ils possèdent une même discrétion. La même simplicité. Un même refus des affirmations catégoriques en art. Leur différence réside dans une gravité naturelle chez Vuillard, alors que la profondeur de Bonnard est toujours capable d'enjouement. Ils se rendent souvent dans les musées ou aux expositions, et il leur arrive de peindre côte à côte un même motif. Ainsi tel beau jour de 1907 où ils allèrent à Fontainebleau. Chacun fit une jolie pochade du château vu des jardins du Parterre, à l'endroit même qu'avait choisi Cézanne trois ans auparavant pour composer une grande aquarelle. Les deux peintres ont effectué la même année dans l'atelier de Bonnard un grand

On a retrouvé dans les papiers de Bonnard une carte postale montrant un aspect de l'ancienne chambre de la duchesse d'Etampes, favorite de François Ier. On y remarque,

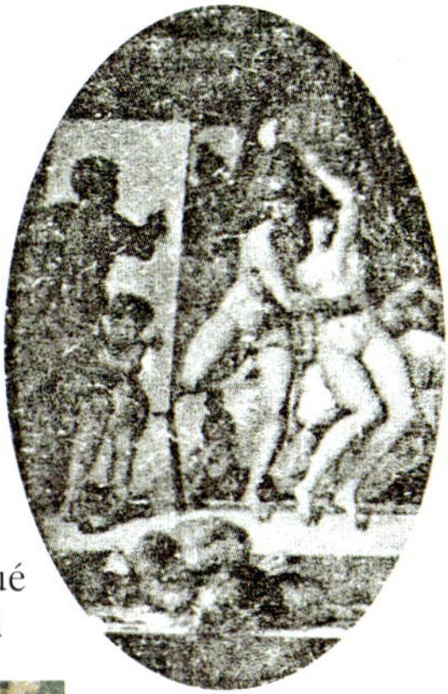

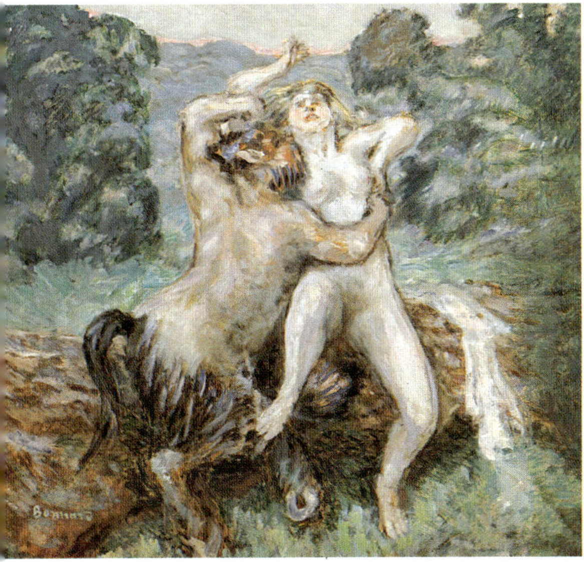

au-dessus de la porte, un ovale représentant *Apelle peignant Campaspe, maîtresse d'Alexandre* (ci-dessus), dont le dessin est du Primatice. Bonnard, qui avait illustré en 1902 *Daphnis et Chloé* et qui venait de sculpter un grand *Surtout* de table peuplé de faunes et de nymphes, prit la place d'Apelle pour, oubliant Alexandre, se transformer lui-même en faune et enlacer Campaspe… à qui il donna les traits et le corps de Marthe. Ce tableau, *Pan et la nymphe* (ci-contre), a été précédé par un beau dessin au crayon (à gauche).

portrait de Marthe avec son chien Black, unique exemple d'un portrait de la compagne du peintre réalisé par un autre artiste que Bonnard – et vivant témoignage de cette amitié qui les liait.

Une autre conception de l'invention

Des artistes qui ont alors entre vingt-cinq et trente ans et qui se nomment Picasso, Braque ou Léger commencent à faire parler d'eux dans les ateliers. Picasso entreprend ses *Demoiselles d'Avignon*, le tableau qui possède encore aujourd'hui cette même force de scandale. Survient la rencontre Braque-Picasso, puis leur dialogue capital. Un nouveau chapitre s'ouvre dans l'histoire de la peinture. C'est le moment où Bonnard, toujours au courant de tout et toujours à contre-courant, montre une série de toiles nouvelles : *La Loge, La Glace du*

Bonnard a toujours été fasciné par les miroirs, jusqu'à en faire le thème principal de son tableau, *L'Effet de glace* (1909). Le sujet est totalement modifié par l'inversion, les proportions en sont tout autres, la lumière changée. «Bonnard chérit l'accident», disait Degas.

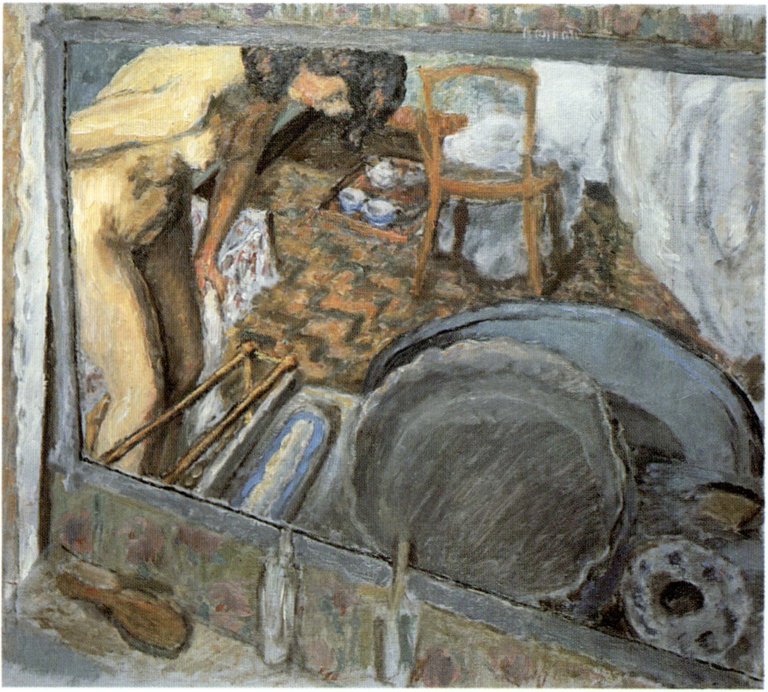

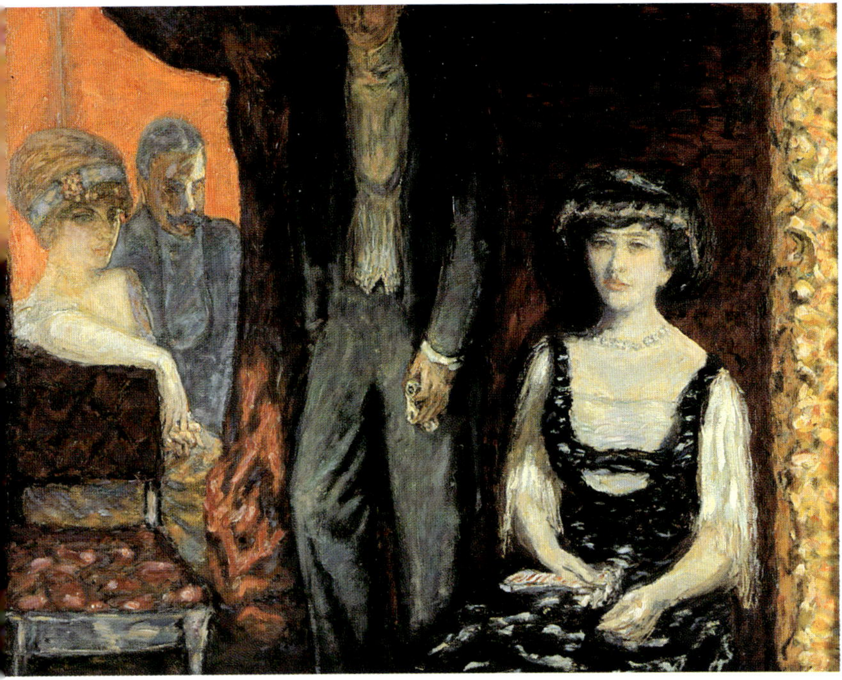

cabinet de toilette, Le Nu à contre-jour qui constituent autant d'hommages à l'impressionnisme, et particulièrement à Renoir. Anachronisme, pourrait-on dire. Ce n'est qu'un premier regard. L'élément le plus neuf de ces toiles réside dans leur composition. «Le pouvoir d'invention, dira-t-il, réside davantage dans la mise en place et dans le sens des proportions. Tout l'art est composition : c'est la clef de tout.» La composition est ici centrée autour d'un élément nouveau et insolite : le miroir, qui multiplie tous les effets, inverse les objets, modifie les proportions, ranime les lumières. A plus ou moins grande échelle, il constitue un nouveau tableau dans le tableau – et Bonnard va jusqu'à lui conférer le premier rôle : celui de constituer à lui seul le sujet d'une toile, dont il occupe tout l'espace. De là, pour le spectateur, un sentiment de distanciation, très neuf, qui souligne tout l'artifice de la peinture.

Sans doute *La Loge* constitue-t-elle comme un nouvel hommage à Renoir. Josse et Gaston Bernheim sont ici avec leurs épouses dans leur loge à l'Opéra de Paris. La composition très particulière de ce tableau – l'un des visages arrêté à la hauteur du regard par le bord de la toile –, où s'enchâssent des rouges foncés et un vermillon intense, n'a pas manqué de surprendre les contemporains du peintre.

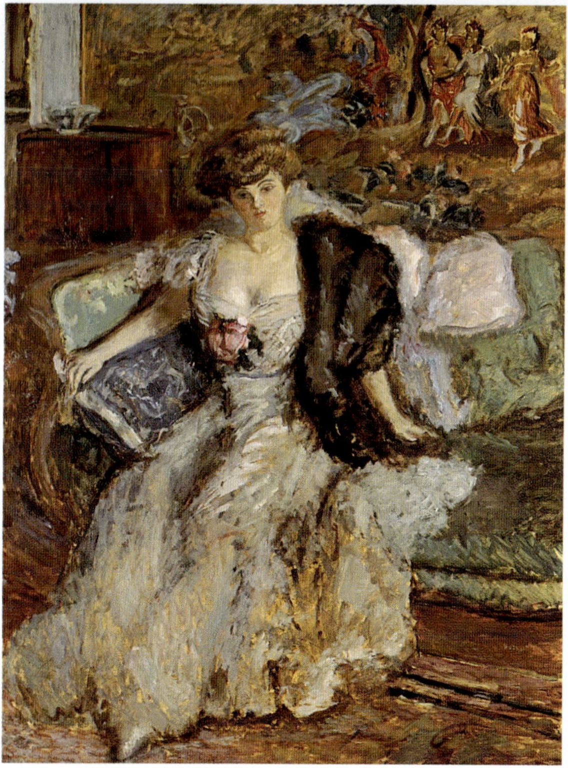

Le somptueux *Portrait de Misia* date, comme *La Loge*, de 1908. Il a été peint dans l'appartement de celle-ci, quai Voltaire, devant l'un des grands panneaux composés pour son salon. Bonnard a brossé de nombreux portraits de cette jeune femme qui séduisit tous les artistes de son temps. Léon-Paul Fargue, parmi d'autres écrivains, évoquera «le grand jardin touffu, vert et or, des panneaux de Bonnard» dont (ci-contre, à droite), celui intitulé : *Le Voyage*, ou encore : *Jeux d'eau*.

Bonnard décorateur

La décoration serait-elle un repos ou une diversion dans cette activité si fébrile? Bonnard accepte l'offre de Misia de composer quatre grands panneaux pour le salon de son nouvel appartement du quai Voltaire, devenu un moment le véritable atelier du peintre. Les sujets : *Le Plaisir, L'Etude, Le Jeu* et *Le Voyage*, thèmes sur lesquels il invente mille variations de la plus grande fantaisie. Faunes, nymphes, baigneuses sortant de l'eau ou y entrant, enfants jouant dans des bassins : autant de figures dansantes peuplant des jardins où s'épanchent des fontaines, animant des rivages marins plantés d'arbres géants, se promenant devant une forêt indistincte habitée de cerfs et de

“Vous connaissez cette harmonie de novembre, où les fûts noirs des châtaigniers s'accordent à l'or roussi des feuilles. M. Bonnard a entouré ses panneaux d'une bande de ce ton jaune, non point en ruban uni, mais découpée à mille pointes, angles, crochets, caps et golfes. Il l'a bordée de points noirs, et il y a dessiné toutes sortes d'animaux.”

Henry Bidou,
in *La Gazette des Beaux-Arts*

En haut, à droite : l'une des assiettes décorées par l'artiste à la demande d'Ambroise Vollard, et mises au four par le céramiste Méthey.

biches en toute liberté. Les couleurs y sont parfois nuancées, pour s'entendre avec la suite des tentures et des meubles anciens de l'appartement. Une bordure de mêmes teintes, vert et jaune orangé, et de motifs semblables encadre chacun des panneaux, assurant ainsi l'unité de l'ensemble. Où se trouve *L'Etude*, parmi ces décorations? Tout n'y est que jeu et plaisir; Bonnard n'a voulu que réjouir son amie, dont il effectuait aussi de grands portraits.

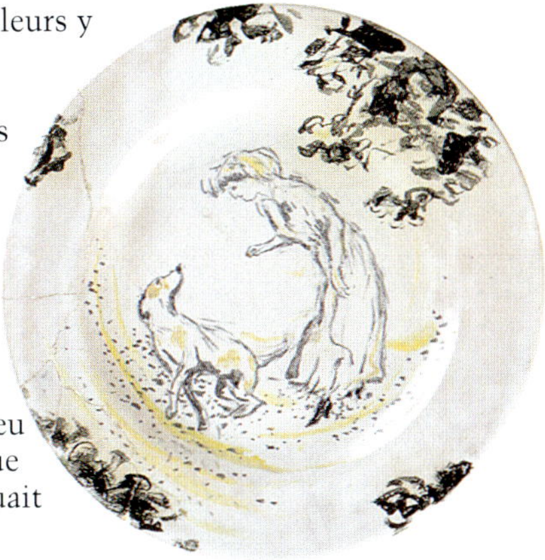

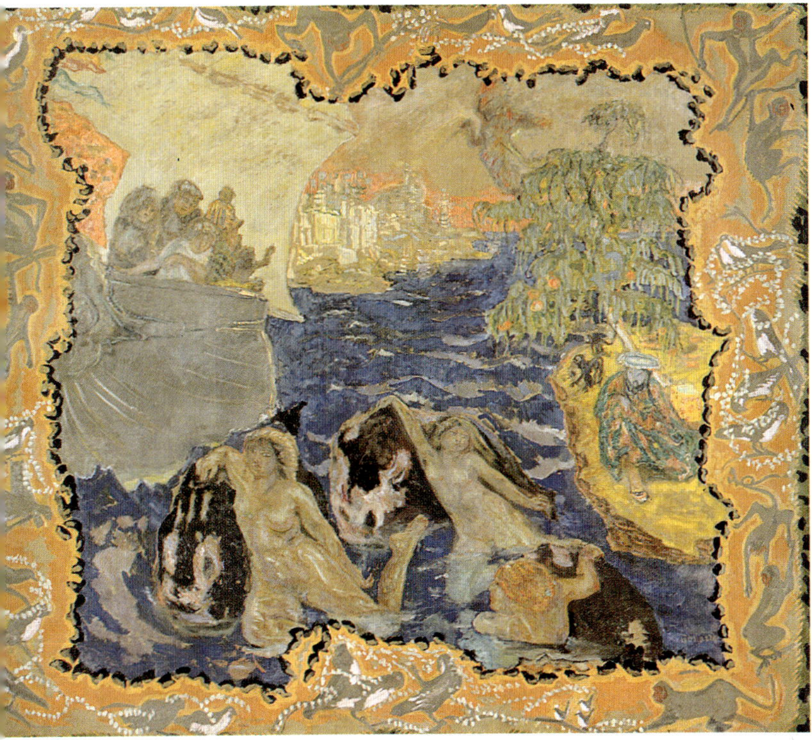

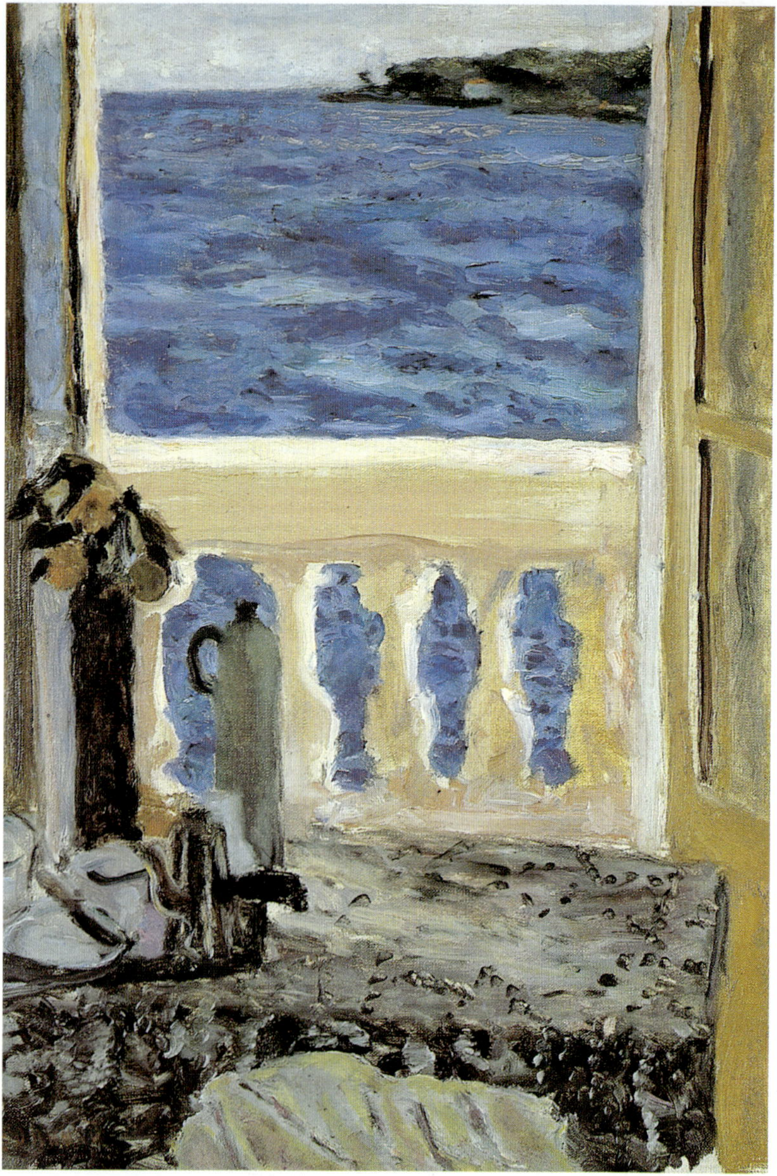

« J'ai eu un coup des *Mille et Une Nuits*. La mer, les murs, jaunes, lcs reflets aussi colorés que les lumières... » Dès le début de l'été 1909, Bonnard part pour son premier séjour dans le Midi. Après Paul Signac, Henri Matisse, Henri Manguin, Albert Marquet, le voici à Saint-Tropez.

CHAPITRE III
« LA COULEUR M'AVAIT ENTRAÎNÉ... »

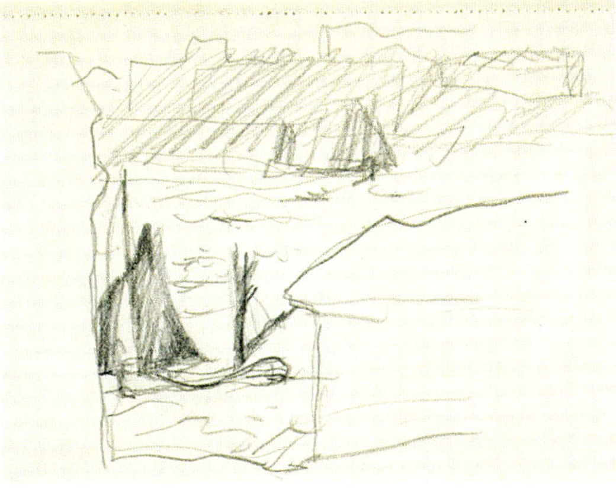

Cette *Fenêtre ouverte sur la mer* a été peinte à Antibes lors d'un séjour en 1918-1919. Tout le bleu de la Méditerranée envahit le regard, entre les balustres du balcon et jusqu'aux hautes ouvertures de la fenêtre. A droite, dessin au crayon : *Vue d'un port du Midi.*

Après ce premier contact, il lui faudra évidemment du temps pour traduire son éblouissement en peinture, mais il rapporte déjà un paysage – *L'Allée* ou *Vue de Saint-Tropez* – d'une grande intensité lumineuse; les jaunes, précisément, y jouent un rôle essentiel, exaltés par le ruban bleu de la mer au loin.

Ivan Morosov (le collectionneur russe qui avait déjà acquis *La Glace du cabinet de toilette, Le Train et les chalands*) pria Bonnard d'amplifier ce premier paysage du Midi sous la forme d'un vaste triptyque. Ainsi reprise *L'Allée* devint-elle le panneau central d'un ensemble appelé *Méditerranée*, exposé en 1912 en même temps que *L'Eté* ou *La Danse*. Cette dernière toile peinte à Grasse allait constituer à son tour le volet central d'un second triptyque commandé par Morosov : Bonnard lui adjoignit deux pendants importants, *Le Printemps* et *L'Automne*. Si *L'Eté* avait été peint dans la villa Antoinette louée

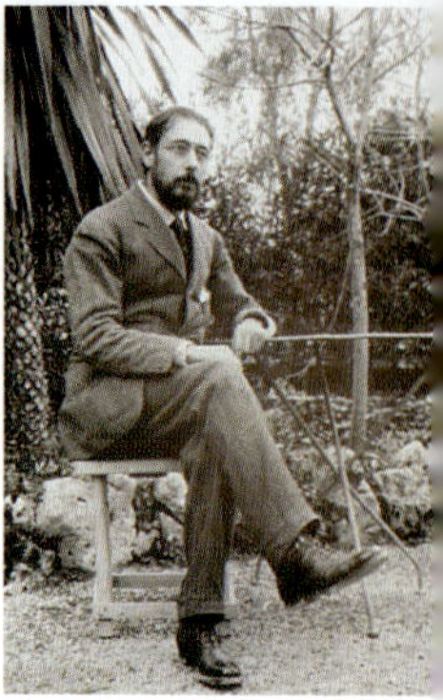

Bonnard dans le jardin de la villa Antoinette, à Grasse. Eté 1912.

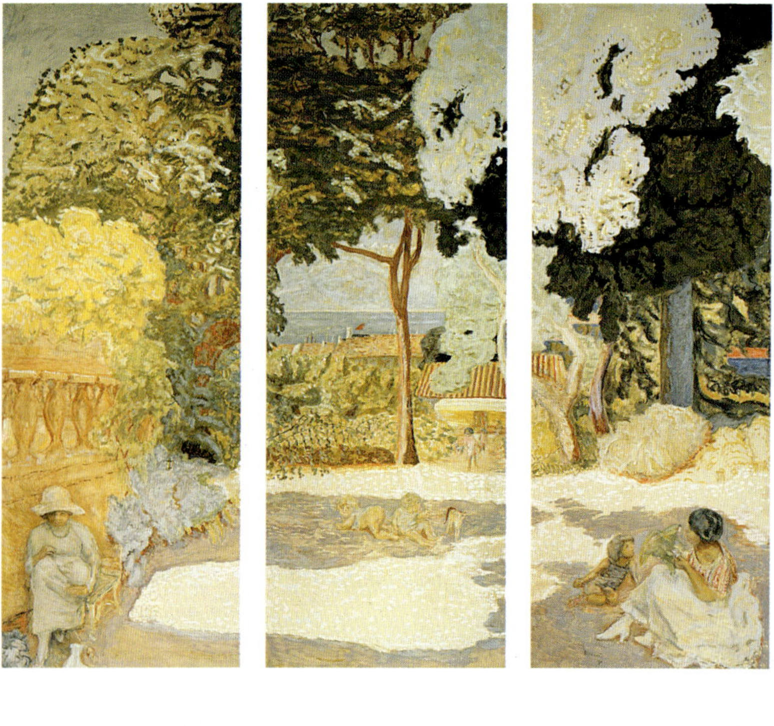

à Grasse, *Le Printemps* le fut à Vernonnet, près de Vernon, où Bonnard venait d'acheter «Ma Roulotte», qui allait rester sa maison de campagne au bord de la Seine jusqu'en 1938. Quant à *L'Automne*, il évoque le temps des vendanges au Grand-Lemps. Trois pays réunis désormais dans son univers, le Midi s'ajoutant à la Normandie et à son Dauphiné natal.

Le corps-à-corps avec la couleur

La découverte du Midi marque une date très importante dans l'œuvre de Bonnard. Il était revenu à Saint-Tropez dès le mois de septembre 1910, et y avait séjourné durant l'été 1911 en compagnie de Signac, peignant différentes vues du port tel qu'on l'aperçoit au-delà des ruelles ensoleillées. Ses conséquences ne seront cependant pas aussi immédiates et décisives que celles observées dans l'œuvre de Paul Signac puis des Fauves après leur propre découverte de Saint-Tropez et de Collioure. Certes, la joie avec laquelle il s'est emparé des couleurs l'a révélé à lui-même et il tendra désormais à leur conférer le premier rôle dans sa peinture. Mais ce ne sera pas sans de nouvelles difficultés. A l'observer de très près, jamais l'art de Bonnard ne donnera une impression aussi frappante de tourment qu'en ces années 1910. Impression d'autant plus vive lorsqu'on se rappelle ses derniers chefs-d'œuvre – *Le Nu à contre-jour, La Glace du cabinet de toilette* ou certaines de ses grandes toiles décoratives; et d'autant plus forte que parmi nombre de tableaux de moindre importance paraissent soudain, comme pour la démentir, des œuvres neuves et puissantes, comme *La Nappe à carreaux rouges* ou *L'Eté en Normandie.*

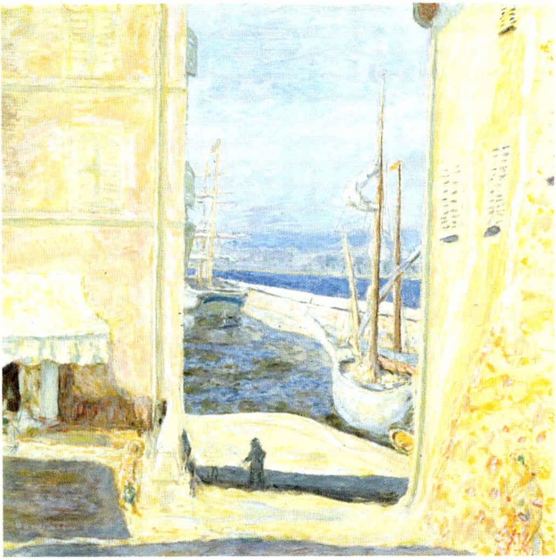

La *Vue du port de Saint-Tropez,* exposée chez Bernheim en juin 1912 sous le titre *Entrée d'un port, Provence,* illustre parfaitement les souvenirs enthousiastes du peintre : «Les murs jaunes, les reflets aussi colorés que les lumières.»

A gauche : le triptyque *Méditerranée,* dont le panneau central est une reprise de *L'Allée* ou *Vue de Saint-Tropez.* Henri Focillon a comparé ces tableaux à de «lumineuses Fables méditerranéennes».

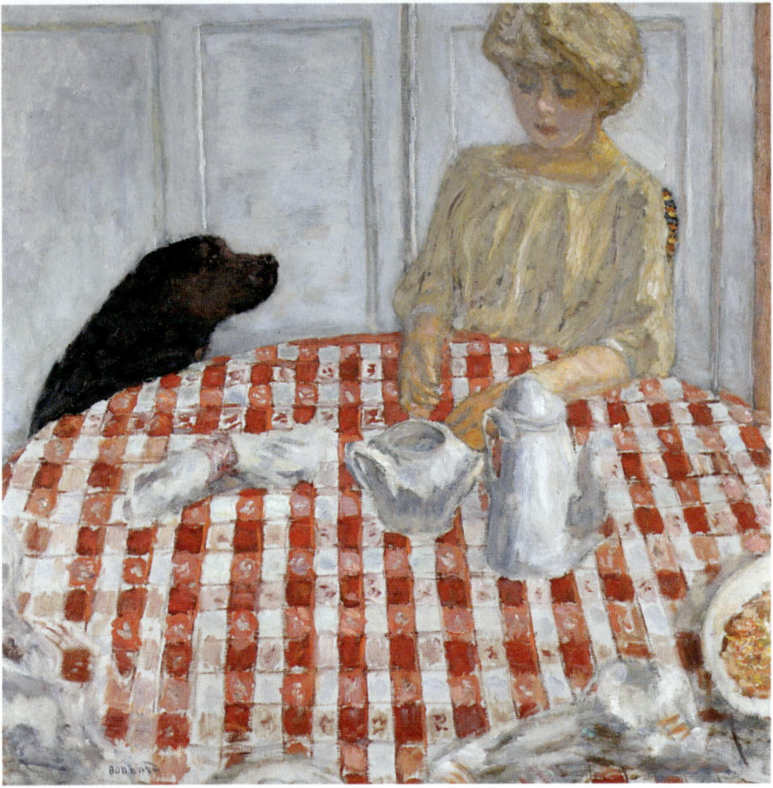

La Nappe à carreaux rouges montre la complexité du génie de Bonnard. Deux parties ressortent dans cette toile : Marthe et le chien Black en haut puis, envahissant les deux tiers du tableau, les carreaux de la nappe. L'arrondi de la table, la manière dont les objets sont disposés sur la nappe en une sorte de seconde circonférence inégale rendent bien compte de son sens de l'observation.

L'Eté en Normandie est l'un de ses premiers «paysages composés», comme les appelait André Lhote. L'encadrement d'un store fait ressortir l'ampleur de la vue sur la campagne. Deux figures au seuil du tableau, l'une assise dans la lumière, l'autre allongée dans l'ombre, annoncent les contrastes des

La table de *La Nappe à carreaux* dessine un ovale inscrit dans la plus grande surface du tableau. Cette disposition rejoint des compositions semblables de Georges Braque au même moment. Confluence intéressante en cette année 1912.

effets lumineux sur les verdures et dans les frondaisons du jardin, jusqu'à la Seine et aux coteaux lointains. Fines sensations auxquelles s'ajoute un sentiment de mystère.

Les exigences de la forme

Bonnard mène de front tous les sujets – scènes d'intérieur, paysages, portraits, nus, natures mortes. Pas de séries ordonnées et progressives à tel moment précis chez lui. De là un va-et-vient, des allers-retours qui provoquent parfois redites et arrêts. Ces chevauchements interdiront jusqu'à la fin l'établissement d'une chronologie rigoureuse dans son œuvre. Ces retours et ces détours font partie de sa sincérité. Ils l'y obligent. Soit un même motif lui inspire un nouvel enthousiasme. Soit il a conscience de ne pas avoir mené ce motif à son terme. Soit encore, il a besoin d'en établir plusieurs versions pour les confronter. Paradoxalement l'éblouissement de la Méditerranée a entraîné un conflit nouveau. Comment exalter la lumière autrement que par les couleurs, mais comment éviter que les formes ne s'y dissolvent? «La couleur m'avait entraîné, et je lui sacrifiais presque inconsciemment la forme. Mais il est bien vrai que la forme existe, et que l'on ne peut arbitrairement et indéfiniment la transposer.»

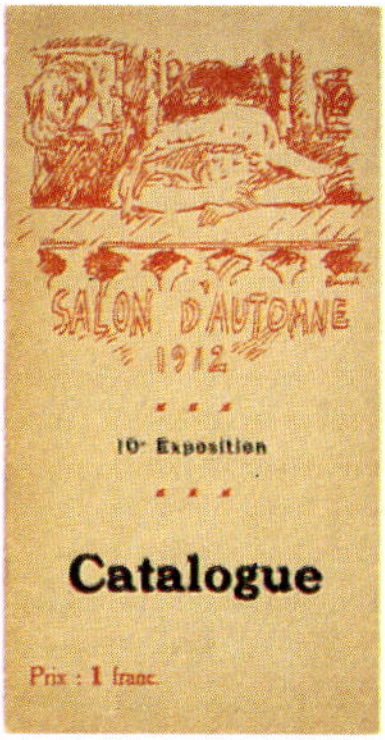

Pour le Salon d'Automne de 1912, Bonnard compose une affiche et la couverture du catalogue (ci-dessus). Trait d'humour : une visiteuse s'approche des tableaux avec son face-à-main, tandis qu'une petite fille, accoudée, préfère regarder au dehors.

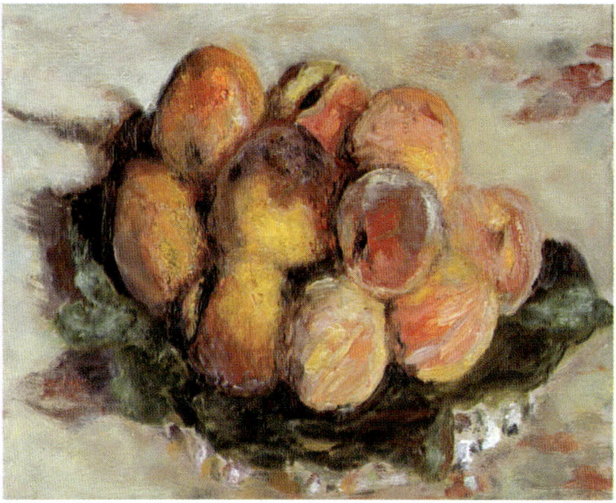

Les *Pêches* ont été peintes vers 1916. Disposées sur le vert foncé des feuilles, elles occupent un plat de faïence blanche dont se laisse apercevoir une partie du décor. La nappe est parsemée de quelques traînées de rose et de bleu, allant jusqu'à un mauve. Transposés en peinture, les fruits exaltent leur velouté.

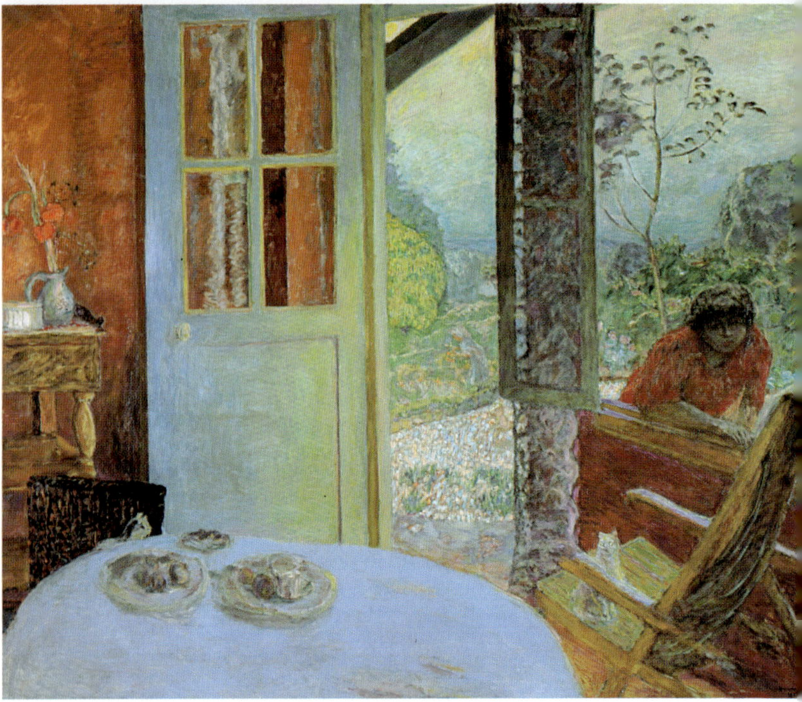

Déjà, il est devenu plus exigeant pour la composition. Il le devient maintenant aussi pour le dessin, et utilise plus souvent le crayon dur et la plume qui appellent plus d'application. Après avoir rapidement esquissé l'idée d'ensemble d'un tableau, il en étudie chacune des parties isolément, jusqu'à dessiner un à un tous ses éléments, figures,

Pour *La Salle à manger à la campagne* (ci-dessus), Bonnard a effectué une série de dessins très précis qu'il consulte et suit une fois le pinceau à la main.

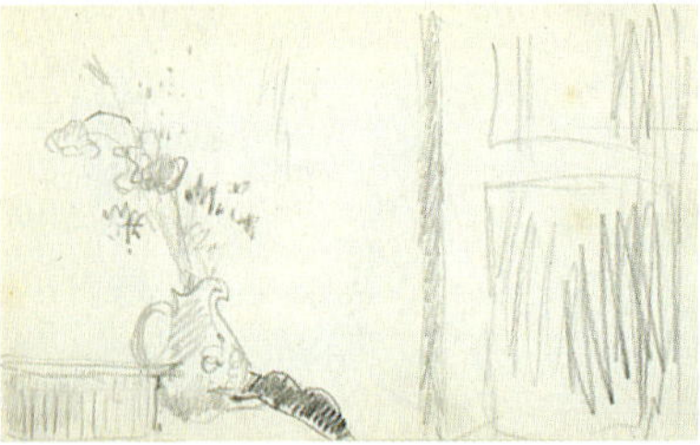

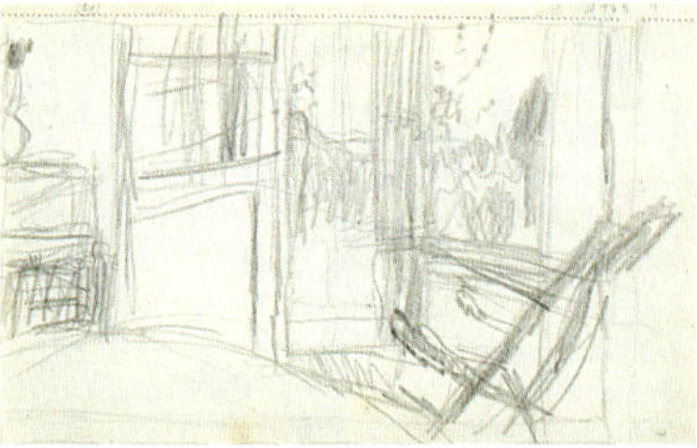

arbres ou objets. Il devient possible en rassemblant ces dessins de reconstituer la genèse et la progression d'une toile. Ainsi pour la superbe *Salle à manger à la campagne*, de 1913. La porte et la fenêtre sont ouvertes sur le jardin; les lignes verticales ou horizontales de ces ouvertures, compensées par l'arrondi d'une table, enserrent l'irisation du paysage dont un pan de rideau recueille à son tour les couleurs mêlées aux reflets du rouge intense de la pièce.

Un chemin solitaire

Entre la Normandie et le Midi, Bonnard garde la même fidélité à Paris où il vient de peindre *La Place Clichy*, vaste composition destinée à l'appartement de Georges Besson. Montmartre demeure son quartier préféré : après ceux de la rue de Douai, où il travaille depuis 1899, il y a son nouvel atelier 22 rue Tourlaque, qu'il ne quittera plus; il habite alors 49 rue Lepic. S'il loue durant quelques années – de 1912 à 1916 – une maison à Saint-Germain-en-Laye, la capitale lui offre ses expositions, la confrontation avec d'autres peintures que la sienne.

La Place Clichy (ci-dessous) est vue de l'intérieur du Wepler, comme d'un petit théâtre… Sous le long rideau relevé de la brasserie, on aperçoit, en fond, les façades des immeubles; les trottoirs, dans l'ombre, sont encombrés de passants. Au centre de la scène, en pleine lumière, marchent deux fillettes qui regardent les spectateurs; une voiture jaune circule, et le mouvement de ses roues accompagne l'arrondi des tables de la devanture. Telle une rampe d'éclairage, la lumière venant du sol rosit le visage des jeunes femmes évoluant au premier plan.

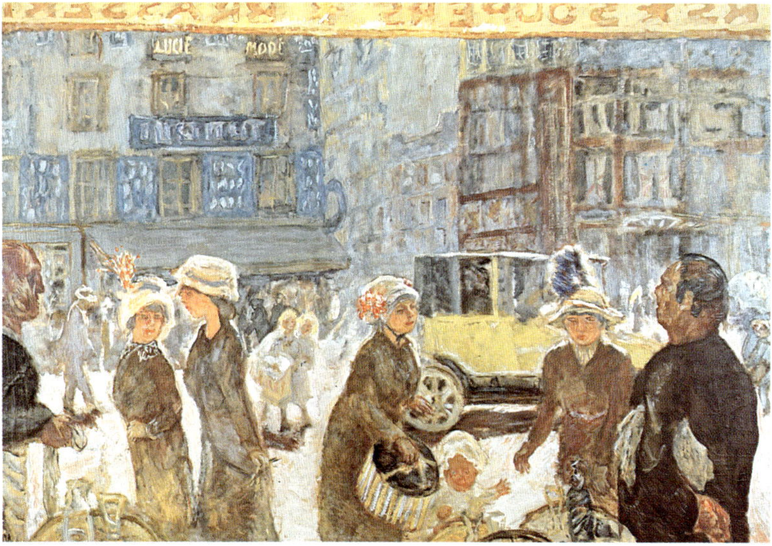

Ce qui le retient, c'est le sens profond des expériences. Le cubisme l'a intéressé par le besoin d'ordre et de clarté qu'il manifeste. Il remarqua Georges Rouault dès sa première exposition particulière en 1910 : «Bonnard est le seul (et cependant je le connais peu) qui, à ma première exposition chez Druet, ne se soit pas extasié trop sur mes céramiques, mais ait insisté sur ma peinture; il avait raison, je le vois maintenant.» Jamais aucune forme d'ostracisme dans sa pensée.

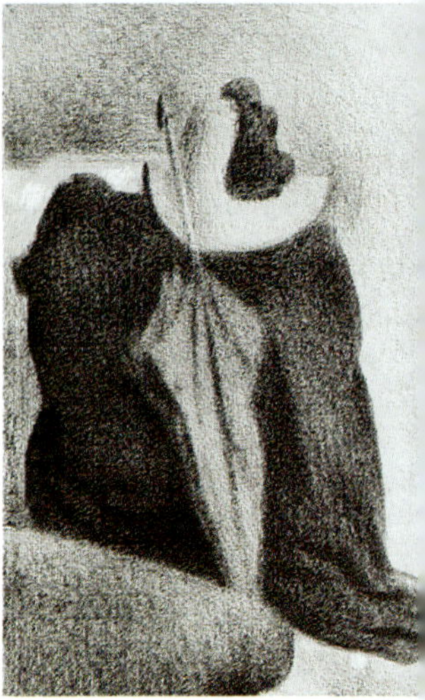

Chapeau et ombrelle, dessin de Seurat. Ci-dessous : *Marthe et le basset Ubu*, dessin pour *Le Ruisseau.*

Un entourage choisi

Il s'est constitué une collection de tableaux et de dessins, modeste mais révélatrice. Y figurent Henri-Edmond Cross, Maximilien Luce, Paul Sérusier, Félix Vallotton, Ker Xavier Roussel, Edouard Vuillard. A côté de la *Fenêtre à Collioure* de Matisse, voici un *Nu de jeune baigneur* de Cézanne, échangé avec Vollard contre l'une de ses toiles. Un petit *Nu* dédicacé par Renoir. *Chapeau et ombrelle* de Seurat, très belle étude au crayon Conté pour *Les Poseuses.* Un *Nu de dos,* dessin aquarellé de Rodin acheté directement au sculpteur. Des *Fleurs,* pastel d'Odilon Redon : «J'ai la plus grande admiration pour Odilon Redon. Ce qui me frappe le plus dans son œuvre, c'est la réunion de deux qualités presque opposées : la matière plastique très pure et l'expression très mystérieuse.» Les derniers mots sont à retenir, pour telle sensation même qui se fait jour dans l'œuvre de Bonnard.

Il poursuit sa route entouré de cette cohorte. Son dialogue avec la nature s'approfondit. Multipliant les observations, il s'attarde sur l'eau, le ciel, les nuances de la lumière

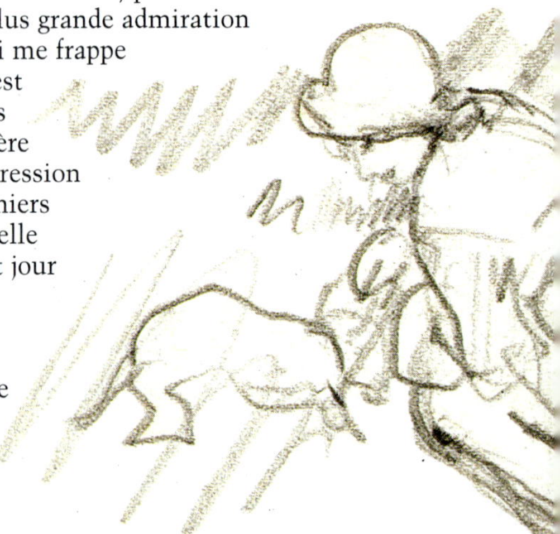

selon le temps et les saisons. Les titres si simples qu'il donne à ses paysages indiquent cette préoccupation. *Paysage pluvieux, La Seine en septembre, Vernon gris, Ciel de mistral* ou *Matin dans le Midi*. Simples également mais tout aussi marquantes sont les indications du temps qu'il notera jour après jour dans son agenda. Il envisage désormais la nature comme un être en soi, entretenant avec elle un échange qui lui est nécessaire. Monde vivant, habité, dont il ne sépare jamais la présence de l'homme.

Les Bernheim lui commandent en 1916 un ensemble décoratif. Quatre grandes toiles, qui seront achevées en 1920 : *Méditerranée, Symphonie pastorale, Le Paradis terrestre, Paysage de ville*. On y retrouve Saint-Tropez, la campagne de Vernon, et Paris. Un amateur suisse, Richard Bühler, lui demande à son tour, en 1918, des décorations importantes : six paysages, entrepris la plupart à Uriage. En chacun de ces ensembles apparaît un caractère tout à fait neuf : l'ampleur. C'est ce qui distingue au même moment *La Grande Terrasse de Vernon*.

Installation du sujet dans l'espace du tableau, justesse des formes, jeu des ombres et des lumières : Bonnard a dominé durant ces années ce passage si difficile qui consistait pour lui à s'inscrire dans la tradition impressionniste correspondant à sa sensibilité tout en ouvrant à son génie de la couleur sa liberté personnelle.

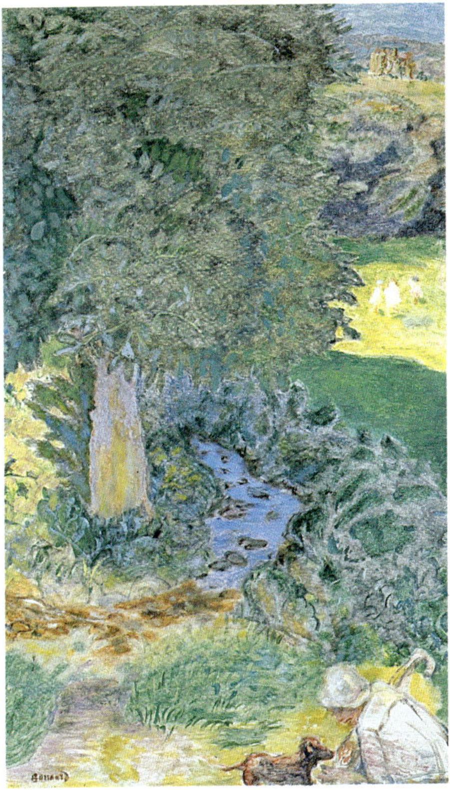

Le Ruisseau est l'un des paysages effectués à Uriage, dont on aperçoit en haut le château. *La Grande Terrasse de Vernon* (page suivante) fut présentée d'abord par l'artiste sous le simple titre *Jardin sauvage*. Cette vaste toile de 1918 montre l'exubérance des feuillages et des verdures entourant sa maison, dans une ensorcelante lumière bleutée.

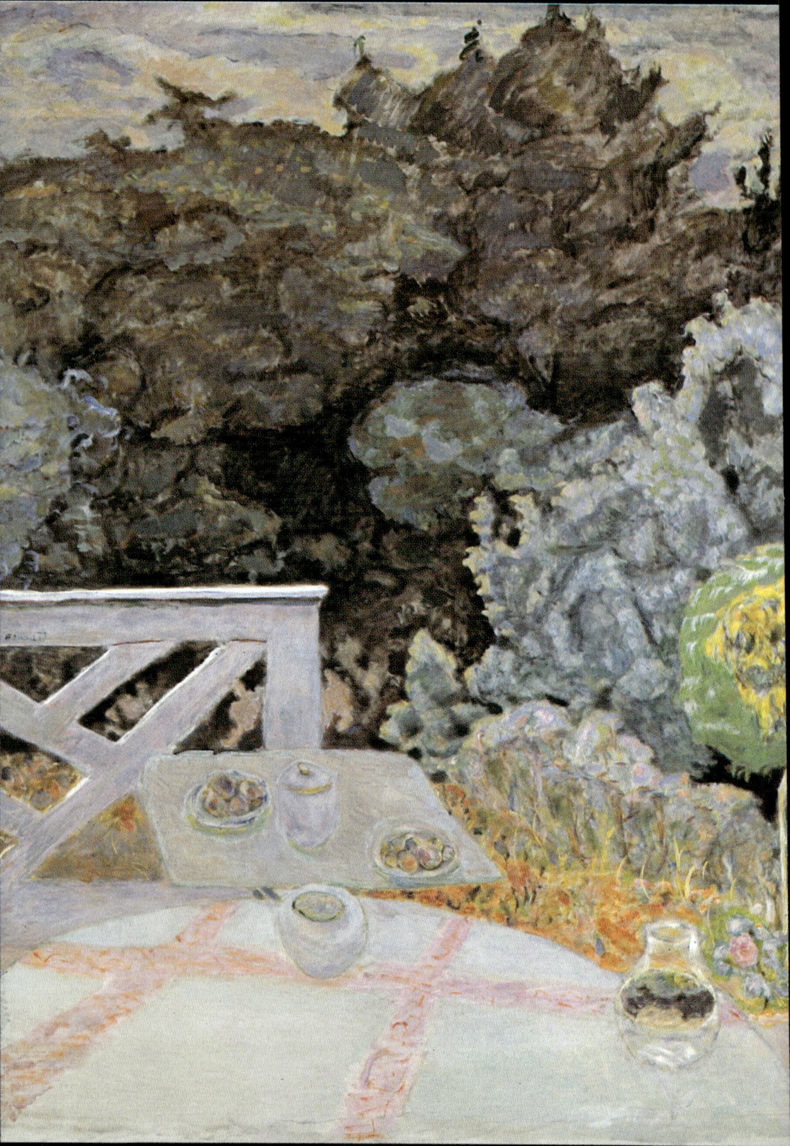

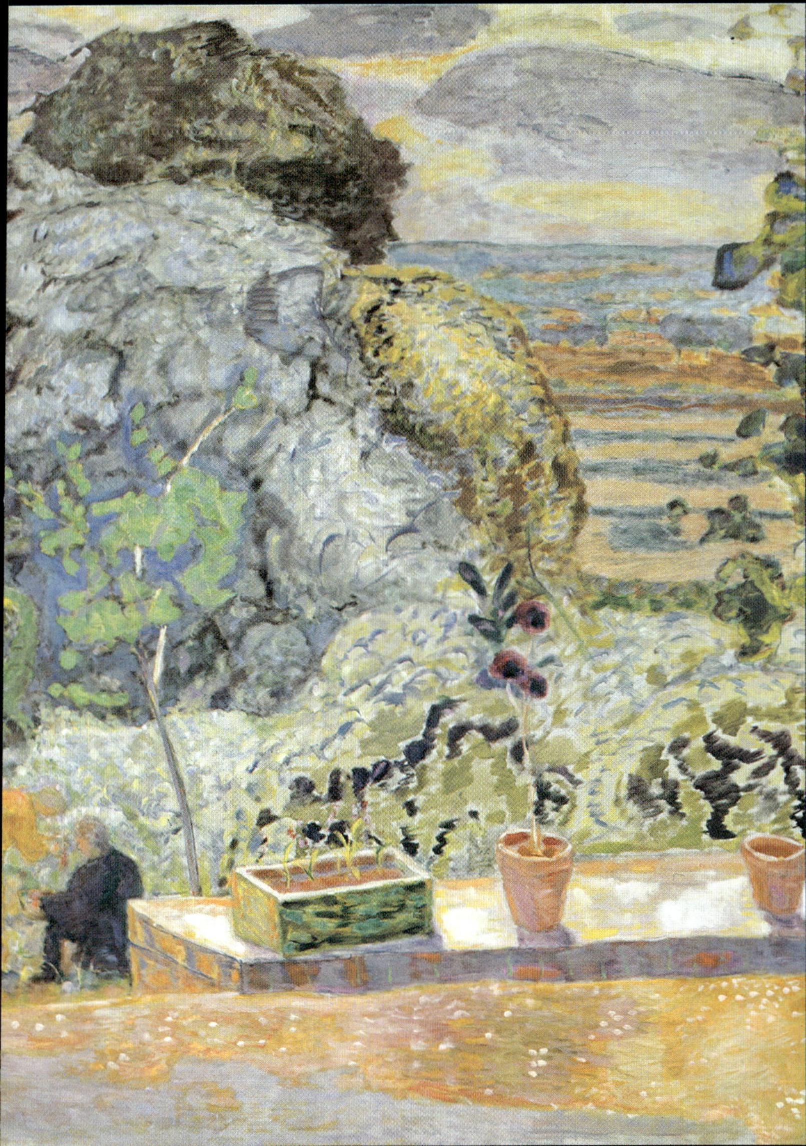

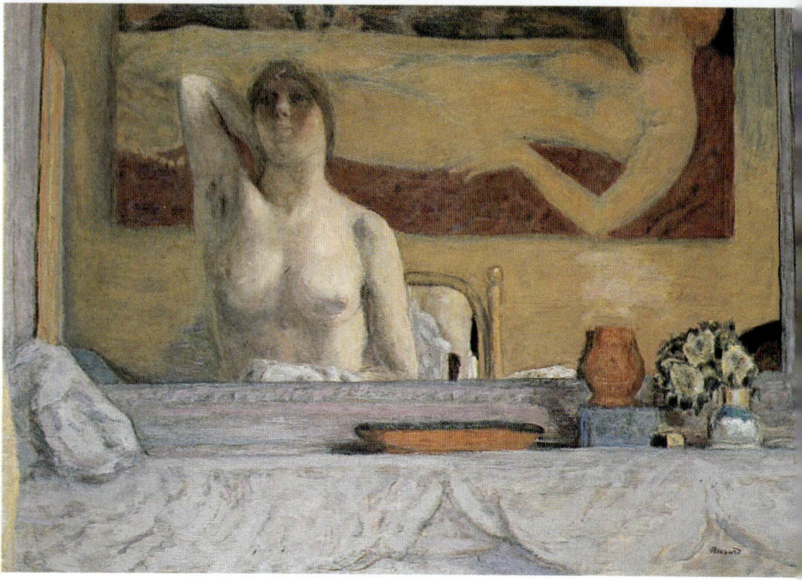

Une constante invention

Si les figures de femmes sont prédominantes dans l'œuvre de Bonnard, c'est que «le charme d'une femme peut révéler beaucoup de choses à un artiste sur son art». Montrées seules, il en étudie longuement le visage. Jeunes filles à la mouette ou

Femme à mi-corps se regardant dans une glace offre une nouvelle preuve de l'attrait de Bonnard pour les effets de miroir. La composition en est particulièrement complexe. Le torse féminin, d'une allure très sculpturale, est montré sous le tableau d'un nu allongé : une œuvre de Maurice Denis ayant fait longtemps partie de la collection personnelle du peintre. La glace n'est pas située au-dessus d'une table de toilette, mais domine une cheminée. Autant d'éléments de distanciation par rapport au sujet, qui augmentent l'impression de surprise.

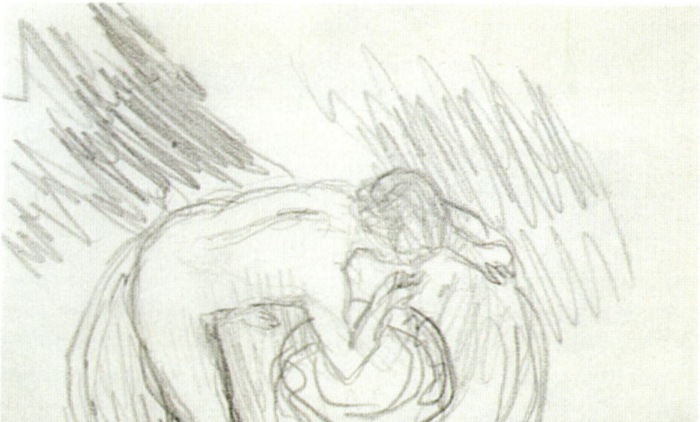

jeunes filles «à la toque», «au turban», «au col rose». Fondues dans un paysage ou rassemblées dans un intérieur, marchant, assises ou penchées sur un panier de fruits, elles sont soigneusement décrites dans leurs attitudes.

Même attention pour les gestes d'une femme se regardant ou se coiffant devant une glace. Ou encore s'épongeant dans un tub. Un grand nombre de dessins ont préparé ces nus à la toilette dont la composition, héritée pour une part de Degas, offre de continuelles inventions.

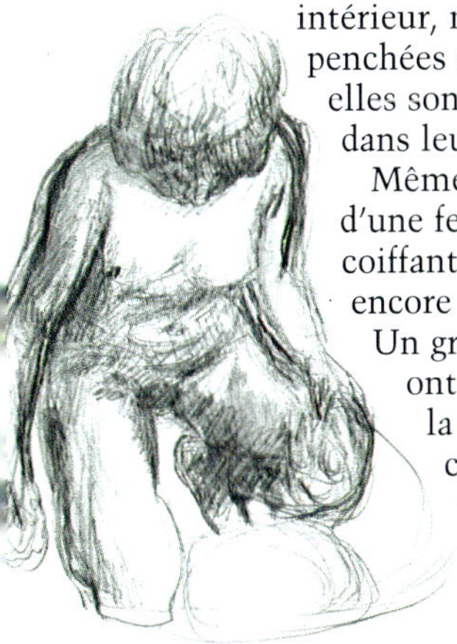

En bas, à gauche, et ci-contre, deux études de *Nu au tub*, dont l'une rehaussée à l'aquarelle. Ci-dessous : *Femme au tub. Harmonie bleue.* L'arrondi d'un tub et celui d'une cuvette installée en son centre contribuent à assouplir l'attitude de cette femme à sa toilette; le corps est doré d'une lumière dont les éclats se répercutent çà et là parmi les bleus d'une tenture.

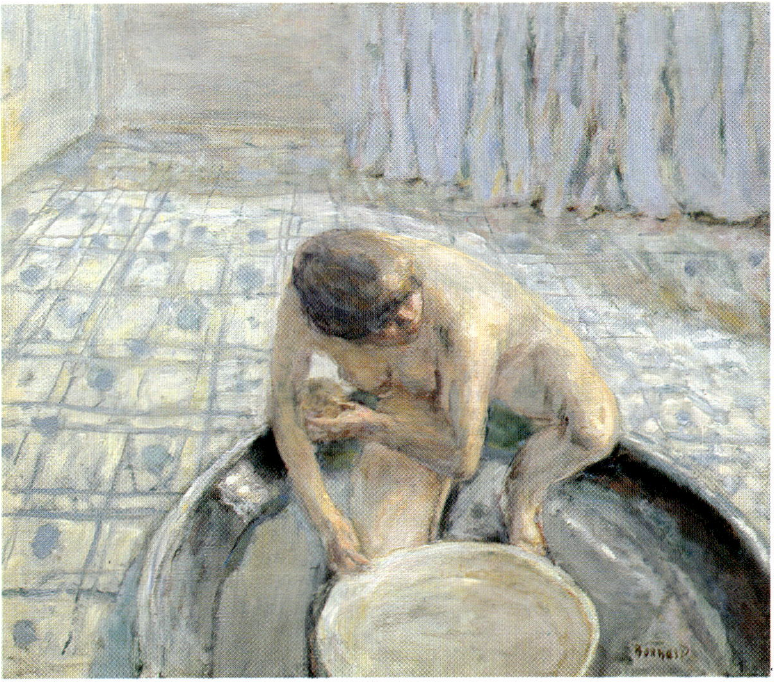

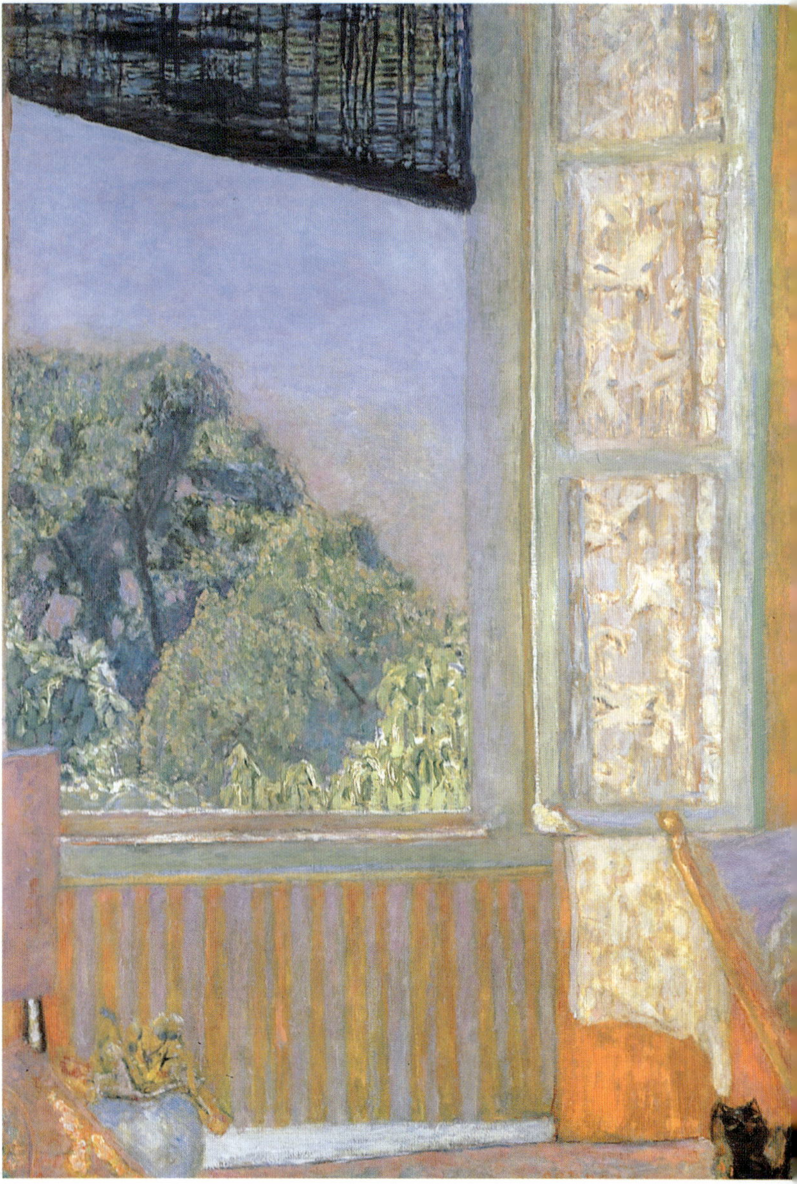

Les Nabis, autour de 1890, Matisse et les Fauves, à partir de 1905, Braque, Picasso et les cubistes, dès 1907, bientôt les surréalistes... Les mouvements se précipitent. «La société était prête à accueillir le cubisme et le surréalisme, avant que nous ayons atteint ce que nous avions envisagé comme but. Nous nous sommes trouvés en quelque sorte suspendus dans l'air», devait confier Bonnard à Ingrid Rydbeck.

CHAPITRE IV
UN LYRISME D'UNE AMPLEUR NOUVELLE

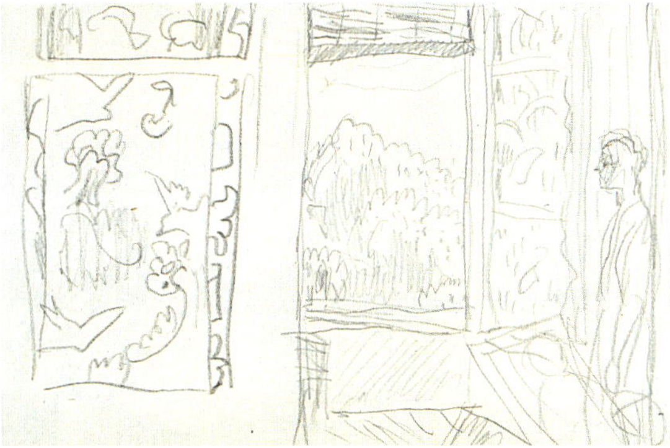

La *Fenêtre ouverte* fait entrer le soleil dans la maison de Vernon. Le bleu du ciel, tamisé en haut par un store, vire au mauve au-dessus du bouquet d'arbres et joue avec l'orangé de la pièce. C'est le plein été. De nombreux dessins ont préparé la composition rigoureuse puis précisé chacune des parties du tableau.

Durant ces premières années 1920, qui marquent très précisément les débuts du surréalisme, en peinture comme en littérature (*Manifeste du surréalisme*, 1924), chacun des Nabis demeure fidèle à soi-même, dans la plus grande sincérité. L'histoire de la peinture de Bonnard devient celle d'une progression décisive de la couleur. Face au monde extérieur, il va affirmer sa présence et sa liberté.

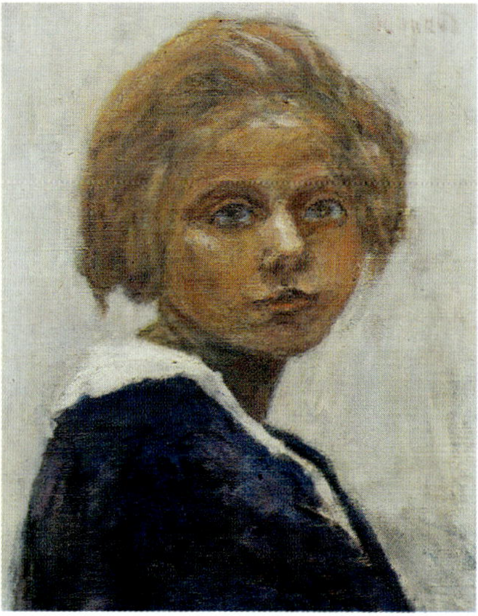

«La mer fabuleuse aux ferments inépuisables» (Jean Leymarie)

Les années qui suivirent la guerre de 1914-1918 sont marquées par une nouvelle prise de conscience. La notion même de civilisation est mise en cause. «Nous sentons qu'une civilisation a la même fragilité qu'une vie», écrit Paul Valéry dès 1919, dans *La Crise de l'esprit*. Les regards se reportent vers la Méditerranée. Mouvement déjà entrepris, mais qui se confirme et s'amplifie dans une sorte d'urgence. De nombreux artistes – Paul Klee, Henri Matisse, Henri Laurens, Georges

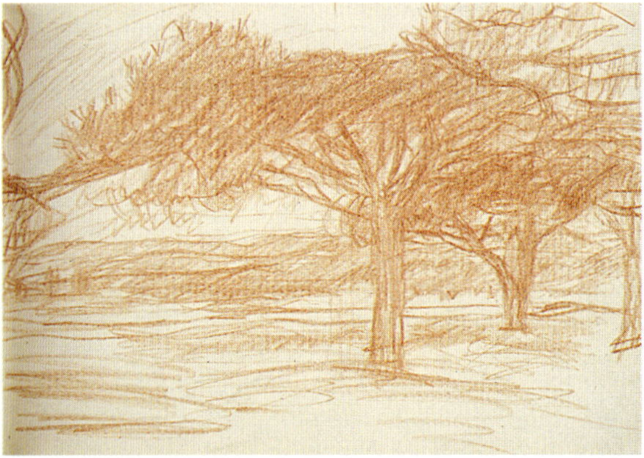

Pierre Bonnard a rencontré Renée Monchaty en 1918. Elle devint son modèle. Il s'éprit de cette femme blonde fort jolie, dont il fit une vingtaine de portraits. On la reconnaît dans les illustrations de plusieurs livres, notamment les *Notes sur l'amour* de Claude Anet. Autant de tableaux et de dessins qui révèlent sa nature sensible et rêveuse. Avait-elle trop espéré du peintre, qu'elle aimait et retrouva à Rome? Triste et désemparée, elle mit fin à ses jours à l'automne 1925. Très profondément affligé, Bonnard garda toujours certaines œuvres qu'elle lui avait inspirées, et les a incluses dans des ouvrages consacrés à sa peinture.

Braque, Fernand Léger parmi d'autres – se rendent en Grèce ou en Italie, d'où revient Picasso. Retour aux sources antiques, afin d'en retrouver et poursuivre l'héritage.

Après un nouveau séjour à Saint-Tropez auprès d'Henri Manguin durant l'hiver 1920, Bonnard est à Rome en mars 1921. Il en rapporte, outre de nombreuses reproductions d'antiques, les multiples notes qui vont lui servir pour peindre *La Piazza del Popolo*, et celles qu'il utilisera pour les gravures devant illustrer *Sainte Monique*, un livre d'Ambroise Vollard. Attiré depuis longtemps par les récits mythologiques – ne vient-il pas encore de peindre *L'Enlèvement d'Europe* – et par l'art antique, il a visité les musées en compagnie de son neveu Charles Terrasse, archiviste-paléographe alors pensionnaire de l'Ecole française de Rome, et de Renée Monchaty, la jeune femme dont on voit le visage, à gauche, dans *La Piazza del Popolo*.

Mis à part des peintures effectuées à Hambourg en 1913, *La Piazza del Popolo* est le seul tableau rapporté de l'étranger par Bonnard. «Au premier plan, les personnages vus "en buste" collent au plan de la toile et leur dessin vigoureux rappelle la peinture du Quattrocento. Le geste de la femme qui tient la balance a tout le poids et la solennité d'une sculpture antique» (Sasha Newman). En bas, à gauche, un dessin au crayon de couleur de la campagne romaine.

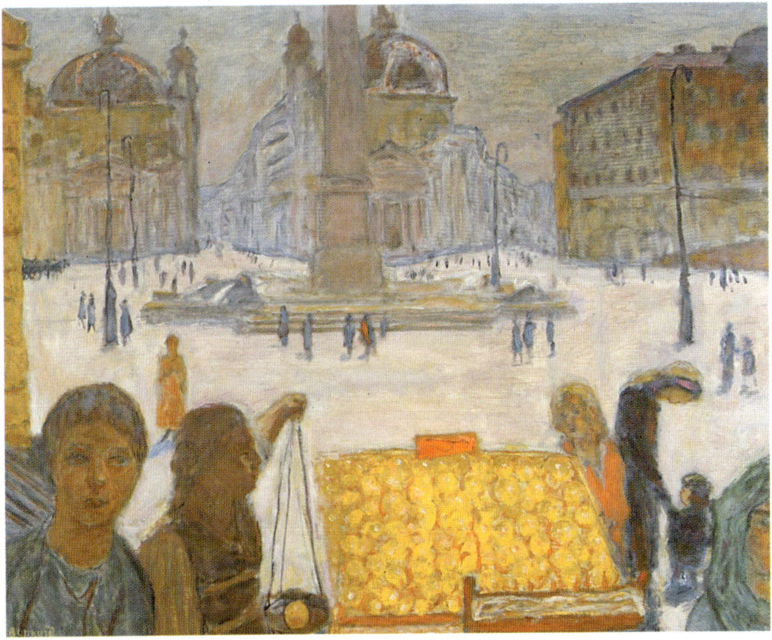

«Les délices de l'intimité»

Après Rome, c'est le retour à Vernon, où il entreprend une importante suite de tableaux ayant pour sujet la fenêtre ou la porte de sa maison ouvertes sur le jardin. Prétexte à de nouvelles compositions venant souligner sur la surface de la toile la confrontation entre l'espace clos d'une pièce et le lointain du dehors, fermement délimités chacun par les montants des ouvertures. Sujet souvent traité

"Sans compromettre ce goût du monumental qui est la plus évidente conquête du cubisme, Bonnard introduit dans l'architecture simple du tableau tous les délices de l'intimité."
André Lhote

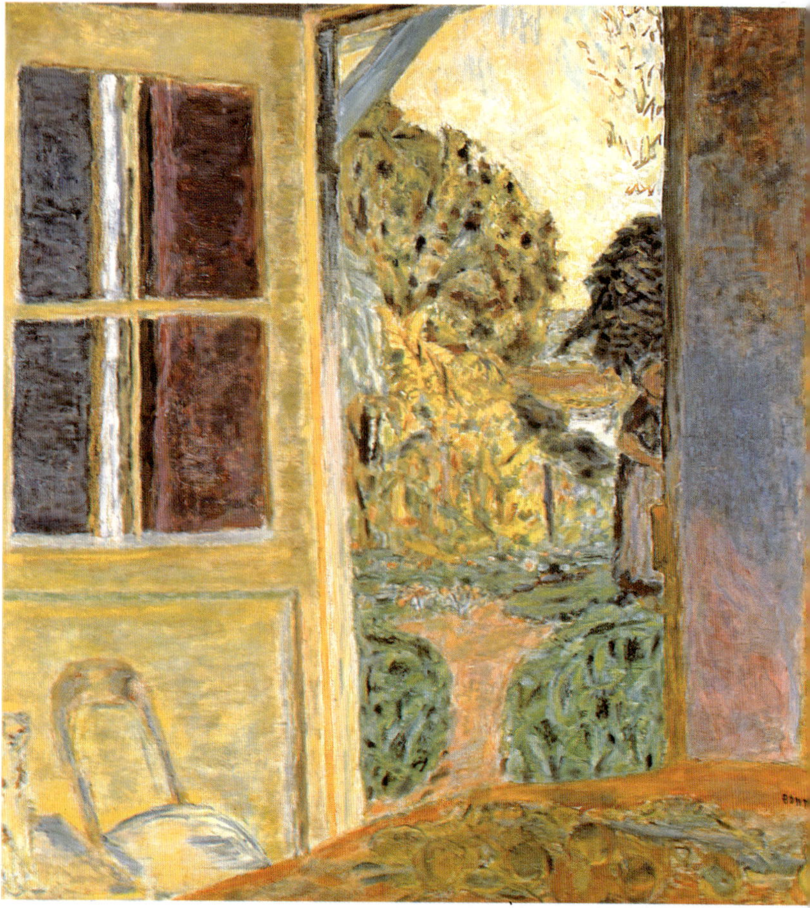

par de nombreux peintres dont Henri Matisse. Mais ce dernier éprouve l'intérieur et l'extérieur en une seule sensation de possession – «Ils ne font qu'un dans mon esprit», dit-il – et il tend à rendre précisément cette perception. Bonnard, quant à lui, saisit et affirme la singularité de chacun, intérieur et paysage. Dans ces tableaux de vastes dimensions, il parvient à faire sentir à la fois l'intimité de la demeure et le grand air de la campagne. Leur unité est assurée par une modulation très fine des couleurs chantant dans le savant équilibre d'une composition rigoureuse.

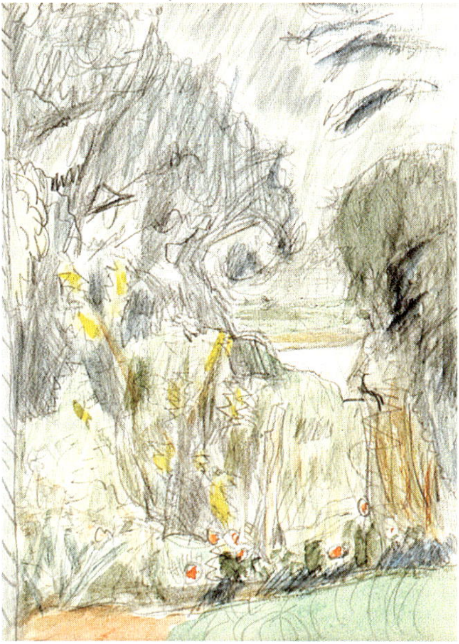

«La couleur, c'est le raisonnement»

A des années de distance, ce que l'on a coutume d'appeler les différentes «périodes» d'un peintre ne se manifeste chez Bonnard qu'à travers les modifications toujours plus réfléchies qu'il apporte à un même sujet, qu'il s'agisse d'en varier la lumière, l'angle de vue ou les couleurs. Si les impressionnistes cherchaient à recomposer toutes les nuances des couleurs qu'ils observaient devant la nature, dans un but essentiellement descriptif, Bonnard insiste de plus en plus sur leur pouvoir expressif. Il connaît la séduction qu'exerce sur lui la couleur et sait aussi qu'elle constitue le plus puissant moyen de son art. Encore faut-il l'analyser sans cesse. De là son effort, déjà, et cette formule si différente des visées impressionnistes : «La couleur, c'est le raisonnement.» C'est à une réflexion obstinément poursuivie dans le silence de l'atelier sur ses pouvoirs autant qu'à une extrême sensibilité visuelle que nous devons ces accords, ces associations étranges, ce monde transposé. Ce chant nouveau de la couleur. «Ne vous y trompez pas, notait Gauguin dès 1902,

Sur les études au crayon pour ses tableaux, Bonnard ajoute parfois des effets de couleur à l'aquarelle. Ainsi pour ce bouquet d'arbres ouvert sur la Seine (ci-dessus) qui est l'exacte partie centrale de la *Porte ouverte sur le jardin* (à gauche).

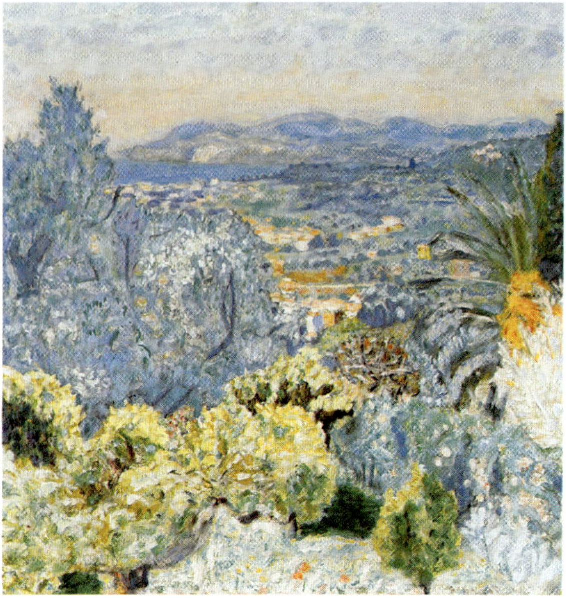

La *Côte d'azur*, ci-contre, offre un paysage qui sera souvent repris par la suite. Le point de vue embrasse une vaste étendue allant jusqu'à la mer qu'on aperçoit à l'horizon sous les montagnes de l'Esterel. De riches frondaisons faites de jaunes ponctués d'or, de verts et de bleus semés de turquoise, s'ouvrent seulement à partir du centre de la toile pour laisser la place à toute la perspective sur la campagne aux verts bleutés. Les petites taches orangées des toits y vont s'amenuisant dans les lointains, soulignées de violet. Telles touches lumineuses posées au faîte des arbres annoncent une nouvelle technique du peintre. La gradation de la lumière s'épanouit dans un ciel diapré.

Bonnard, Vuillard, Sérusier, pour citer quelques jeunes, sont des musiciens, et soyez persuadés que la peinture colorée entre dans une phase musicale.»

Chronique d'une vie ordinaire

Depuis la fin de la Grande Guerre, ses séjours à Paris sont intermittents. Pour se rapprocher de Claude Terrasse qui s'est installé avec sa famille rue La Fontaine à Auteuil, Bonnard a loué en 1916 un appartement 56 rue Molitor. Il revient fréquemment dans la capitale retrouver ses amis, peint quelques vues prises du balcon de son immeuble ou du pont de Grenelle. En 1921, il réalise le grand décor de *Jeux*, «poème dansé de Nijinski, musique de Claude Debussy, chorégraphie de Jean Börlin, costumes exécutés par Madame Jeanne Lanvin», un spectacle monté par les Ballets suédois. Il présente ses œuvres récentes chez Bernheim et au Salon d'Automne. Puis il repart vite pour le Midi ou la Normandie, vers les Vosges ou dans le Morvan : il y rejoint

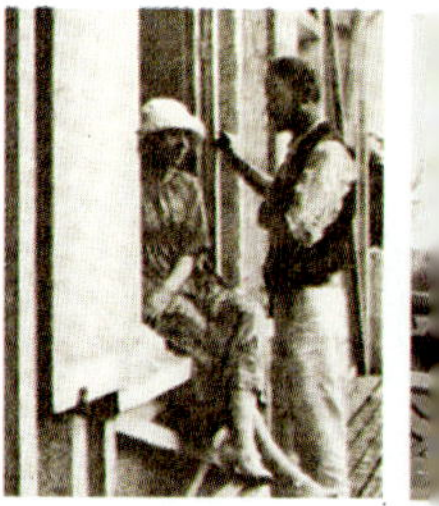

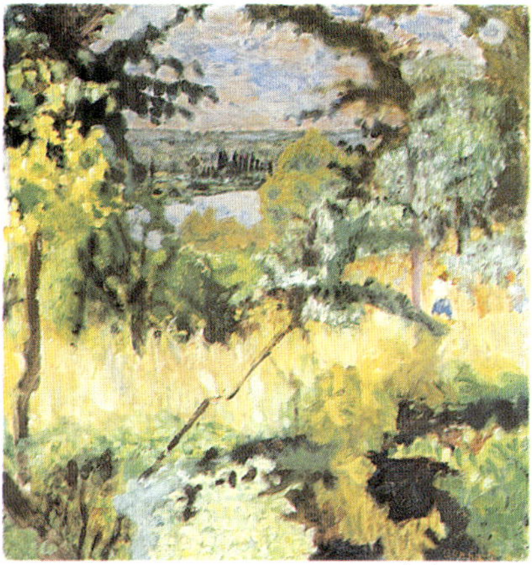

Marthe, de santé fragile, à Luxeuil et à Saint-Honoré-les-Bains. Leur vie est très simple. Ils passent généralement l'hiver à Cannes, à Saint-Tropez et au Cannet, une grande partie de l'été à Vernon et entreprennent également quelques longs séjours à Arcachon.

Bonnard n'accorde pas de valeur à l'argent, mais il ne dédaigne pas pour autant ce qu'il est possible d'en obtenir. Il possède des voitures depuis 1912 – de sa première Renault à une Ford, puis à une confortable Lorraine-Dietrich. Sa simplicité s'accommode très bien de quelques semaines au Trianon-Palace de Versailles, ou au Grand Hôtel de France à Arcachon, où il loue aussi, dans la Ville d'hiver, de belles villas. Ces nombreux voyages ne l'empêchent pas, au contraire, de travailler. Ce «fervent de l'automobile» voue un profond intérêt aux paysages traversés et visite au passage les musées. Il rapporte une *Grande Vue de Saint-Honoré-les-Bains*, de nombreuses marines d'Arcachon, parmi lesquelles *La Plage à marée basse*.

1923 est pour lui une année de grande tristesse : le décès en juin de son beau-frère Claude Terrasse, suivi trois mois plus tard par celui de sa sœur Andrée, l'épouse du compositeur, affectent profondément le peintre. Il quittera très vite la rue Molitor pour retourner près de la place Clichy, au 48 boulevard des Batignolles.

Bien que de format relativement modeste, cette *Echappée sur la rivière* porte loin. Sa composition resserrée produit un effet de petit décor à la fois augmenté et démenti par la richesse de sa coloration.

Ci-dessous, Marthe et Pierre Bonnard à Vernon, dans une suite de photographies prises en 1921 par Georges Besson.

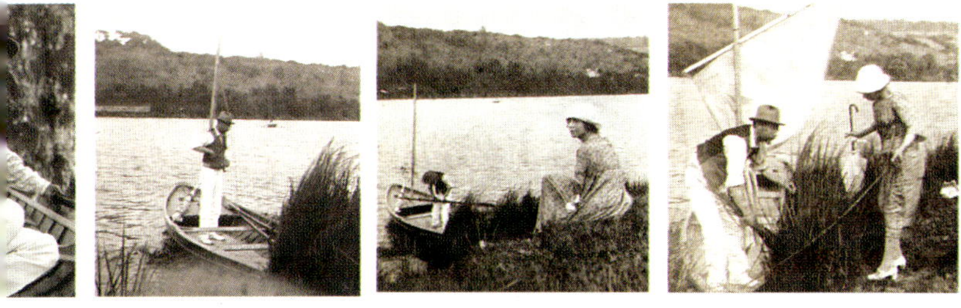

«Il donne l'impression d'avoir inventé la peinture»

En avril 1924, la galerie Druet présente sa première exposition rétrospective : 68 tableaux datant de 1890 à 1922. Elie Faure décèle les caractères de son parcours : «Comme les plus rares artistes, il donne l'impression d'avoir inventé la peinture. Et cela non seulement parce que tout dans le monde, et tous les jours, étant nouveau pour lui, il l'exprime de façon neuve, mais aussi parce qu'il vient à l'aube d'un nouvel ordre intellectuel et qu'il est le premier à ordonner, suivant un rythme que tous ignoraient avant lui, les bonnes vieilles harmonies qui nous

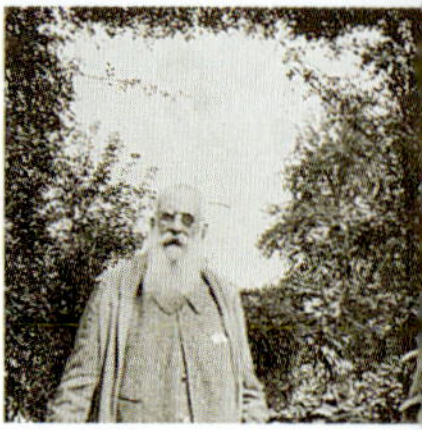

Claude Monet et Bonnard dans le jardin de Giverny vers 1925.

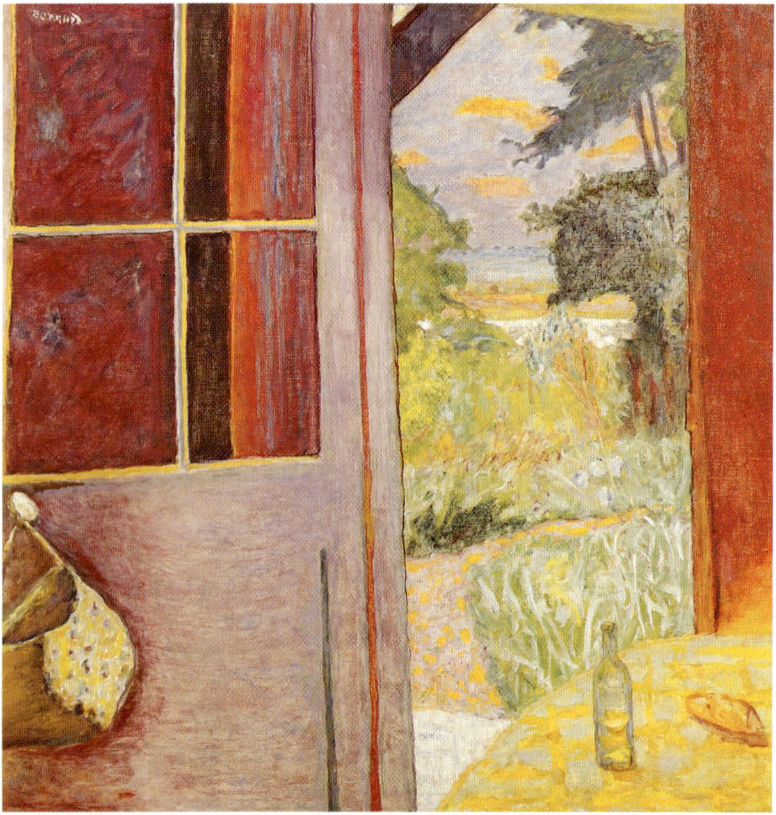

ont faits ce que nous sommes.» Notes clairvoyantes, car elles insistent sur l'ordre et le rythme nouveaux de ses couleurs, et s'opposent ainsi à l'opinion de ceux qui, croyant le louer, parlent de lui comme d'un «peintre-enfant», et le félicitent de «l'ingénuité qui fait sa grandeur».

Ses paysages de Vernon et du Midi sont maintenant découpés en plans successifs aux ombres et aux lumières

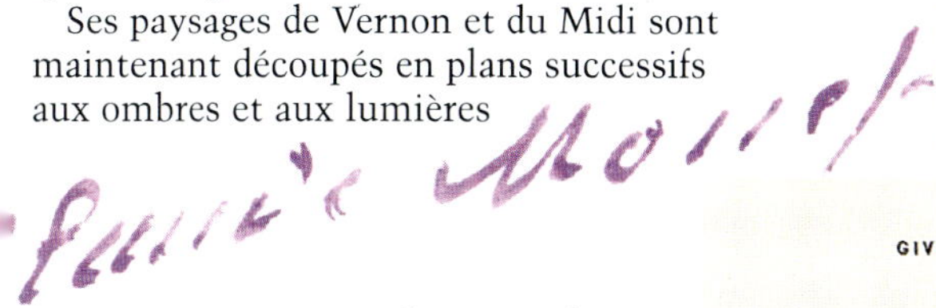

très marquées, qu'il s'agisse du *Paysage de Normandie*, du *Paysage du Cannet* ou du *Balcon à Vernonnet*. L'ampleur n'y provient pas seulement d'une composition qui embrasse désormais les lointains, mais émane également d'un lyrisme qui s'y déploie avec force. Certains bouquets d'arbres dont le faîte baigne dans la lumière font penser aux *Etudes d'arbres à jour frisant* de Poussin et de Claude Lorrain. Leurs ramifications s'étendent dans le ciel. Des verts, des bleus et des violets tachés d'orangé, puis des jaunes et des orangés tachés à leur tour de bleu et de violet y jouent un grand rôle. Nouvelles perspectives et nouvelles harmonies que le peintre semble avoir découvertes sous un même soleil.

La ronde des amis

A Vernon, Bonnard est près de Monet et va le voir à Giverny comme il allait voir Renoir à Cagnes. Il est parfois accompagné de Vuillard. «Je vois Bonnard et Vuillard. Ce qu'ils font me plaît beaucoup», dit Claude Monet, qui se rend à son tour à Vernon. Y viennent aussi les Hessel, les Bernheim, Ambroise Vollard, qui vient de publier en 1924 *Dingo* d'Octave Mirbeau, avec les 55 eaux-fortes originales de Bonnard.

"La Roulotte voyait souvent arriver l'auto de Monet qui demandait à voir les dernières toiles de Bonnard, et les considérait attentivement. Bonnard parlait un peu plus que Monet, et à tous deux ce n'était guère. Mais il suffisait d'une parole ou d'un sourire du grand aîné, que Bonnard révérait, pour qu'il se sentît tout à fait content."
Thadée Natanson

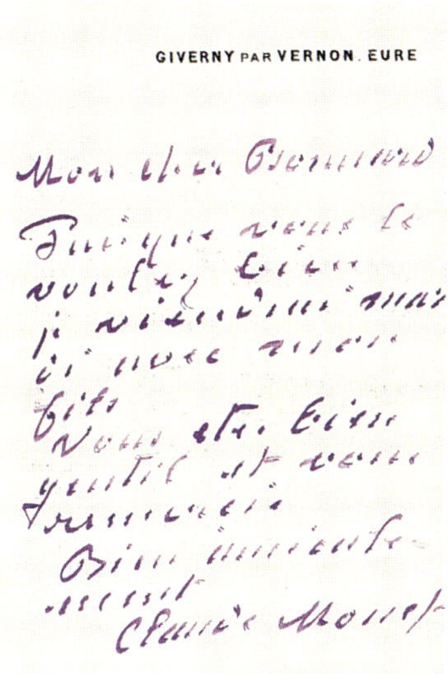

En bas, à gauche : l'une des versions de la *Porte-fenêtre ouverte* à Vernon, dans une harmonie nouvelle orchestrée autour d'un rouge puissant.

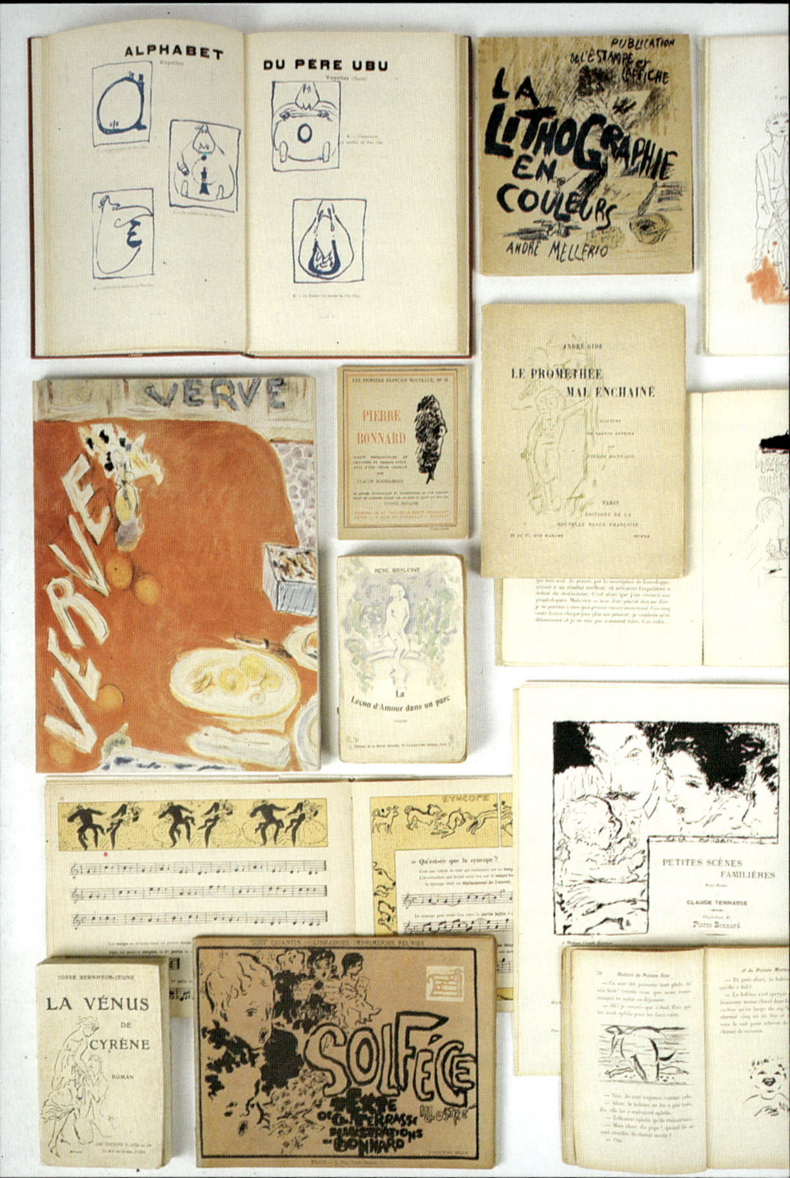
ALPHABET
DU PÈRE UBU
PUBLICATION DE L'ESTAMPE et L'AFFICHE
LA LITHOGRAPHIE EN COULEURS
ANDRÉ MELLERIO
VERVE
PIERRE BONNARD
ANDRÉ GIDE
LE PROMÉTHÉE MAL ENCHAINÉ
PARIS
RENÉ BOYLESVE
La Leçon d'Amour dans un parc
SYNCOPE
Qu'est-ce que la syncope ?
PETITES SCÈNES FAMILIÈRES
CLAUDE TERRASSE
Pierre Bonnard
JOSSE BERNHEIM-JEUNE
LA VÉNUS DE CYRÈNE
ROMAN
SOLFÈGE

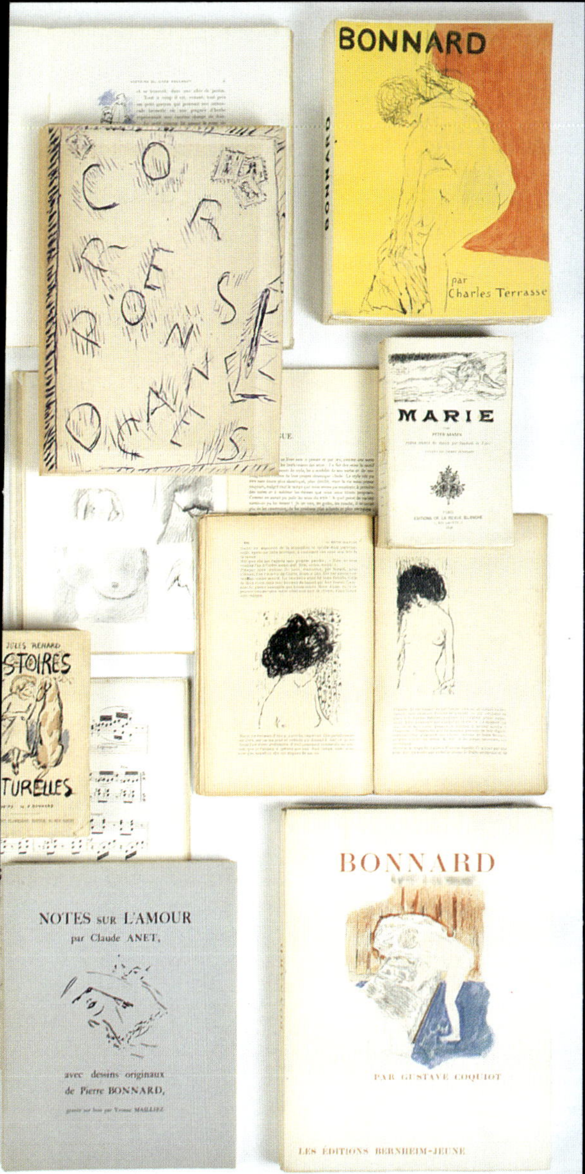

Comme dans la vitrine d'un libraire, voici quelques-uns des ouvrages illustrés par Bonnard, ou pour lesquels il a composé une couverture. Le peintre a notamment collaboré à *La Revue blanche*, à *Verve*, aux *Cahiers d'aujourd'hui*, et avec des auteurs aussi divers que Paul Verlaine, Octave Mirbeau ou Alfred Jarry. Cette vue d'ensemble témoigne d'une grande variété au fil des ans; elle exprime aussi ces sympathies d'esprit qui président, dans le respect des individualités, à toute association de ce genre.

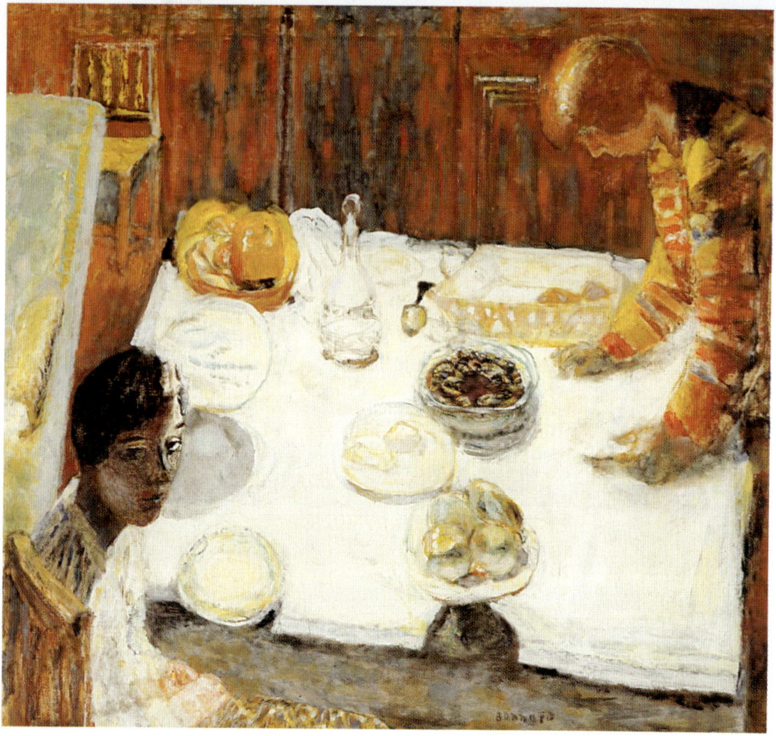

La *Nappe blanche* (ci-dessus) et *La Table* (à droite) datent de 1925. Ces deux toiles mettent en scène la fin du repas; la table, toujours vue en surplomb, est prête à être desservie. La bouteille ou la carafe, les corbeilles à pain, le compotier et la coupe de fruits, les assiettes de biscuits, un couteau ou une cuillère y sont en toute liberté, comme autant d'acteurs prêts à jouer encore chacun son rôle, ou sur le point de se retirer.

Autre visiteur à Vernon, et de grande importance : Henri Matisse. Entre eux, le dialogue se poursuit. Ils ont profondément conscience l'un et l'autre de se parler d'égal à égal. Leur éloignement respectif de Paris les incite à s'écrire. Modestes cartes postales d'abord, dont la première qui ait été retrouvée est de Matisse et date de 1925. Matisse est en Hollande, à Amsterdam; il n'envoie pas à Bonnard la reproduction d'un tableau mais une vue du port, où il écrit – ou s'écrie : «Vive la peinture!»

Nocturnes profanes

A ses vastes paysages ensoleillés Bonnard ajoute – ou oppose – des *Intérieurs le soir.* Tableaux de dimensions importantes aussi. Ces confrontations font partie de sa manière de travailler, de raccorder

observations et réflexions nouvelles. Elles témoignent de la continuelle excitation de son regard et de sa pensée. Voici *La Nappe blanche* et *La Table*, qui datent de 1925. Peut-on parler d'intimisme ici? Il ne s'agit plus de ces «intimités» qu'il a toujours aimé montrer. Plus de lecture ou de jeu de cartes, plus de solfège ou de devoirs des enfants; plus de réunions sous les lampes d'autrefois. Pas d'argument. Ce qui compte c'est bien ce qu'indique la simplicité des titres : une table, une nappe et les effets de la lumière électrique sur cette surface qui envahit le tableau. On ne voit plus de lampe, même, ou si peu : le dessous d'une suspension tout en haut de *La Table*, où l'on croit d'abord à un rai de jour venant par une fenêtre.

Bien plus que des scènes d'intérieur, ce sont ici les nocturnes profanes d'un peintre aussi attentif à surprendre la vie mystérieuse qui émane des objets, la nuit venue, sous la lumière, qu'à y saisir les figures isolées dans le silence d'une occupation familière ou le secret d'une rêverie intérieure.

Pas d'arrangement voulu, aucune hiérarchie entre Les objets de *La Table* (ci-dessous). De même que dans *La Nappe blanche*, ils sont le support des couleurs, et leur contour est là pour que s'y épanouissent des ombres légères ou accentuées. Tout le spectacle se déroule en cet espace et sous cet éclairage très circonscrits. A gauche, la première des cartes de Matisse à Bonnard.

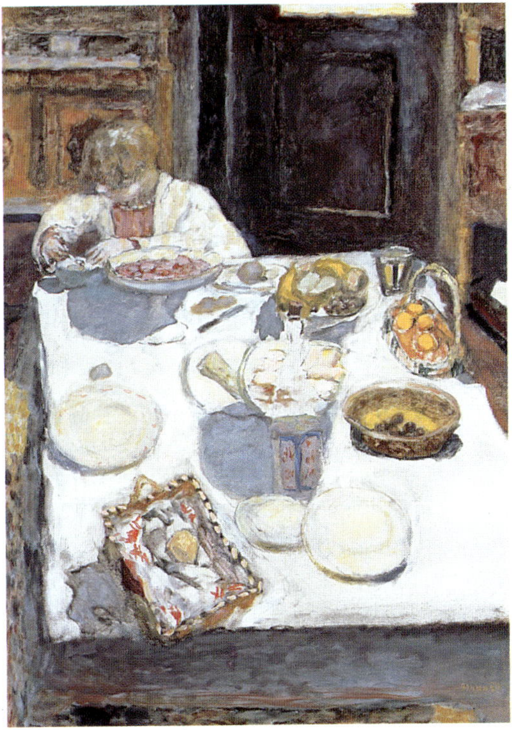

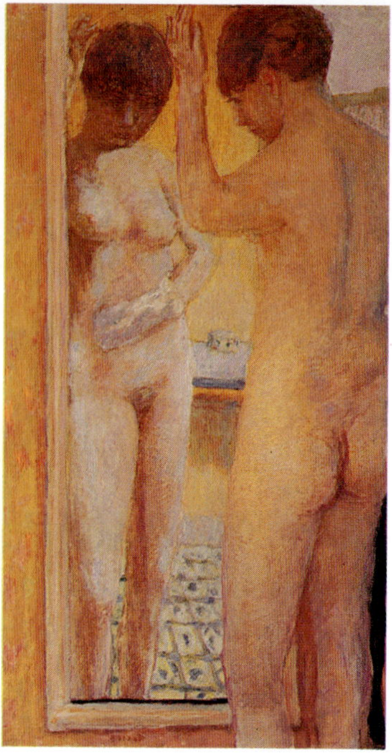

Marthe, le modèle, la femme

Les figures de femmes, chez Bonnard, sont toujours révélatrices. Une mélancolie les gagne à cette époque. Leurs visages s'inscrivent dans la composition à la manière de certains personnages hiératiques des fresques anciennes. Quelques expressions pensives rappellent des profils de Giotto. C'est également le sentiment de l'homme qui transparaît dans l'émotion de ces figures : les deuils survenus autour de lui, la conscience plus grave de la brièveté du temps, une exigence toujours plus inquiète dans la réalisation de son art.

Tels de ces portraits ont une connotation psychologique. Le peintre ne peut cacher la forme de neurasthénie qui s'empare alors de Marthe et la fait prendre ombrage de toute présence. De là les fréquents voyages qu'ils entreprennent, car l'éloignement la détend autant que l'air de la montagne et de la mer. L'aura-t-elle pour autant isolé? Pour une part seulement. Une certaine solitude est depuis longtemps nécessaire à la poursuite de son œuvre. Marthe est fine et observe intelligemment son travail. Par reconnaissance, et pour lui faire plaisir, il l'épouse en 1925. Elle lui inspirera encore quelques-unes de ses plus belles toiles.

Femme nue devant la glace. Après les femmes observées à mi-corps devant un miroir, Bonnard a entrepris une suite de toiles montrant des nus féminins debout vus de dos, installés devant une glace de telle sorte que s'y reflète le corps vu de face. Ces importantes toiles en hauteur offrent au regard la vision de formes resplendissant, comme ici, dans une lumière orangée. Ci-dessous : *Le Bain*, lithographie de 1925 pour un Album édité par Frapier.

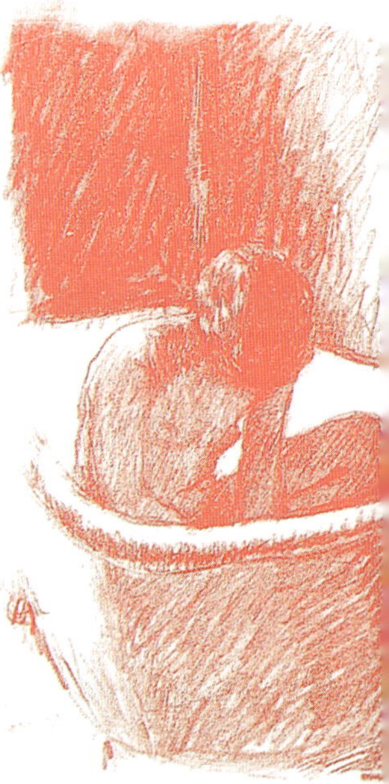

Les nus de Bonnard montrent une orientation et une intensité différentes au cours des années 1920. Après les nus voluptueux et intimistes, se manifeste l'aspiration du peintre à une seule expression de beauté plastique. Il se rapproche ici de Degas, par une vision plus ample et plus concentrée du modèle qui devient l'élément essentiel de la composition sur toute la surface du tableau. Moins de sentiment. Plus d'attention encore à toutes les attitudes d'une femme à sa toilette, à la plénitude des formes féminines. Le raffinement auquel il est parvenu dans l'utilisation de la couleur lui permet d'inventer ces nuances nacrées, ces teintes opalines par lesquelles il fait chanter leur carnation dans la lumière.

Montré de dos, le *Nu s'habillant* est surpris juste au moment de se vêtir, une jambe enfilée dans son jupon. Attitude toute naturelle, magnifiée par la splendeur du corps dans une opalescence que relève la lumière blanche du tissu.

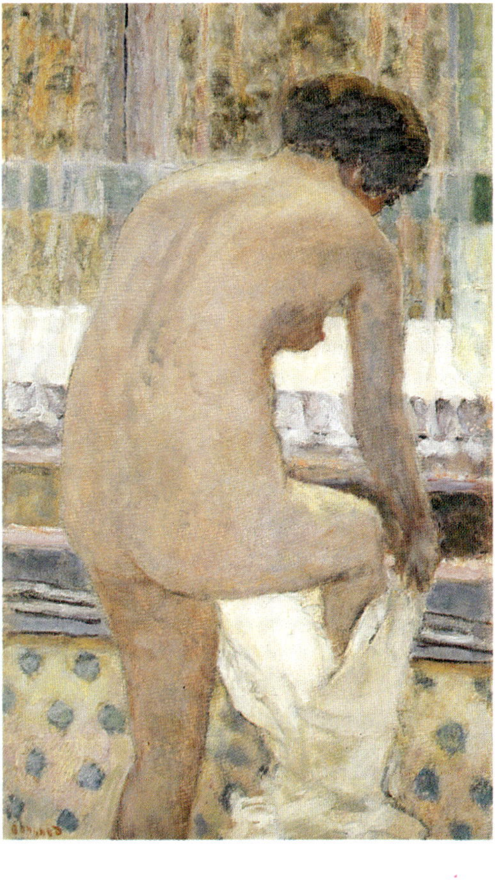

«L'humble psychologie des choses»

Au seuil de ses compositions apparaît souvent une nature morte rayonnante. Fruits dans un panier, dont l'anse reprend en la soulignant l'inclinaison des profils; dans une coupe et des assiettes, dont les ombres projetées en larges arrondis adoucissent la fixité des attitudes. Au-delà du secret de l'homme et de sa pudeur, il faut bien parler de peine sublimée devant ces fruits dorés, pommes, raisins, oranges, que le peintre élève à une splendeur inconnue. Jamais encore

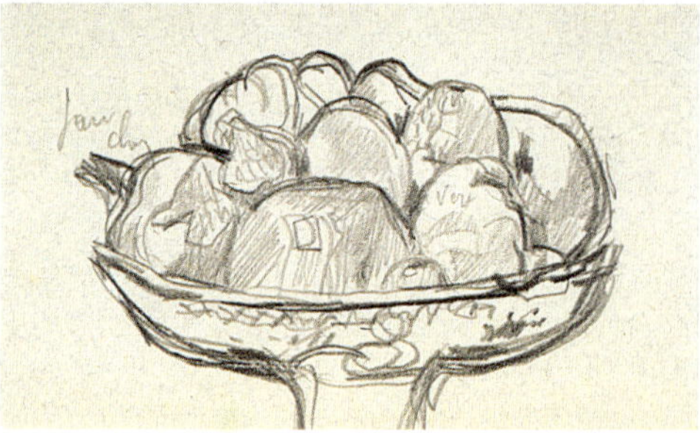

Bonnard n'avait traité le sujet de la nature morte avec une telle insistance et entrepris avec une telle profondeur ce dialogue intime de l'homme devant «ce que l'on pourrait appeler», selon Pierre Reverdy, «l'humble psychologie des choses». Une autre circonstance l'y invitait. Les quatre expositions Cézanne de la galerie Bernheim-Jeune entre 1920 et 1926 fixent son attention sur telle composition rigoureuse d'un simple *Compotier*, comme sur telles ombres bleues. Ses fruits cependant gardent leur saveur originelle.

Ci-dessus : dessin au crayon, étude très précise pour les fruits du *Compotier*. Ci-dessous, *Coupe et assiettes de fruits*.

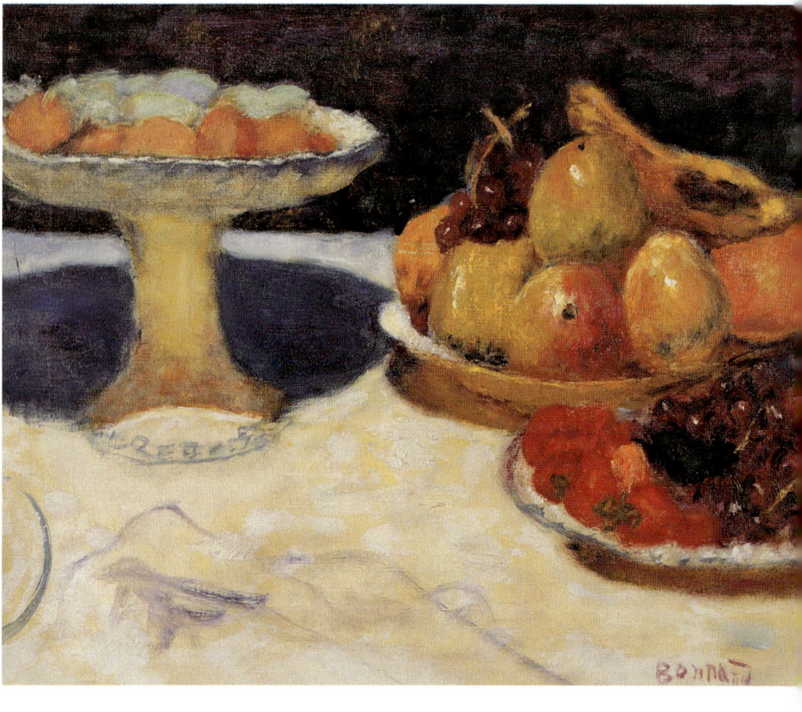

Il ne peut se déprendre de cette joie intérieure qu'il éprouve à les regarder. C'est le moment où il transcrit dans son carnet la pensée de Pascal : «Quelle vanité que la peinture, qui attire l'admiration par la ressemblance des choses dont on n'admire point les originaux», et ajoute pour lui-même : «Mais au contraire, ils ravissent.»

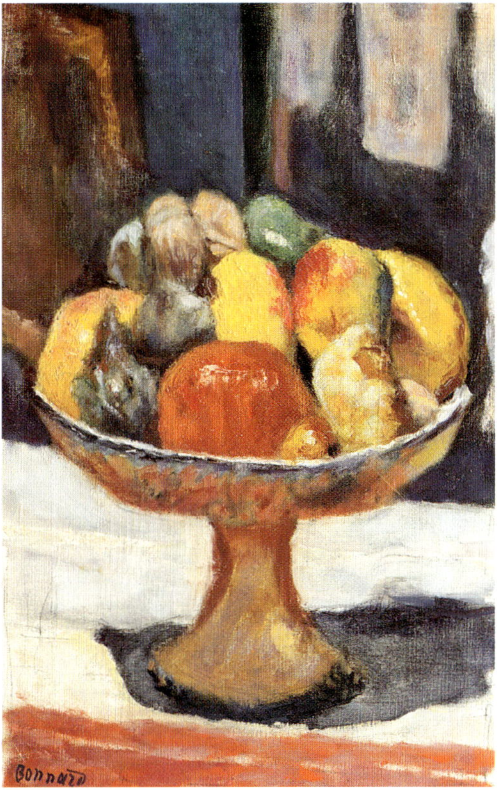

A la rencontre du public américain

Invité à siéger au jury du prix Carnegie, Bonnard est aux Etats-Unis en septembre 1926. Après Pittsburgh, il se rend à Philadelphie, Chicago, New York et Washington, où il rencontre Duncan et Marjorie Phillips qui s'intéressent déjà beaucoup à son œuvre. Il en profite pour modifier certaines couleurs de son *Premier Printemps* (1909) allant, dans son élan, jusqu'à le signer une seconde fois.

La galerie de Hauke organise à New York, en avril 1928, sa première exposition personnelle en Amérique. Elle comporte tous les sujets, depuis les intérieurs de ses débuts jusqu'à ses grands paysages récents. Claude Anet, le préfacier du catalogue, a prêté *La Côte d'Azur* de 1923, et Félix Fénéon *La Palme*, de 1926. Duncan Phillips, prêteur le plus important de l'exposition, achètera bientôt ces deux toiles. Les nombreux comptes rendus dans les journaux sont en majorité favorables.

Les natures mortes de Bonnard s'inscrivent à leur manière dans la lignée de Chardin pour la saveur des fruits, et de Cézanne pour la rigueur de la composition. Si le *Compotier* (ci-dessus), par son resserrement, prend une allure sculpturale, l'assemblage plus souple de la *Coupe et assiettes de fruits* est tout autant construit.

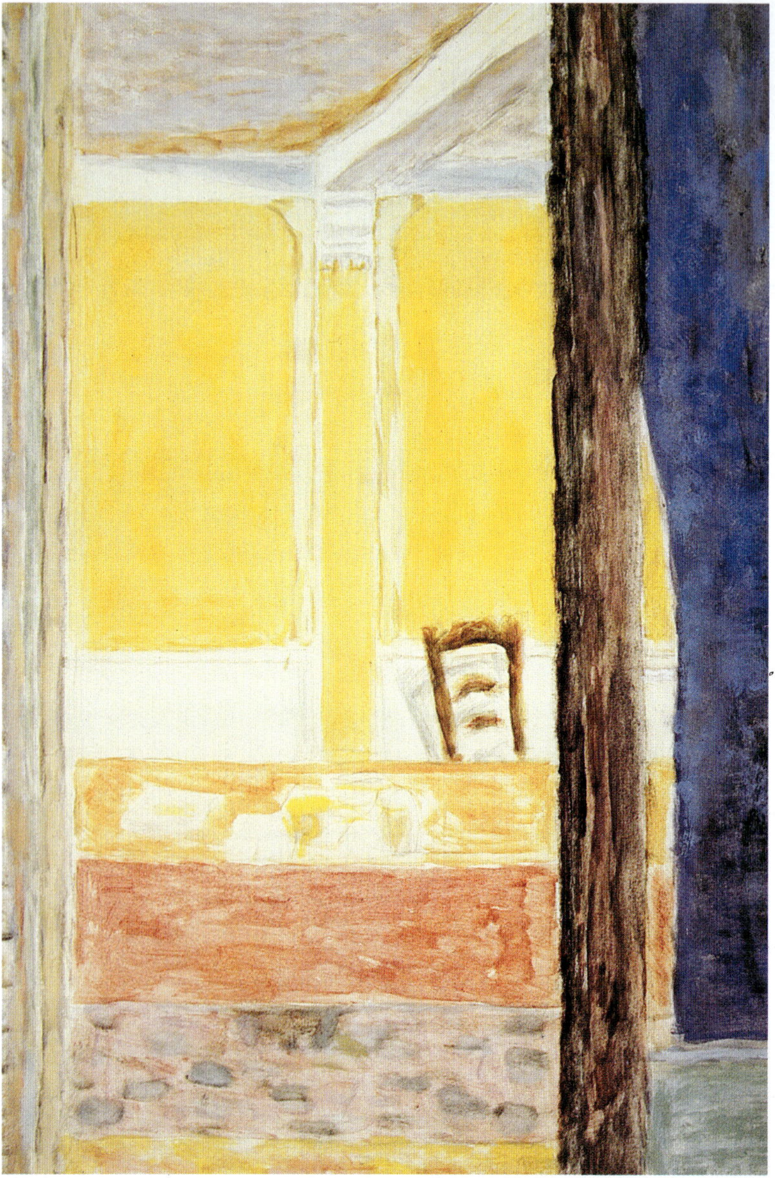

S'il a des admirateurs fervents et nombreux, Bonnard sait également que son art apparaît «décadent», «bourgeois» ou «attardé» à beaucoup de peintres et de critiques. On condamne les thèmes «réactionnaires» de ses tableaux. Il demeure fidèle, en effet, à la nature, aux humbles sujets de tous les jours. Le temps, les saisons comptent encore dans son œuvre où le soleil continue de marquer les heures.

CHAPITRE V
«UN TABLEAU EST UN PETIT MONDE QUI DOIT SE SUFFIRE»

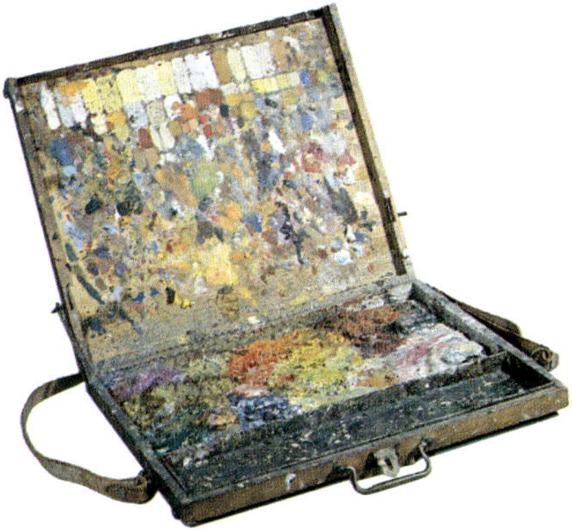

Le peintre, la nuit, de son jardin du Cannet, voit la salle à manger de sa maison éclairée. Il en compose une gouache (à gauche) où il fait jouer toutes les couleurs primaires. A droite, l'une de ses boîtes de couleurs avec, sur la planchette, plusieurs essais de tons en dégradés.

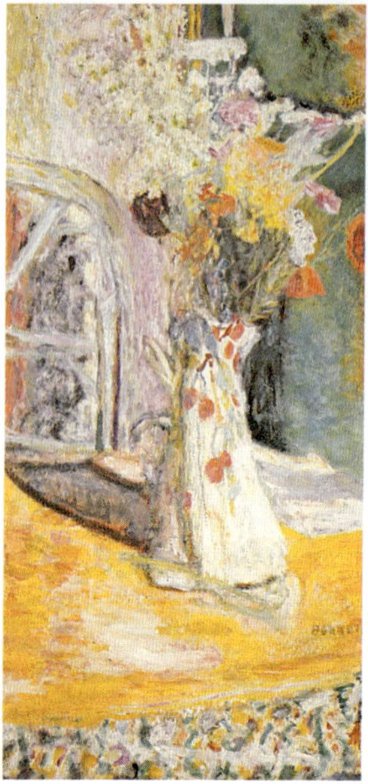

Bonnard poursuit fermement son travail dans le silence. A Paris, où il vient de terminer pour Georges Besson *Le Café du Petit Poucet*, qui sera sa dernière grande composition parisienne. A Vernon, où il entreprend de grands paysages largement ouverts sur la Seine. A Arcachon, où, après avoir loué de novembre 1930 à avril 1931 une charmante maison de la Ville d'hiver, la villa Castellamare, il peint notamment *La Salle à manger sur le jardin* et *La Sortie de bain*. Enfin, dans le Midi.

La composition en hauteur, le dessin raffiné, l'éclat des couleurs de ces *Fleurs* (1933) sont caractéristiques de l'art de Bonnard à cette époque. Ci-dessous, une page de l'agenda du peintre, où des annotations quotidiennes se mêlent aux croquis et esquisses.

«Je vous rappelle que la maison est rose...»

Depuis fin février 1927, les travaux de la petite villa du Cannet achetée l'année précédente, baptisée par lui Le Bosquet, sont terminés. Il y invite Henri Matisse : «Je vous rappelle que c'est avenue Victoria que se trouve notre maison, la dernière avenue du pays en hauteur, et que la maison est rose.» C'est là que Bonnard résidera désormais dans le Midi. Le paysage qu'il a sous les yeux est, comme à Vernon, magnifique; on aperçoit au loin les toits rouges du Cannet, les montagnes de l'Esterel, la mer.

Il y prend possession de chaque pièce avec sa peinture. Voici la salle à manger, le petit salon, le cabinet de toilette, son atelier totalement habités de son regard. Autant de prétextes à y montrer Marthe à telles de ses occupations familières,

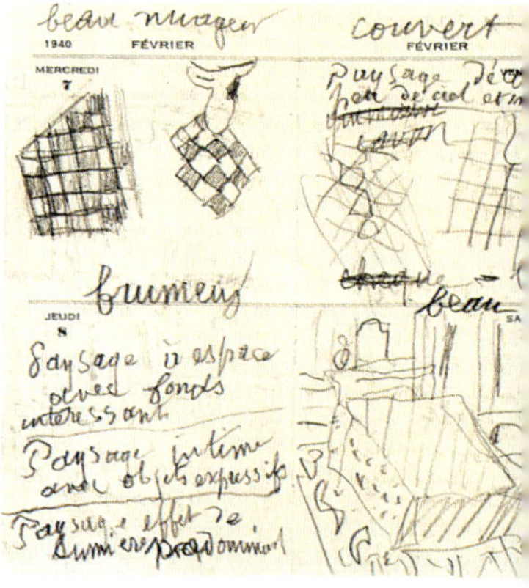

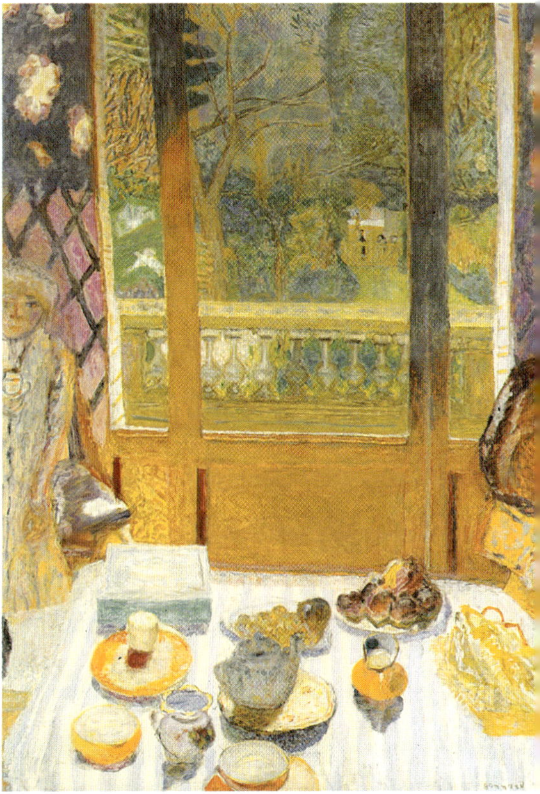

des fleurs sur une cheminée, un panier de fruits sur un tapis rouge, le paysage et le jardin vus d'une porte-fenêtre.

L'atelier, à l'étage, n'est pas très grand; on trouve là un tabouret, une chaise, un étroit divan; sur une ou deux modestes tables, les tubes de couleurs et les flacons d'essence, les pinceaux et les chiffons. La lumière entre par une baie vitrée et vient jouer sur le mur blanc où sont fixées les toiles. «Je n'aime pas les grandes installations lorsque je dois peindre. Cela m'intimide...» «Mon luxe, c'est ma peinture.»

Il a pris l'habitude de noter dans son agenda les observations faites au cours de ses promenades et les réflexions survenues pendant son travail. Brèves remarques qui se poursuivent et se précisent parfois au fil des mois. Elles voisinent avec des dessins prestement enlevés – figures, paysages, nus, marines – incroyablement vivants dans de si petites dimensions sur la surface exiguë du carnet. Et avec des indications du temps – «beau», «froid», «couvert». Puis : «Par temps beau mais froid, il y a du violet dans les gris et du vermillon dans les ombres orangées». A relire toutes ces notes, on constate cet échange primordial pour lui entre regard et réflexion; entre, écrit-il, «le modèle qu'on a sous les yeux. Et le modèle qu'on a dans la tête». Il songe continuellement à tous les moyens possibles de transposer en peinture tel spectacle qui l'a retenu.

Eblouissante de lumière dorée, *La Salle à manger sur le jardin* a été peinte dans la villa Castellamare, à Arcachon, en 1930. Trois sujets en un se répondent et vibrent dans l'harmonie flamboyante des couleurs : le jardin, l'intérieur de la pièce et les accessoires familiers d'une table.

«Cette passion périmée de la peinture»

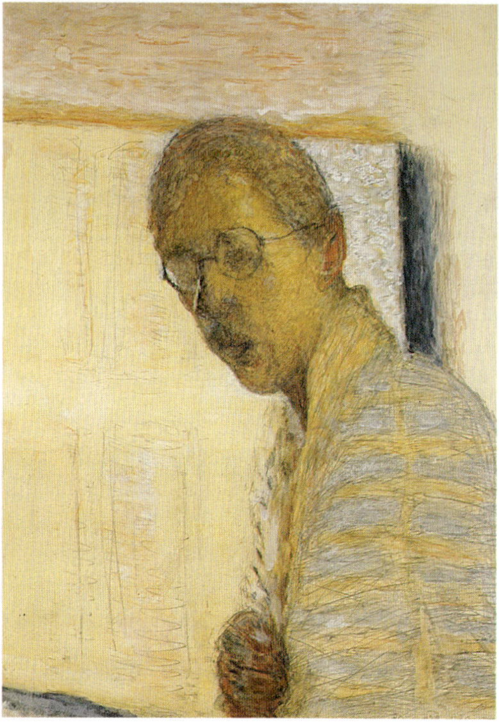

Le *Portrait de l'artiste* effectué à la gouache et à l'aquarelle est de 1930. C'est le seul portrait de lui que Bonnard ait daté. Il était allé voir l'année précédente l'exposition Chardin à Paris, et y avait admiré à nouveau le célèbre *Portrait au chevalet*.

Peut-on encore peindre «de nature»? La peinture telle qu'il la conçoit peut-elle encore exister? Le problème est à l'ordre du jour : c'est le moment où Aragon, dans sa préface pour une exposition de collages en mars 1930, vient d'écrire *La Peinture au défi* : «... ce que l'on peut avancer est que la peinture passera certainement dans un temps qui est proche pour un divertissement anodin réservé à des jeunes filles et à des vieux provinciaux».

Touché par ces diatribes autant qu'il l'a été par les remarques désobligeantes à son égard, il peint alors ces portraits de lui-même d'une grande concentration, qui accompagnent ses réflexions. Bonnard revient à son image non par complaisance, mais par ce dialogue intime qu'il poursuit entre soi et soi dans la solitude. Sans emphase. La gravité de ces portraits témoigne de sa sincérité absolue. Après celui qu'il a effectué à la gouache et à l'aquarelle, et daté (c'est l'unique fois) 1930, il entreprend en 1931 une étrange figure à laquelle il donne pour simple titre : *Boxeur*. Dans le visage existe une tristesse infinie. Mais dans le geste de cet homme se mettant à boxer existe une sorte de défi à soi-même d'une surprenante énergie. Le boxeur, c'est lui. Quelques mois avant de l'exposer en 1933, il écrit à Charles Terrasse : «Je travaille beaucoup, de plus en plus enfoncé dans cette passion périmée de la peinture. Peut-être en suis-je avec quelques-uns l'un des derniers survivants...»

Une magie colorée

En juin 1933, s'ouvre chez Bernheim-Jeune son exposition d'«œuvres récentes», la première depuis 1928. Parmi la trentaine de tableaux présentés figurent de nombreux chefs-d'œuvre venus d'Arcachon et surtout du Cannet. Le public aurait-il pu deviner que telles toiles aux titres brefs – *Chambre, Matinée, Cabinet de toilette, Placard* ou *Intérieur blanc* montraient toutes les pièces d'une même maison? Tout y est transposé, magnifié.

Les riches coloris du *Cabinet de toilette* sont encore avivés par le scintillement de faïences inégales. Multipliés, les quadrillages et les damiers rappellent les tableaux de jeunesse; les couleurs explosent, jusqu'à une véritable transfiguration du sujet. Pages suivantes, *Intérieur blanc*, vue du petit salon de la maison du Cannet.

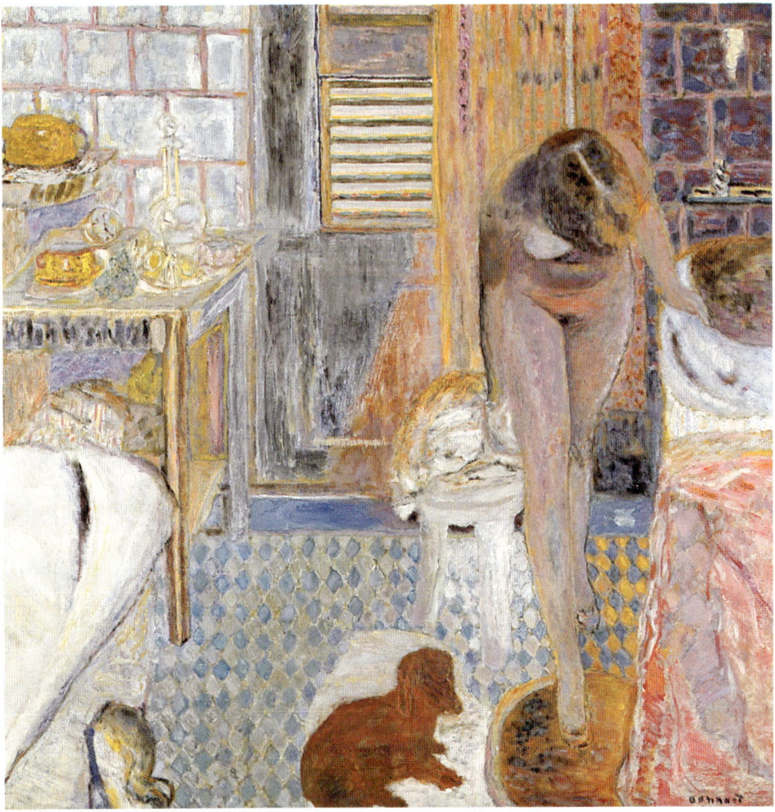

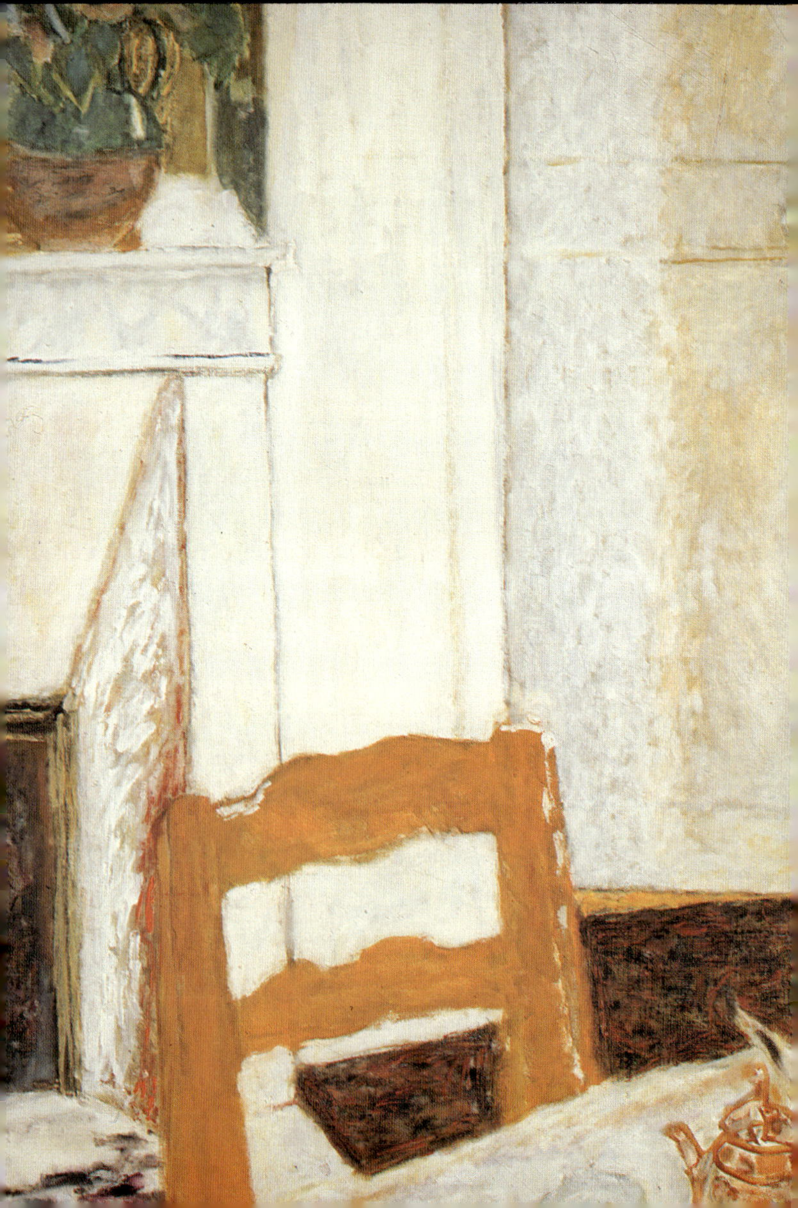

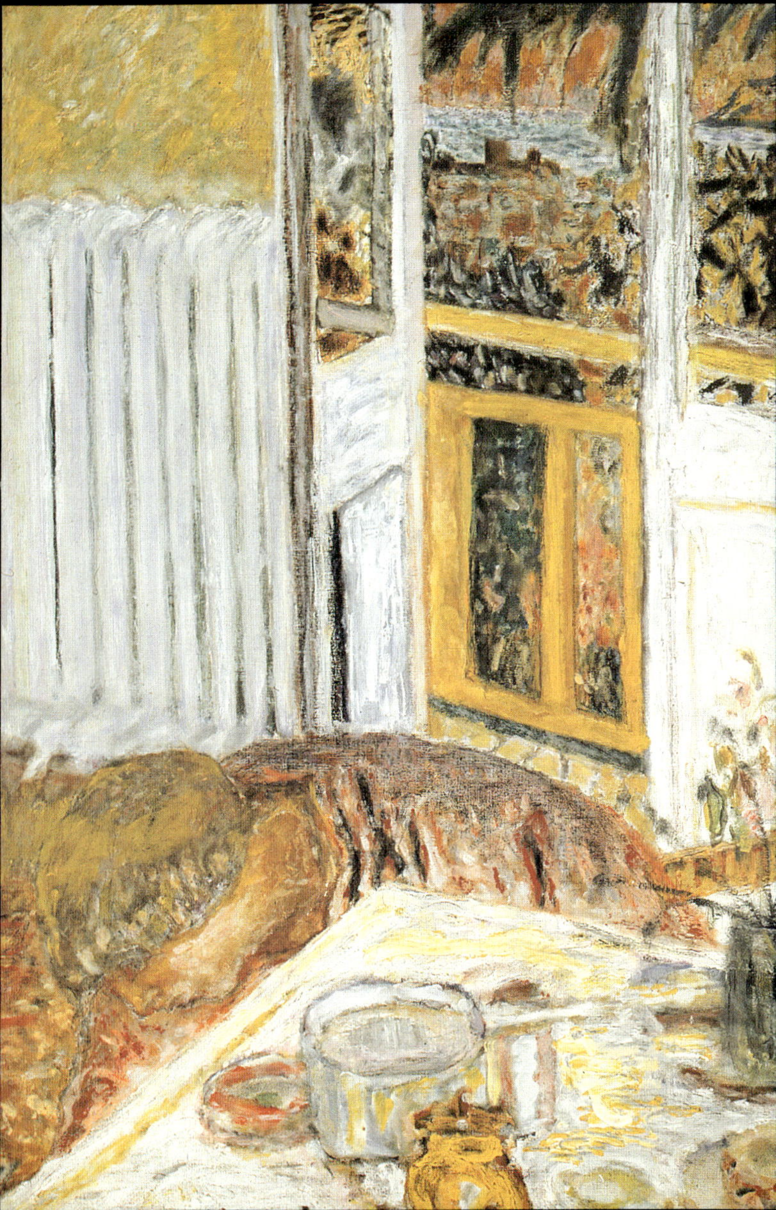

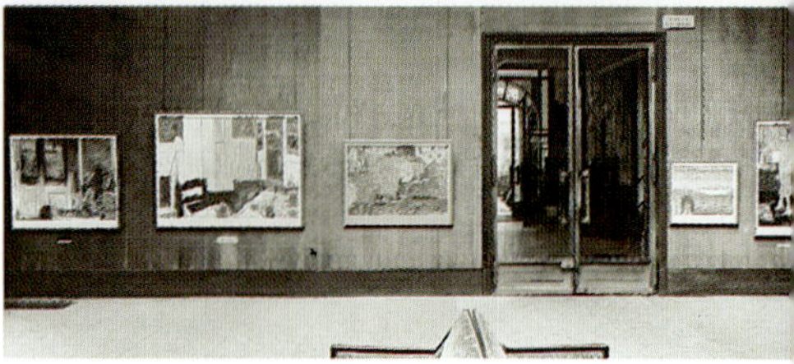

Ce sont des tableaux dont le sujet tend à disparaître au profit de la magie colorée. La pièce la plus simple est devenue une salle de palais. Le blanc, de plus en plus destiné par son voisinage à «rendre possibles des couleurs fortes dans la lumière», y tient une grande place. *Le Cabinet de toilette* est traité dans une harmonie bleue à gauche, rose orangé à droite; des rappels de couleurs de part et d'autre établissent le lien entre les tons qui s'ajoutent de proche en proche.

Ci-dessus, l'une des salles de la galerie Bernheim-Jeune lors de l'exposition Bonnard de 1933. Ci-dessous, *Le Bateau jaune*, peint à Deauville en 1936. «C'est Boudin qui m'a signalé Deauville; il prétendait qu'il n'y a aucun endroit en France où le ciel soit si beau et si varié, et je dois lui donner raison.»

La prééminence de la lumière

Double reflet de ce qu'il voit et de ce qu'il imagine, la lumière imprègne ses toiles d'éclats jaunes qui font vibrer les couleurs comme dans un brasier.

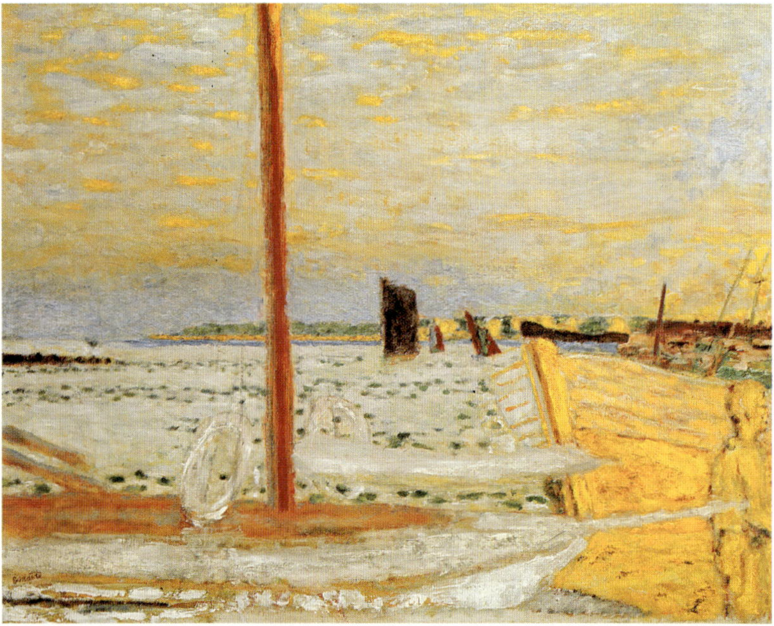

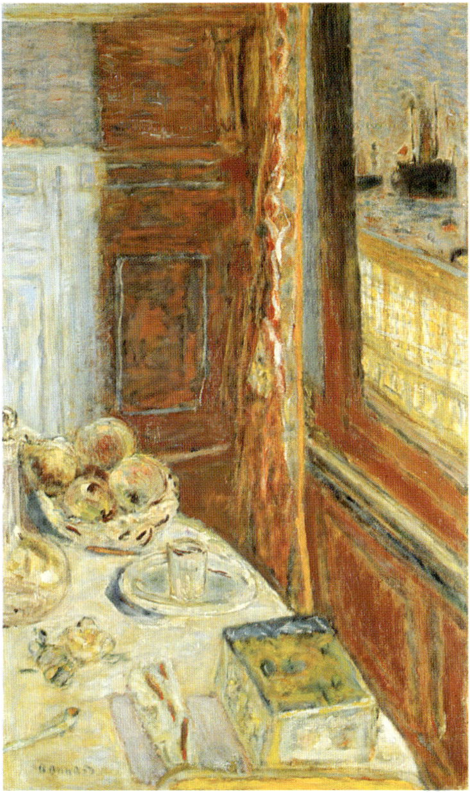

Elle ensorcelle les visages et les objets. Elle crée des sortilèges. Les tons dorés et orangés se retrouvent dans toutes ses toiles, dans *Le Bateau jaune* peint à Deauville comme dans *Le Golfe de Saint-Tropez*. Dans ses agendas, il revient avec insistance sur la lumière en peinture et toutes ses réflexions se rejoignent dans l'idée de plus en plus présente que le tableau est un monde en soi.

En octobre 1933, Bonnard s'installe à La Baule dans une villa de l'avenue de l'Amiral-Courbet, la villa Nirvana. Il y résidera jusqu'en avril 1934. C'est le début de séjours prolongés au bord de l'océan puis de la Manche. De mai à la fin d'août 1934, il sera ainsi à Bénerville-Blonville dans une maison «très agréable au bord de la mer», la villa Grand-Liouville. Ce sera ensuite, de 1935 à 1938, Deauville. S'il aime le soleil du Midi, il juge parfois plus intéressante encore la lumière du Nord «qui change sans cesse».

La galerie Wildenstein montre quarante-quatre de ses peintures à New York en mars 1934. Bonnard fait en mai 1935 un court voyage à Londres, pour son exposition chez Reid et Lefèvre. Il obtient le deuxième prix de l'Institut Carnegie, en 1936, et est élu membre de l'Académie royale de Belgique en juillet de la même année. Après ses expositions à Oslo et à Stockholm au début de 1939, il est élu aussi membre de l'Académie royale des Beaux-Arts de Stockholm en avril.

Une simple esquisse pour cette *Nature morte devant la fenêtre*, peinte à Trouville, existe dans l'agenda de l'artiste en juin 1937. La fenêtre, cette fois-ci, est vue de biais et laisse entrevoir le port. Toute la composition est ainsi ordonnée autour d'une diagonale, que reprend le coin de table chargé de tous les mets d'un dessert.

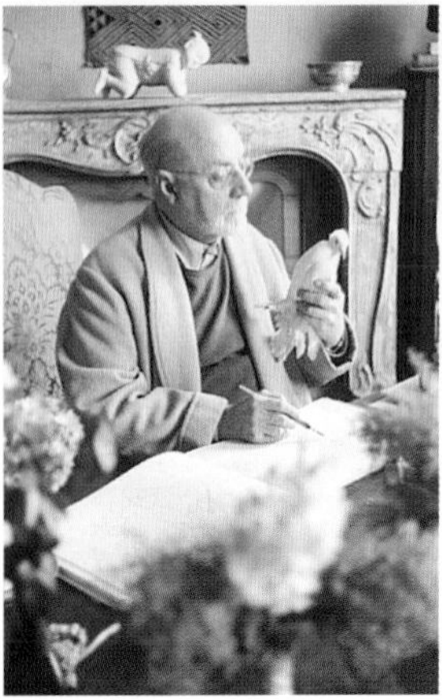

«Un métier, quotidien comme la prière»

Quelques jours après la déclaration de guerre du 2 septembre 1939, Bonnard quitte Paris pour Le Cannet.

Le 8 janvier 1940, après être venu le voir au Cannet, Matisse lui confie : «Je prends plaisir à vous écrire que ma première pensée a été ce matin pour vous. Je garde de votre travail un souvenir très précis. Je ne l'ai jamais trouvé si ferme, et la décoration avec son plan de rosier, je la vois très nette encore, elle me plaît beaucoup.»

Bonnard lui répond aussitôt : «Je suis content que mes recherches soient appréciées par vous. Quand je pense à vous, je pense à un esprit nettoyé de toute vieille convention esthétique. C'est cela seul qui permet une vue directe sur la nature, le plus grand bien qui puisse arriver à un peintre. J'en profite un peu grâce à vous»...

Après les modestes cartes et billets des années. précédentes, suivent les nouvelles lettres d'une correspondance qui se poursuivra fidèlement, comme se poursuivront ces rencontres entre les deux peintres au Cannet, à Nice ou à Vence, chaque fois que cela sera possible.

En effet, chacun d'eux tente de vaincre par le travail l'inquiétude immense du moment. Et ils se confortent l'un l'autre dans leur métier.

«*Monachi dispersi* frères lais d'une communauté invisible, les deux peintres échangent leurs petits

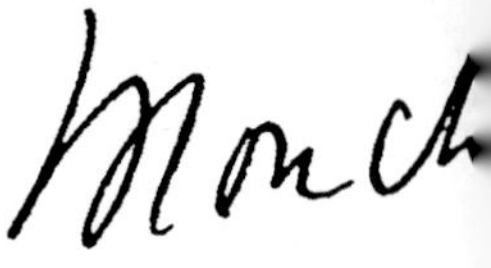

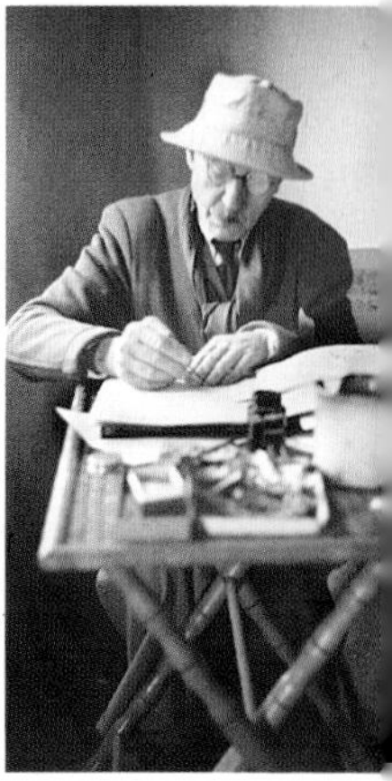

Henri Matisse (à gauche) et Pierre Bonnard (ci-dessus), par Henri Cartier-Bresson.

«Le tableau est une suite de taches qui se lient entre elles», dit Bonnard. Et Matisse : «Le tableau est fait de la combinaison de surfaces différemment colorées.» Suite de *taches*, combinaisons de *surfaces* : telle est la différence fondamentale des techniques de Matisse et de Bonnard.

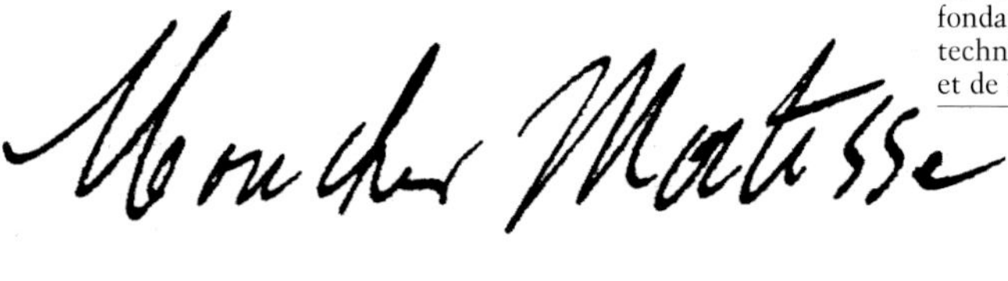

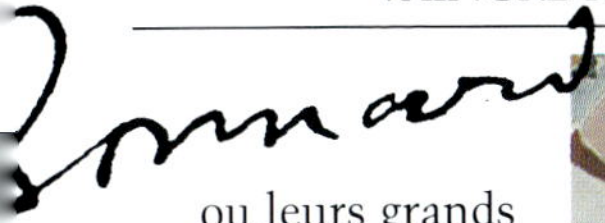

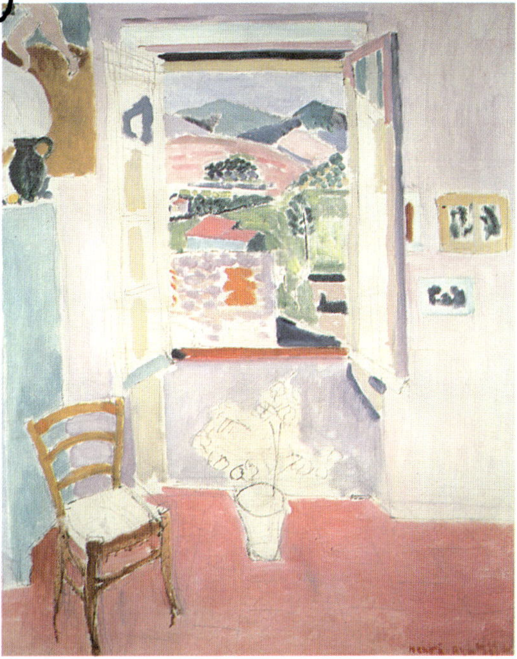

ou leurs grands malheurs et leurs modestes joies parce qu'ils se savent occupés, quand ils ne se confient pas, «à un service qui les dépasse infiniment», écrit Jean Clair. «Rien ne peut faire obstacle à cette mission, tout à la fois dérisoire et sublime : peindre des tableaux. Les privations peuvent se multiplier, les certitudes les plus établies se défaire, le corps même se dérober, demeure un terrain plus ferme que tout, et dont la nature ressortit plus à la foi du fidèle qu'à la certitude du savant : un métier, quotidien comme la prière.»

La *Fenêtre à Collioure*, de Matisse, avait été achetée par Bonnard chez Bernheim en 1912, et le peintre a toujours gardé cette toile avec lui. De même que Matisse a conservé *La Soirée au salon* de Bonnard, acquise également chez Bernheim l'année précédente.

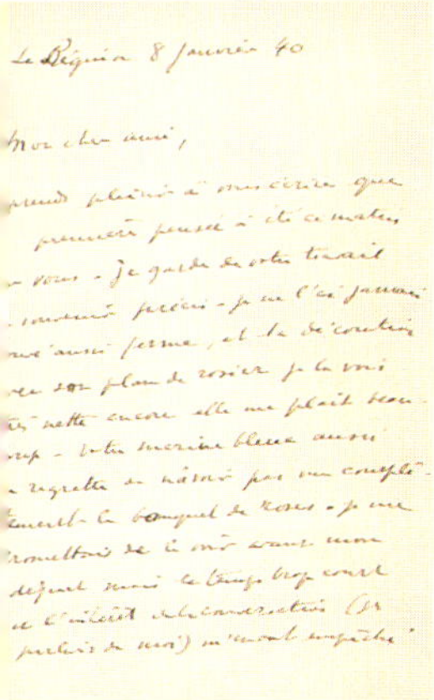

Le Bégun 8 janvier 40

Mon cher ami,

[Gr]and plaisir à vous écrire que
[ma] première pensée a été ce matin
[pour] vous. Je garde de votre travail
[un] souvenir précis – je ne l'ai jamais
[vu] aussi ferme, et la décoration
[av]ec son plan de rosier je la vois
[enc]ore nette encore elle me plait beau-
[co]up – votre marine bleue aussi
[Je] regrette de n'avoir pas vu complè-
[t]ement le bouquet de roses – je me
[p]romettais de le voir avant mon
départ mais le temps trop court
et l'intérêt de la conversation (de
peinture de mots) m'en ont empêché

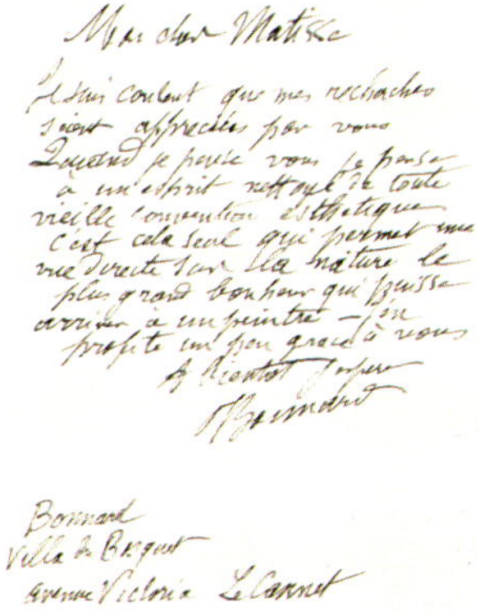

Mon cher Matisse

Je suis content que mes recherches
soient appréciées par vous
Quand je pense à vous je pense
à un esprit nettoyé de toute
vieille convention esthétique
C'est cela seul qui permet une
vue directe sur la nature le
plus grand bonheur qui puisse
arriver à un peintre – j'en
profite un peu grâce à vous
A bientôt j'espère
Bonnard

Bonnard
Villa du Bosquet
avenue Victoria Le Cannet

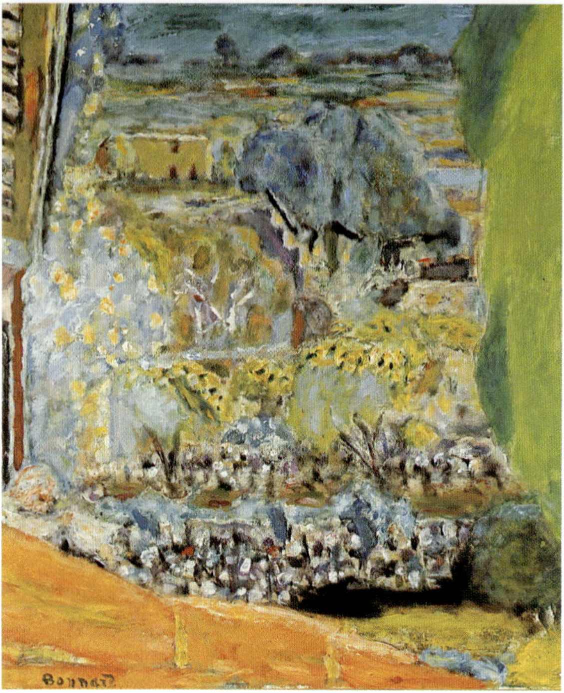

La composition de *Paysage du Cannet au toit rouge* est surprenante. De ce toit on ne voit qu'un pan, en diagonale, au seuil du tableau. Tout à gauche monte l'extrémité d'un volet; à droite s'élève une large traînée d'un vert presque uni, d'une violente clarté. Comme d'une fenêtre ouverte, on surplombe le jardin et le paysage sur lesquels tombent, telle une pluie de pierreries, les multiples petites touches de couleur. Tout en haut, le ciel est d'un bleu travaillé de turquoise.

Ciel d'orage sur Cannes est composé de masses horizontales. Au-delà d'une barrière d'un vert foncé s'étalent, dans une soudaine éclaircie, les menues taches jaunes et orangées des maisons et des toits, contre le ruban bleu de la mer. Le ciel, tourmenté de nuages aux lumières très contrastées, occupe la plus grande surface de la toile.

«Il faut que cela mûrisse comme une pomme; pas moyen d'agir sur le temps...»

La «décoration avec son plan de rosier» dont parlait Matisse est *La Terrasse ensoleillée,* une vaste toile en largeur commencée par Bonnard en 1939. Cette durée fait partie d'une nécessité intérieure. Si, en face de sa toile, Bonnard procède par petites touches rapides, il vérifie ensuite longuement son ouvrage. S'éloigne, pour juger de l'effet à distance. Se reprend. Efface ou ajoute. Il travaille toujours à plusieurs tableaux à la fois, puis choisit de les laisser reposer, afin de les revoir d'un œil nouveau. S'il entreprend plusieurs versions d'un même sujet, qu'il s'agisse d'un nu, d'un amandier en fleur ou de pêches, c'est encore pour se confronter à lui-même dans une nouvelle réflexion. Ainsi hésite-t-il de plus en plus à se séparer de ses tableaux. «Héros bergsonien de ce point de vue, écrit Philippe Le Leyzour, Bonnard serait le peintre qui ne conçoit presque jamais qu'un tableau puisse être achevé, mais qui par un travail incessant en fait le symbole de la conscience de soi.»

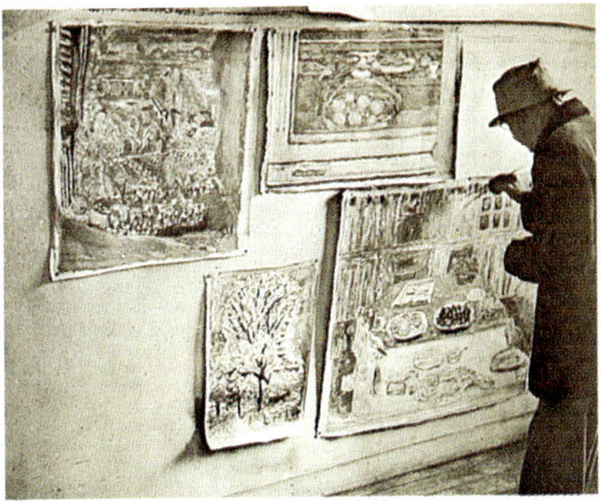

«Il ne s'agit pas de peindre la vie, il s'agit de rendre vivante la peinture»

Il poursuit au long des jours son dialogue si particulier avec la nature. «Voyageur autour de sa maison», il part tôt le matin dans cette campagne du Cannet à quoi se réduit maintenant son univers. Il suit le bord du petit canal de la Siagne ou monte dans les collines : «C'est déjà sauvage, et je réfléchis.» Il sait depuis

Dans l'atelier, Bonnard a fixé plusieurs toiles sur le mur, parmi lesquelles *Le Paysage du Cannet au toit rouge.*

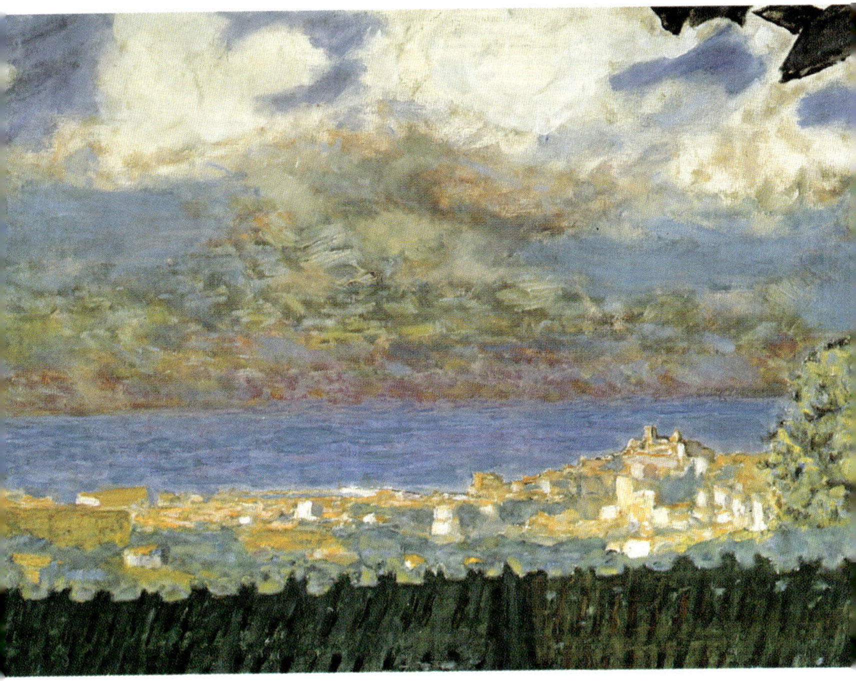

longtemps que le monde offert à son regard et le monde de la peinture sont deux mondes distincts, et le ressent d'une manière toujours plus aiguë. Cependant, il ne peut les séparer dans son art. Il lui faut ce «contact constant avec la nature», comme il l'écrit à Matisse à la fin de février 1941. Et il ajoute : «J'ai vu aujourd'hui le premier amandier en fleur, et les mimosas commencent à faire des taches jaunes.» Dialoguer avec la nature est devenu pour lui dialoguer avec la peinture. Il nourrit son esprit de leur différence pour aller plus loin dans son effort de peintre. «Si vous voulez, en peinture, rendre la vie où elle est déjà parfaite, vous ne réussirez jamais. Il ne s'agit pas de peindre la vie, il s'agit de rendre vivante la peinture.»

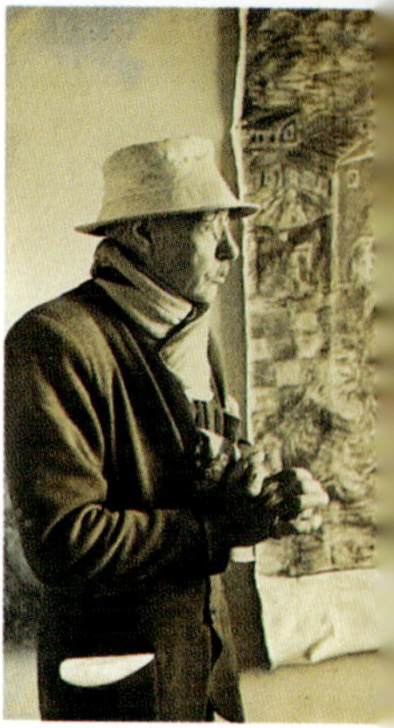

Ci-dessus, Bonnard devant le *Saint François de Sales*, photographie d'Henri Cartier-Bresson.

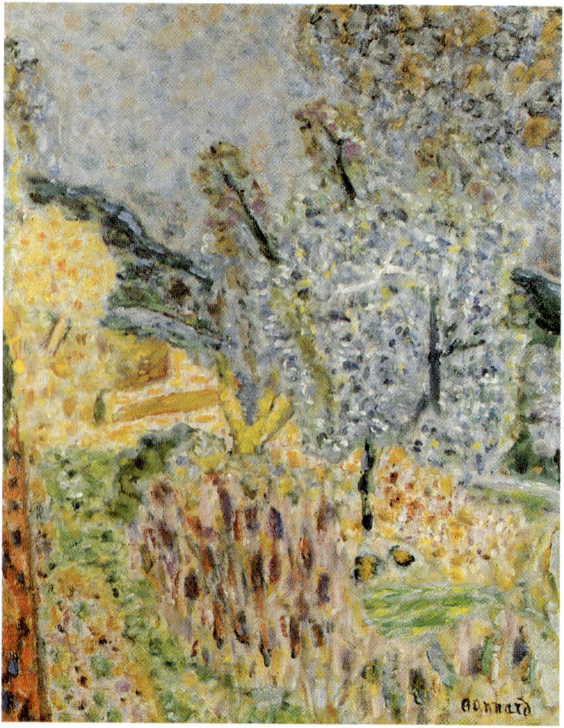

«Une suite de taches qui [...] finissent par former le morceau, l'objet sur lequel l'œil se promène sans aucun accroc.» Bonnard ne cesse d'affirmer l'importance de la couleur : «La couleur agit», a-t-il confié au peintre Charles Camoin, résumant d'un mot son pouvoir. Il en fait le lien vivant de son tableau. Tout doit se tenir dans l'espace rayonnant. *Le Jardin au Cannet*, ci-contre, exalte ces ententes imprévues de vert, de violet, de bleu et de mauve caressés de turquoise.

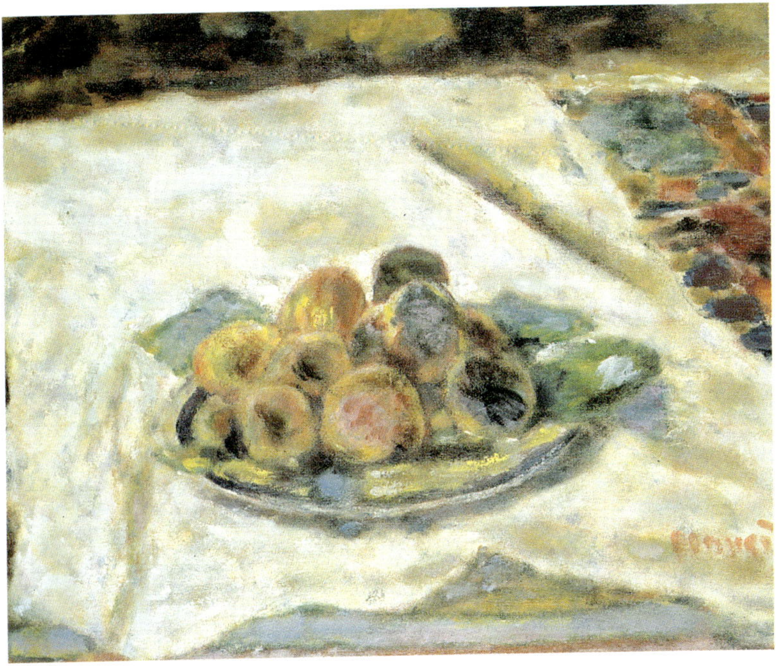

L'exil volontaire

Bonnard ne voudra jamais revenir à Paris durant le temps de l'occupation allemande et refusera également de participer directement à toute exposition durant ces mêmes années. Ses tableaux montrés dans des galeries ou des salons parisiens appartiennent soit aux organisateurs soit à des collectionneurs. Il a été très affecté par la défaite. Une nouvelle peine le frappe : Marthe Bonnard meurt le 26 janvier 1942. Il ne confie son «chagrin et son désarroi» qu'à de rares intimes, comme Henri Matisse. C'est alors que le chanoine Jean Devémy lui propose d'effectuer pour l'église du plateau d'Assy, en Haute-Savoie, un *Saint François de Sales bénissant les malades*, tableau de grandes dimensions qui ne sera terminé qu'en 1945. Louis Carré, le directeur de galerie et éditeur, lui demande de composer une série de gouaches, pour des lithographies devant être mises

«C'est étonnant, une pêche. Cette année, elles m'ont beaucoup frappé», dit Bonnard à propos de l'*Assiette de pêches*, en 1942. Quatre ou cinq toiles, assez grandes pour des natures mortes, sont consacrées à ces fruits. «Voici une harmonie violette. Les pêches l'une contre l'autre composent comme un ciel au couchant très tardif. Il ne reste plus que des ors, et un ou deux points blancs. Autour de cette symphonie sourde, le blanc du linge est très varié, gris rose» (André Giverny, 1942).

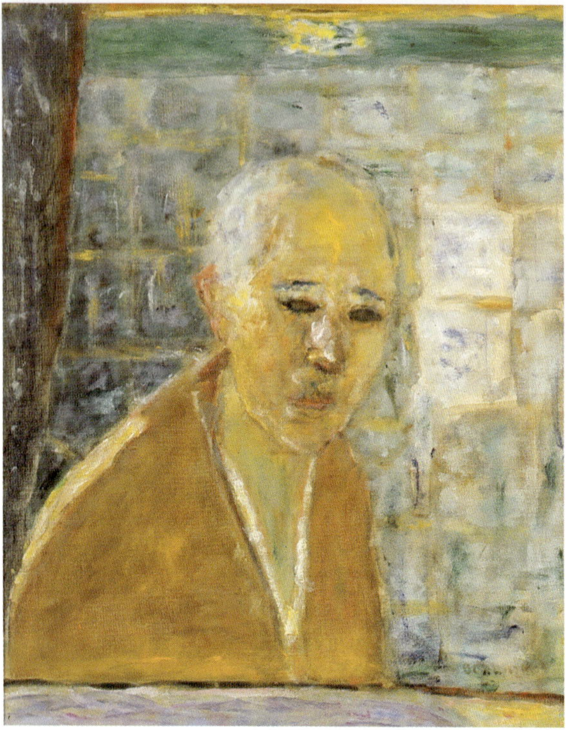

sur pierre par Jacques Villon; une constante collaboration va s'établir ainsi entre les deux artistes, de 1942 à 1946.

De jeunes peintres viennent le voir. Parmi eux, André Marchand, Roger Dérieux, Jean Matisse, Roger Chastel. Il les accueille avec plaisir, et aide généreusement ceux qu'il sait dans la difficulté. Ainsi rédige-t-il un «certificat de travail» auprès de lui pour Paul Ackerman; partage-t-il en deux ses crayons de couleur et ses fusains pour les offrir à Henri Goetz et à Christine Boumeester. «Heureusement, j'ai pu recommencer à travailler», leur dit-il.

Au début de 1944, en prévision des combats à venir, les autorités d'occupation envisagent l'évacuation des populations de la Côte. Bonnard

Dans cet impressionnant *Portrait* exécuté à la fin de sa vie, Bonnard, sans complaisance à l'égard de lui-même, semble se défier de soi, et provoquer à son encontre la même distance qui s'établit parfois entre les autres et lui. On ne voit qu'un regard intérieur qui prend plus qu'il ne donne. Et sans doute Bonnard aura-t-il un peu vécu à l'écart, sacrifiant à la fin tout à sa passion de la peinture: «Que serait un peintre sans la peinture?»

“Mais, direz-vous, si Bonnard était à ce point silencieux et si ceux qui s'intéressent à la peinture avec profondeur sont également silencieux, comment s'y prenait-on pour approcher Bonnard, comment arrivait-on à avoir avec lui des échanges? Tout simplement par le moyen de la sincérité. Bonnard était d'abord et absolument un homme sincère, ce n'est pas si commode. Mais lui, il parvenait à ne choquer personne. Il disait ce qu'il voyait ou sentait, ou devinait de la façon la plus directe et trouvait évidemment le mot juste à tout coup.”

André Beucler

souhaite pouvoir rester dans sa maison du Cannet où il fait, écrit-il, «des travaux utiles au pays de France». S'il poursuit son œuvre radieuse, il écrit au même moment dans son agenda : «Celui qui chante n'est pas toujours heureux.» Sa tristesse et son angoisse sont poignantes dans les portraits de lui-même qu'il a entrepris durant ces dernières années.

Commencé en 1940, achevé en 1946, *L'Avant-Midi* chante la pleine lumière du jour dans le jardin où a été dressée la table. «Jamais la lumière ne m'a paru si belle», confiait Bonnard à Jean Leymarie.

«Je commence seulement à comprendre, il faudrait tout recommencer»

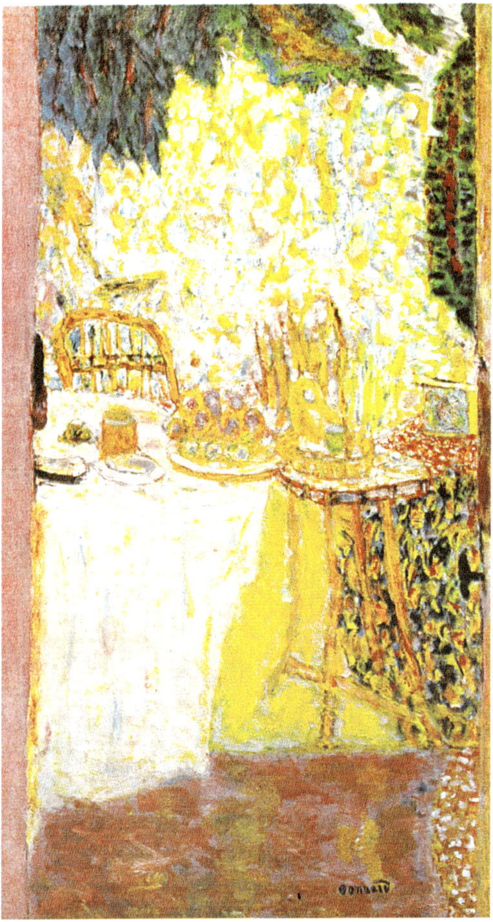

La guerre finie, il revient à Paris pour la première fois du 1er au 18 juillet 1945. Il se rend à Fontainebleau où son neveu Charles Terrasse, conservateur du Musée national, a organisé une exposition de peintures contemporaines. Ce sont les œuvres de collections particulières, dont celles des Bernheim, abritées au château pendant l'Occupation; dix de ses toiles y figurent à côté de celles de Braque, de Matisse ou de Van Dongen. Sa nièce Renée Terrasse l'accompagne lors de son retour au Cannet, et demeurera désormais près de lui.

De la fin juin à la fin juillet 1946, il est à nouveau à Paris. Les fils de Josse Bernheim, Jean et Henry Dauberville, lui consacrent leur première exposition d'après-guerre. Il rencontre, chez Louis Carré, André Lhote, Jacques Villon, Jean

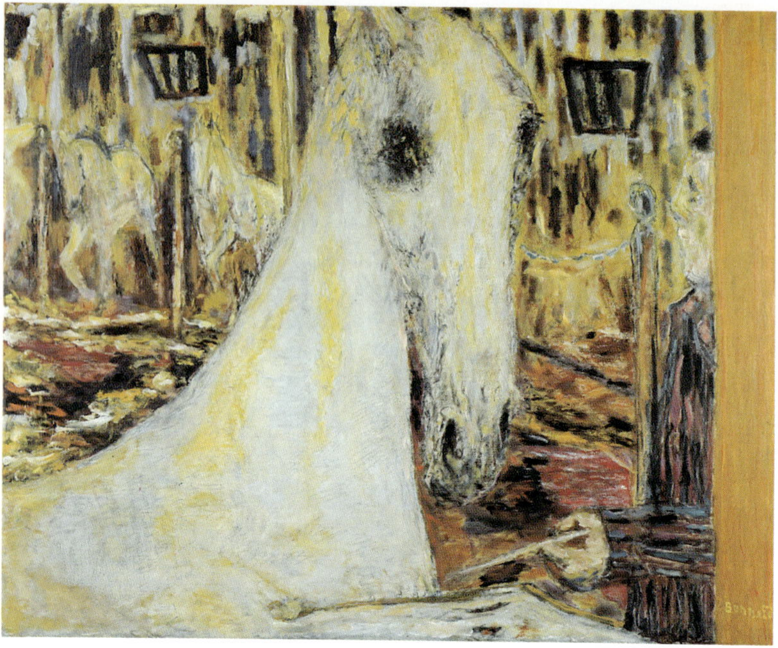

Bazaine, Chagall, se rend au salon des Réalités nouvelles, première grande manifestation d'art non figuratif. Tout en soulignant l'intérêt de certaines de ces recherches, il affirme sa conviction que l'art ne pourra jamais se passer totalement de la nature : «Si on oublie tout, il ne reste que soi, et cela n'est pas suffisant...» Recherché, fêté, il garde toujours la même humilité. Accueilli au Louvre par le directeur des Musées de France, Georges Salles, il s'enthousiasme devant la beauté des quais le soir, et prenant à part Jean Leymarie, jeune assistant conservateur, lui confie : «Ce qu'il y a de plus beau dans les musées, ce sont les fenêtres»...

Revenu dans la capitale du 7 au 20 octobre 1946, Bonnard en profite pour passer quelques jours à Fontainebleau,

Traités comme des portraits, les premiers dessins de *Cheval de cirque*, 1934.

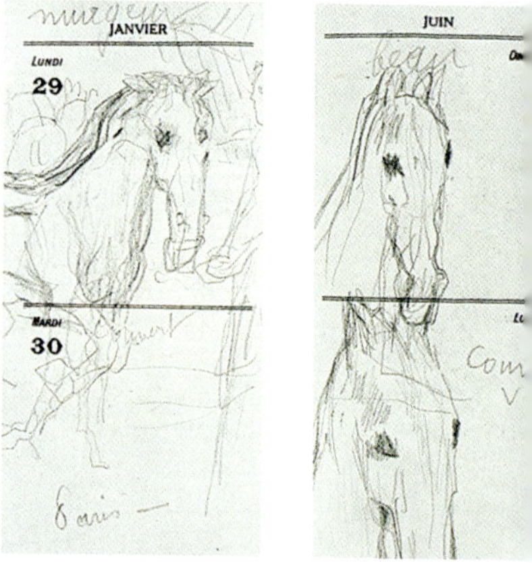

où il apporte d'ultimes modifications à *L'Atelier au mimosa* et *au Cheval de cirque*. Ce dernier tableau sera présenté au Salon d'Automne, ainsi que l'*Avant-midi, Le Cannet au toit rouge, La sortie du port de Trouville*. Il est déjà très affaibli à son retour dans la villa du Bosquet, ses forces déclinent vite. Pouvant à peine tenir un pinceau, il demande à Charles Terrasse de l'aider à changer une couleur qui le gêne dans son dernier *Amandier en fleur*. «Ce vert ne va pas, il faut du jaune...» Ultime tourment de ce peintre qui disait modestement : «Je n'invente rien. Je regarde.»

Quelques jours plus tard, Pierre Bonnard s'éteint, le 23 janvier 1947.

Ci-dessous, *L'Atelier au mimosa*, achevé en 1946. Tel le soleil à travers un vitrail, le jaune du mimosa envahit de son éclat la verrière de l'atelier. Page suivante, *Amandier en fleur*. Les multiples taches de blanc donnent un éclat de neige à ce tableau.

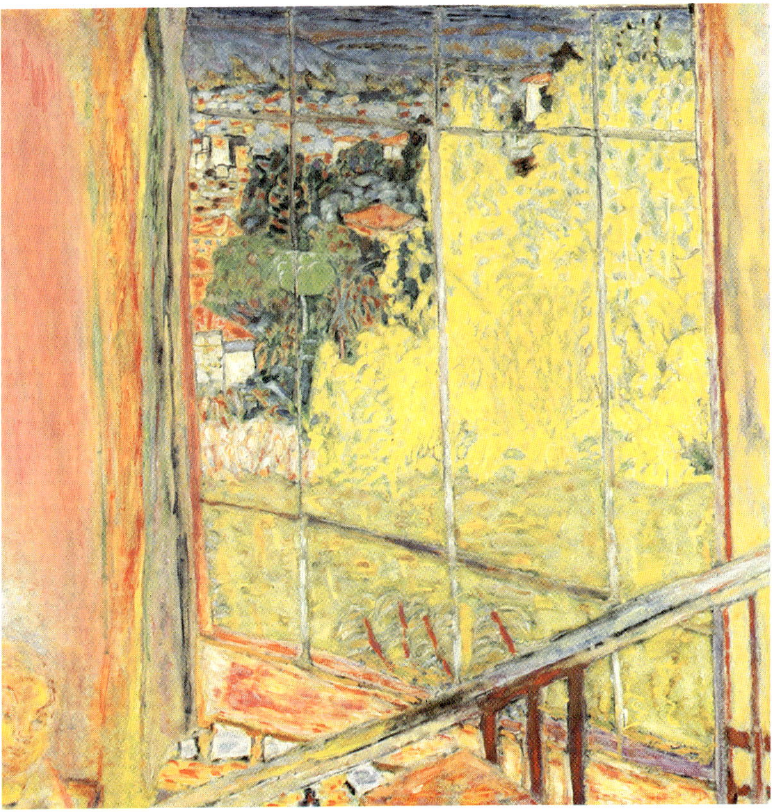

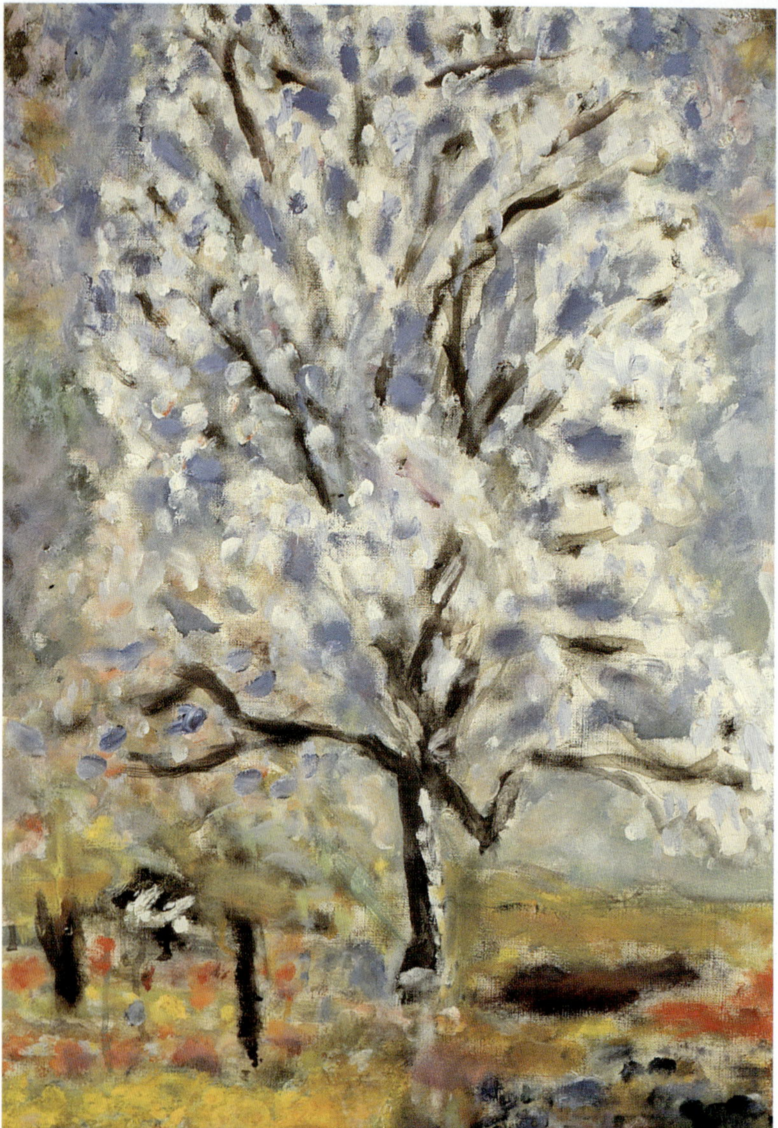

TÉMOIGNAGES ET DOCUMENTS

“Tout l'effet pictural doit être donné
par des équivalents de dessin.
Avant de mettre une coloration,
il faut voir les choses une fois, ou les voir mille.”

Pierre Bonnard

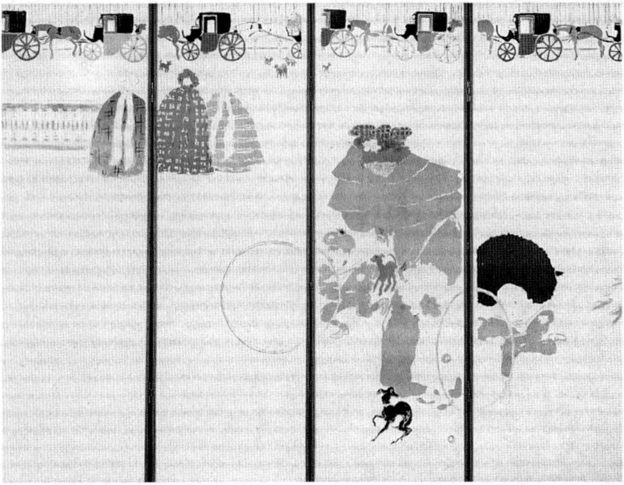

Correspondance

Trois correspondances, trois attitudes différentes. Entre Vuillard et Bonnard, ce sont, de 1890 à 1940, les lettres de deux esprits singulièrement proches dans une même profondeur. Avec son aîné et voisin Claude Monet, Bonnard n'échangeait généralement que de courtes missives. De sa correspondance avec Matisse, Julien Gracq a écrit : «On dirait de deux bénédictins qui se renseignent l'un l'autre avec urbanité sur l'avancement de leurs travaux jumeaux, et s'entraident sans égoïsme et sans petitesse à serrer de plus près la vérité.»

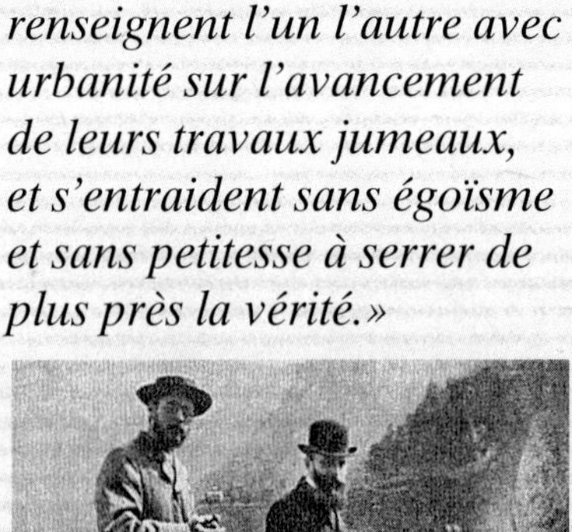

Bonnard et Vuillard sur le lac de Côme, photographie de Ker-Xavier Roussel, 1899.

L'intimité de Bonnard et Vuillard date de leurs premières années d'atelier. Ainsi parlent-ils de leurs camarades, Roussel, Denis, Sérusier, Lugnë-Poe, et des travaux de chacun, toujours suivis avec amitié.

13 avril 1891

Mon cher Vuillard,

Vous vous doutez du plaisir que m'a causé votre lettre. Je l'ai lue plusieurs fois pour la savourer. Un peintre officiel qui prend notre peinture au sérieux, qui se doute que nous avons voulu faire de l'art : c'est un événement.

C'est un véritable bonheur aussi que vous vous soyez trouvé là. La conversation que vous avez eue avec lui puis la visite chez vous ont dû lui faire une impression profonde.

Vous pensez que je ne veux pas faire avec lui une affaire d'argent. Je lui demande 100 F, avec la permission d'aller lui rendre visite à mon retour à Paris.

Je pense qu'il trouvera le prix raisonnable mais je lui donnerais plutôt le tableau pour rien.

J'attends que mon frère soit un peu fixé sur sa position sociale pour fixer aussi mon retour. Ce qui est certain c'est que je reviendrai avant le mois d'août. Je prépare ici du travail que je pourrai achever à Paris. Je ne sais pas comment tirer quelque chose de mon Solfège. Il faut que je pense aux décorateurs de missels des temps passés ou bien aux Japonais mettant de l'art dans des dictionnaires encyclopédiques pour me donner du courage.

Mille amitiés et merci pour vos bons soins.

P. Bonnard

PS: J'ai fait une petite peinture excessivement sage. Deviendrais-je classique ou ramolli?

Dimanche 7 août 1897

Mon vieux Bonnard,

Eh bien! Comment ça se tire-t-il ce voyage? Les oreilles ont dû vous tinter hier au soir; on m'a joliment parlé de vous, devinez où? Chez la grosse dame de la rue Tronchet chez qui ce revenant d'Hoonschel nous avait invités. Cette fois, Heidbrinck a gardé son sang-froid jusqu'au bout. La grosse dame a été toujours aussi aimable, Carrier aussi bruyant. Grasset aussi calme, et Hoonschel aussi remuant. Tout le monde a bien regretté votre absence et Carrier en particulier m'a bien chargé de vous le dire et de vous serrer la main de sa part.

Trois jours plus tôt je n'aurais pas pu y assister non plus; figurez-vous que j'ai eu la bêtise de tomber malade et que je suis bien resté 4 jours au lit et 3 à la chambre; il paraît que j'ai attrapé un refroidissement. Maintenant que c'est fini, je ne m'en plains pas, ça m'a changé les idées et qui n'étaient pas très gaies et j'ai passé de bons moments chez moi. J'étais allé à St. Germain la veille du jour où j'ai pris le lit porter nos tableaux à Denis. J'avais fait le voyage avec Sérusier dont vous avez dû apprendre le malheur. Il a perdu sa mère qui était allée le rejoindre à Huelgoat. Je crois que c'est une bien grande, bien grande perte pour lui et qu'elle avait une bonne influence sur son fils tout en ayant foi en lui. Il a supporté ce malheur, du reste, d'une façon véritablement touchante et simple. En peinture, toujours calme et convaincu, Denis avait l'air plus content.

Les journaux vous ont appris la déveine de Lugné et de Mellot. Je les ai vus tous deux, Lugné a l'air très ennuyé, il dit que ce n'est pas son concours, ni la menace du service qui en est la cause, et comme il y met des tas de réticences, je n'ai pas compris grand'chose, sinon qu'il avait de grands chagrins intimes. Mellot quitte le Conservatoire et cherche un engagement. Georges Roussel est toujours amoureux. Je vous écris d'une façon assez décousue. J'ai été chez Aucier; il n'y avait rien. Reçu la publication du Théâtre d'Art où votre dessin est joliment maltraité. J'ai chez moi le numéro qui vous appartient. Tout ça, c'est très laid, il vaut mieux ne pas y penser. Pour mon compte Arsène Alexandre m'a fait un bout de réclame très gentil dans l'*Eclair*, dans un article sur la collection de Cadet; j'avoue que cela m'a fait plaisir.

Mon travail a été un peu abandonné; maintenant que je suis remis et tout seul à Paris, j'espère que cela marchera. Je vois par ici par là des oiseaux de passage comme Collet avec qui j'ai passé la journée d'hier, mais je suis la plupart du temps seul et je ne m'ennuie pas trop, il y a même des moments où je suis relativement très heureux comme

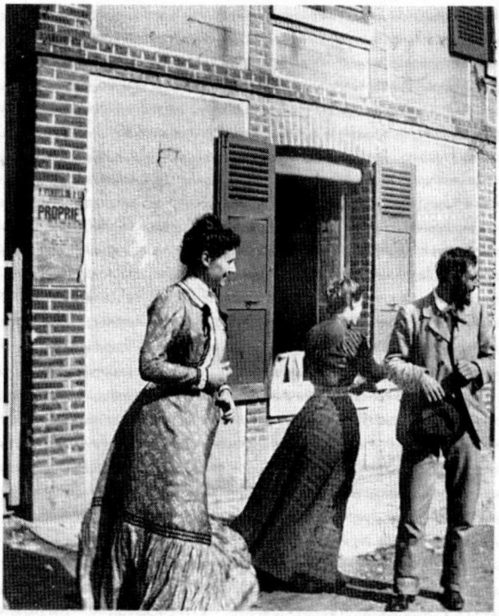

Bonnard et deux amies à Cricquebœuf, Normandie, 1901.

ce matin où j'ai fait une petite promenade très agréable aux Tuileries et au Louvre.

Et vous, mon vieux Bonnard, que demandez-vous? Si vous avez un moment, envoyez-moi un mot, vous savez le plaisir que cela me fera. Serrez bien la main pour moi à Ranson et à sa femme quand vous les verrez. Je n'ai pas de nouvelles particulières de Ker, j'espère que cela va. Amusez-vous bien. C'est la grâce que je vous souhaite en vous la serrant bien amicalement.

E. Vuillard

Anvers, 9 rue Wesembeke.
(novembre 1892)

Mon vieux Bonnard

Je vous demande de vous charger de mes affaires et vous raconterai toutes ces choses plus tard.

1. Le paravent, faites-le, je vous en prie. J'écris à Thadée et à Stéphane qui viendront vous en parler.

2. Bouteville, racontez-lui ce que vous voudrez, portez-lui ma petite ravaudeuse bleue que j'avais oubliée et occupez-vous du placement de mes toiles. Dites-lui, en fait de prix, entre 100 et 80 pour les pastels, même moins, mais pour les peintures, à partir de 150 à votre guise jusqu'à 300. […]

J'ai eu depuis jeudi dernier des journées suffisamment fatigantes et je viens seulement de me reposer mais ne sais pas écrire.

Je vous embrasse et vous demande de penser pour moi et à mes affaires.

E. Vuillard

Ker vous envoie ses amitiés ainsi qu'à Denis.

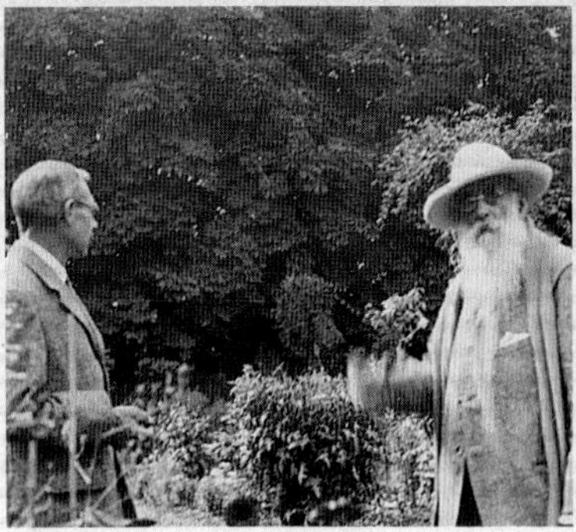

Bonnard et Claude Monet à Giverny vers 1925.

Grand-Lemps. Dimanche, non daté
(cachet de la poste, 15 octobre 1893)

Mon cher Vuillard,

Vous êtes bien gentil de me relancer dans mon trou. Sans compter que je suis bien content d'avoir de vos nouvelles et de celles de nos amis. Je ne suis pas en danger d'être troublé dans le recueillement de ma solitude, car il y a deux événements qui ont accaparé mon temps : les 28 jours d'abord (je vous raconterai les durs travaux), 2° le Solfège qui s'imprime à l'heure qu'il est!! Je ne peux pas non plus raconter les péripéties de la confection de cet ouvrage, il en tiendrait plusieurs volumes. Ce qu'il y a de sûr, c'est que toutes mes vacances y ont passé, et à l'heure qu'il est, je ne peux pas encore rentrer à cause de ce malheureux bouquin. Dans une première tentative, car il y en a eu plusieurs, nous avons été jusqu'à faire fonctionner nous-mêmes mon beau-frère et moi la machine à imprimer. Malheureusement nous en sommes revenus nous confier à un imprimeur très bien outillé. Que le ciel nous soit en aide! Donc encore maintenant je blanchis mes cheveux à obtenir l'impossible de l'imprimeur. Aussi j'ai des idées de retour et je ne traînerai pas dès que ce sera possible.

Pour être précis peut-être qu'à la fin de cette semaine ou au commencement de l'autre je serai à Paris. Que faire pour l'exposition dont vous me parlez. Je n'ai rien ici; à Paris, je n'ai que quelques études de ce printemps sans cadre, et puis je ne sais qu'en penser. Les 28 jours m'ont fait un trou dans la tête. Quelle serait la date extrême limite? S'il y a urgence, je ne vois guère à mettre que la *Tête de femme* grandeur nature sur panneau de 8, et la *Rue à Eragny*. Une très mince bordure sera suffisante pour la première, et pour l'autre une planche de sapin de 10 ou 12 centimètres. Si même Bouteville veut les premiers sans cadre on s'en passera et ce sera bien plus simple. […]

En tout cas, je vais essayer de barbouiller un bout de toile et si je suis content je l'enverrai avec un petit cadre fait ici. Si donc c'est pour cette semaine, je ne serai sûrement pas rentré. Ayez l'obligeance de porter les toiles chez Boutteville et si c'est nécessaire priez-le de se charger de l'encadrement d'après mes indications. Mon cher Vuillard je pense à vous bien souvent quoiqu'il n'y paraisse pas beaucoup à l'hôtel des postes. Je compte bientôt rattraper ce long silence par un bon bavardage comme dit Lugné.

Tout à vous

P. Bonnard

Amitiés à tous.

Entre Monet et Bonnard, il s'agit le plus souvent de simples billets pour fixer des rendez-vous dans leurs ateliers respectifs. Mais Claude Monet, dans cette lettre plus grave, exprime son angoisse avant de livrer ses panneaux des Nymphéas *à l'Etat.*

19 janvier 1925

Mon cher Bonnard,

Je suis en retard pour vous remercier de vos bons souhaits et de votre aimable lettre. Mais j'ai mal commencé l'année, crise de complet découragement, le moment approchant où il va falloir livrer ces panneaux. Cela m'obsède, et je maudis l'idée que j'ai eue de les donner à l'Etat. Et je vais être obligé de les donner dans un état déplorable qui me rend bien triste. Je fais tous mes efforts pour me ressaisir mais sans espoir.

Toutes mes amitiés à votre femme et à vous. Blanche se joint à moi et se charge de remercier votre femme de sa gentille lettre, en attendant qu'elle le fasse elle-même.

Votre

Claude Monet

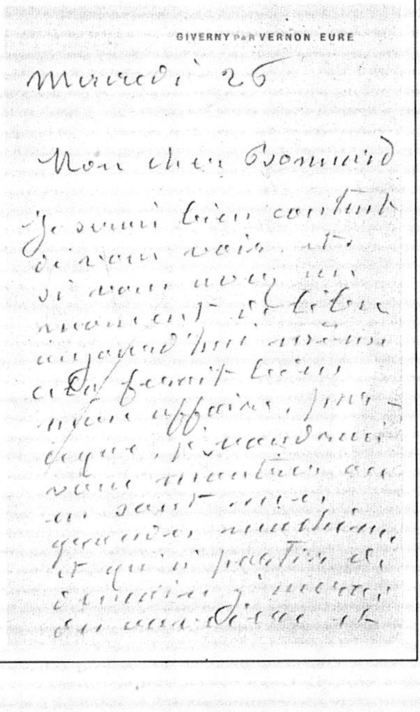
GIVERNY PAR VERNON EURE

Mercredi 26

Mon cher Bonnard

Empreints d'une même ferveur, d'une même gravité, Bonnard et Matisse n'ont cessé d'échanger une correspondance où les récits de la vie quotidienne voisinent avec une reflexion constante sur le métier de peintre. «Le peintre n'existe que le pinceau à la main», disaient-ils ensemble.

28 janvier 1935

Mon cher Bonnard,

[…] En conversation les choses prennent une légèreté qui permet de tout dire. On peut penser tout haut avec quelqu'un qui a préparé la question. Mais écrire est plus difficile. La contrepartie vous vient d'elle-même et paralyse. La vérité, c'est qu'un peintre existe la palette à la main et qu'il fait ce qu'il peut. Mais, cependant, laissez-moi vous dire, comme tous les vieux, que la théorie est une chose un peu stérilisante ou appauvrissante. Ça a déjà été tellement dit que ça ne porte plus. […] Mon cher Bonnard, vous voyez que je ne suis pas encore remis. Mes amitiés à tous deux de votre dévoué.

H. Matisse

1er février 1935

Mon cher Matisse,

J'espère que cette lettre vous trouvera tout à fait remis et en bonne forme, et c'est une bonne pensée que de m'avoir mis en garde contre vos microbes et les autres. J'ai été aussi un peu touché mais sans aller jusqu'à la fièvre et je fais encore très attention de ne pas faire le jeune homme. Cela nous fera apprécier la brise tiède qui ne doit plus être bien loin.

J'ai tout de même travaillé avec mon nez en compote et ma gorge en grillade. Je fais là-dessus des réflexions qui sont bonnes pour la journée. Je suis de votre avis que le seul terrain solide du peintre c'est la palette et les tons, mais dès que les couleurs réalisent une illusion, on ne les juge plus, et les bêtises commencent.

Pour le moment je me promène dans la campagne et j'essaie de la voir comme un paysan. […]

P. Bonnard

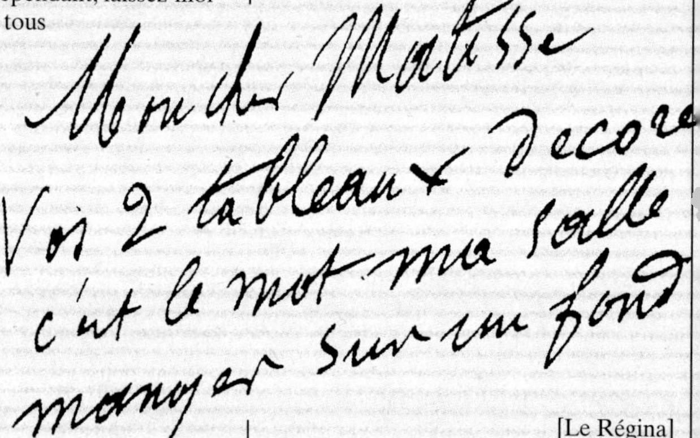
Mon cher Matisse
Vos 2 tableaux décorent
c'est le mot ma salle
manger sur un fond

[Le Régina]
8 janvier 1940

Mon cher ami,

Je prends plaisir à vous écrire que ma première pensée a été ce matin pour vous. Je garde de votre travail un souvenir précis. Je ne l'ai jamais trouvé aussi ferme, et la décoration avec son plan de rosier, je la vois très nette encore, elle me plaît beaucoup. Votre marine bleue aussi, je regrette de n'avoir

pas vu complètement le bouquet de roses. Je me promettais de le voir avant mon départ mais le temps trop court et l'intérêt de la conversation (je parlais de moi) m'en ont empêché. Bon courage mon vieux, ça va bien. Nos santés à tous deux sont relativement très bonnes étant donné les intempéries. Il fait ce matin beau et doux. Ça va continuer.
Mes bonnes amitiés à tous deux.

H. Matisse

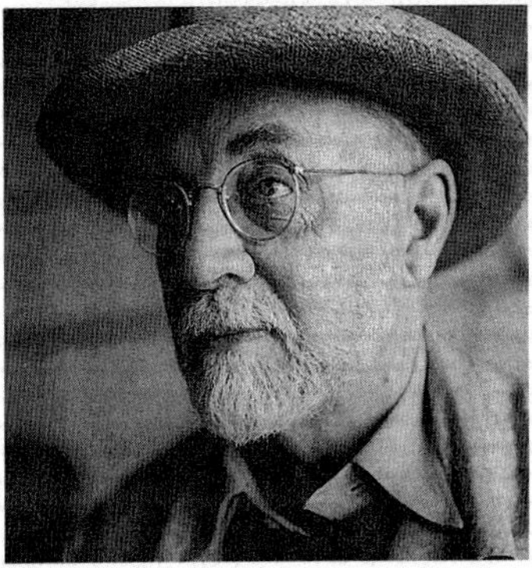

15 janvier 1940

Mon cher ami,

Votre lettre m'a trouvé ce matin aplati, complètement découragé; aussi j'étais si loin de vos compliments pourtant si en accord cependant avec mes désirs. Car je suis paralysé par je ne sais quoi de conventionnel qui m'empêche de m'exprimer comme je le voudrais en peinture. Mon dessin et ma peinture se séparent.

J'ai le dessin qui me convient car il rend ce que je sens de particulier. Mais j'ai une peinture bridée par des conventions nouvelles d'aplats par lesquels je dois m'exprimer entièrement, de tons locaux exclusivement sans ombres, sans modelés, qui doivent réagir les uns sur les autres pour suggérer la lumière, l'espace spirituel. Ça ne va guère avec ma spontanéité qui me fait balancer en une minute un long travail parce que je reconçois mon tableau plusieurs fois au cours de son exécution sans savoir réellement où je vais, m'en rapportant à mon instinct. J'ai trouvé un dessin qui, après des travaux d'approche, a la spontanéité qui me décharge entièrement de ce que je sens, mais ce moyen est exclusivement pour moi, artiste et spectateur. Mais un dessin de coloriste n'est pas une peinture. Il faudrait lui donner un équivalent en couleur. C'est ce à quoi je n'arrive pas.

Tout de même je vous remercie de votre mot qui m'a fait le plus grand bien car il m'a obligé à me redresser pour arriver à le mériter. Comme c'est dommage que nous ne puissions pas nous voir plus souvent.

Mes amitiés à tous deux de votre dévoué

H. Matisse

[Fin février-début mars 1940]

Mon cher Matisse,

Je souhaite que vous soyez bientôt rétabli malgré ce nouveau coup d'hiver, d'ailleurs plus sain que cet affreux brouillard dont nous avons souffert aussi. […] Je travaille pas mal surtout dans le sens de la compréhension. Dans mes promenades du matin je m'amuse à définir les différentes conceptions de paysages, paysage «espace», paysage intime, paysage décoratif, etc. Mais comme vision je vois chaque jour des choses différentes, le ciel, les objets, tout change continuellement, on peut se noyer là-dedans. Mais cela fait vivre. J'espère qu'avec les jours qui grandissent, je pourrai bientôt aller à Nice et serai content de vous voir.

Nos amitiés les meilleures.

P. Bonnard

Bonnard vu par ses contemporains

«D'abord on ne voit que ses yeux, les yeux d'un enfant auquel on raconte une histoire... Bonnard, en sa conversation, goûte les choses. Il a toujours l'air de picorer dans la vigne. Ce n'est qu'un air. Il y a dans sa parole une hésitation naïve. C'est l'idée qui est appuyée, non le ton» (L. Werth).

Vuillard, Roussel, Bonnard; Lautrec et Tapié, Maurice Denis, place Clichy. Dessin rehaussé d'aquarelle.

Maurice Denis, qui connut Bonnard à l'académie Julian en 1888, participe, en 1943, à un numéro de la revue artistique et littéraire Le Point *consacré au peintre.*

«Il est admiré des fous comme des sages»

Ayant été son camarade, dès 1888, à l'Académie Julian, je sais bien l'âge de Bonnard. Mais je me prends à douter qu'il y ait de cela plus d'un demi-siècle, tant sa peinture est restée jeune, et fidèle à l'esprit juvénile de ses premiers débuts (ce qui ne veut pas dire qu'elle n'ait pas eu, dans cette longue période, son plein épanouissement, et plusieurs manières). Ce privilège de ne pas vieillir vaut à Bonnard le suffrage des jeunes. Il est le plus moderne, le plus avancé des peintres d'aujourd'hui; il a sa place à l'aile marchante de l'art contemporain. Cette situation de maître admiré des générations nouvelles lui plaît sans doute davantage que celle de membre de

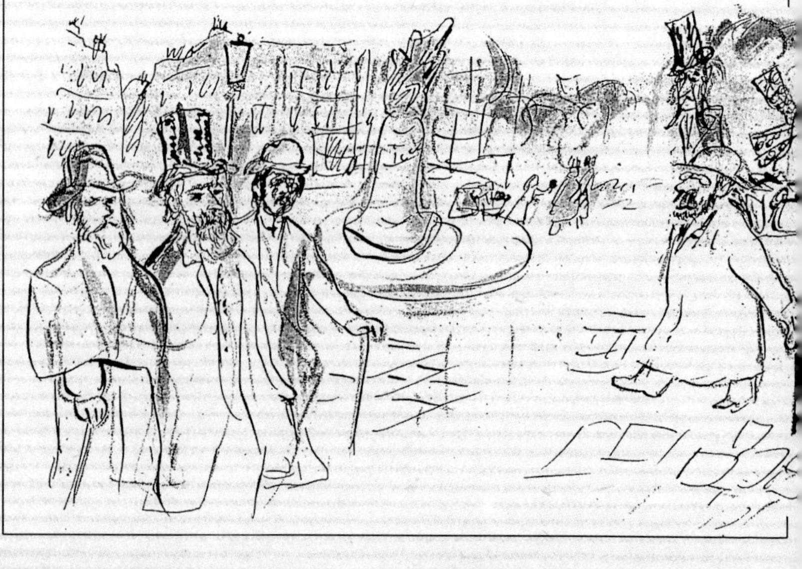

l'Institut, où Vuillard aurait voulu qu'il posât sa candidature.

La plupart de ces jeunes admirateurs n'apprécient en lui, je le crains, que le désordre apparent de ses compositions, l'audace de ses dissonances, l'extrême fantaisie de son imagination. Ils aiment l'imprévu, la spontanéité de sa technique, ses déformations, ses négligences plutôt que ses qualités profondes de couleur et de dessin. Son système étant de n'en pas avoir, il échappe aisément à l'analyse. Cependant certains de ses portraits ont une intensité de vie, une vérité, une densité – modelé et matière – qui satisfont d'autres esprits plus difficiles. Par ailleurs c'est dans de récentes natures mortes où la couleur est portée à son paroxysme qu'on juge le mieux ses dons de coloriste. Ainsi il est admiré des fous comme des sages. On ne se lasse pas de voir des Bonnard. On ne se lasse pas non plus de les discuter. Il est le régal des délicats et la curiosité des esthéticiens. Il charme, il déconcerte, il scandalise. Tantôt sa peinture se livre sans réticence à notre plaisir; tantôt elle se ferme, résiste à l'exégèse du public; elle est tantôt naïve et tantôt complexe et raisonneuse. […]

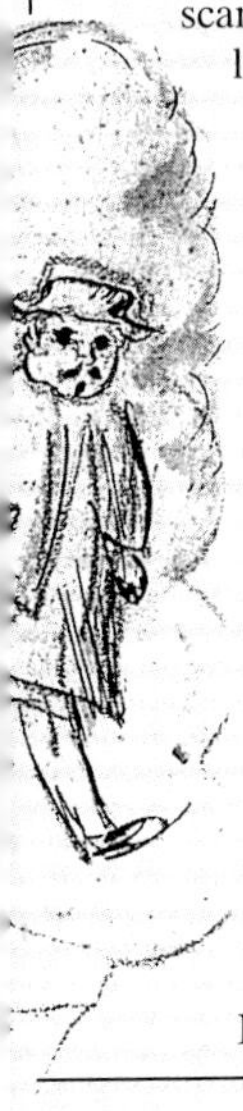

C'est aux circonstances d'époque et à son esprit malicieux qu'il doit d'avoir été un peintre de la vie moderne. Il a observé avec une souriante ironie les gens, les bêtes et les choses. Il a aimé les paysages touffus comme les verdures de Beauvais, il a aimé Paris, la vallée de la Seine, les intérieurs gais, les chairs blondes. Le prétexte des tubs et des baignoires que Degas utilisait dans son atelier pour des recherches savantes de mouvements et de formes, Bonnard s'en sert à des fins de délectation travaillant presque toujours de mémoire et guidé par un sentiment exquis de la grâce féminine et de la couleur. Couleur subtile, chatoyante et relevée par ces interversions de valeurs dont il use avec une sorte de maîtrise, au mépris de la perspective aérienne, au profit de la vérité subjective qu'exige le rendu de sa sensation, telle qu'elle s'impose à lui irrésistiblement.

Ce qui est particulier dans cet art libre et primesautier, c'est qu'il s'évade comme en se jouant, d'une réalité dont il ne peut se passer. Il en élimine tout ce qui est prose, il n'en garde que l'apparence et l'émotion, traduites en un langage proprement et exclusivement pictural, «sans rien en lui qui pèse ou qui pose». Ces intimités de Bonnard, ces jeunes femmes qui rêvent, se coiffent, se dévêtent, ces couseuses, ces liseuses, ces baigneuses au torse gracile et aux cuisses roses, elles sont tous imprégnées de tendresse, d'optimisme et disons le mot, de poésie. […]

Mais Bonnard a, de plus, le don féerique, le don des fées qui métamorphosent la jaune citrouille en carrosse doré. Comme elles il a le pouvoir de faire d'une desserte banale une symphonie éblouissante, et le cabinet de toilette ripoliné devient sous sa brosse un décor de Mille et Une Nuits.

Jeux de la lumière, vision émerveillée. Ou plutôt, jeux de la peinture, expériences passionnantes qu'invente son instinct, que son goût conduit. Don de perpétuelle surprise, la sienne, la nôtre, et qui nous associe à son insatiable plaisir de peindre.

Maurice Denis,
Le Point, numéro spécial consacré à Pierre Bonnard, 1943

«A vrai dire, j'ai de la difficulté pour la peinture»

Ingrid Rydbeck, journaliste suédoise, rend visite à Bonnard à Deauville en 1937, à l'occasion de l'exposition «Les Maîtres de l'art indépendant» au Petit Palais.

Par une sombre après-midi, chargée de pluie, notre taxi s'arrêta devant une humble petite maison de campagne près du port à l'extrémité de Deauville. En face de nous la pleine mer. Si quelques scrupules nous restaient encore à la pensée de déranger un artiste, qui évidemment aimait la paix par-dessus tout, ces scrupules disparurent à l'instant même où un vieux monsieur, souriant et aimable, descendant d'une petite auto arrêtée dans la cour, se dirigea vers nous. C'était M. Bonnard lui-même. Une photographie que j'avais vue de lui dans *L'Art vivant* me permit de le reconnaître.

«Vous ne m'avez pas attendu, j'espère. Je viens de la ville, où j'avais des courses à faire… Entrez, s'il vous plaît… Par ici.»

Sur sa figure, un de ces sourires qui souvent éclairent le visage des hommes sensibles et profonds. Il marchait en tête pour nous montrer le chemin et montait un escalier étroit. Nous le suivions chargées de notre appareil de photographie, de nos lampes et de nos serviettes. Nous entrâmes dans une pièce où quelques meubles étaient épars, et qui vraisemblablement devait être la salle à manger de la maison. Deux portes étaient grandes ouvertes, un balcon donnait sur le port et la mer. Au milieu de la pièce se trouvait une table bretonne encombrée de matériel de peinture : une petite palette, une boîte de couleurs d'aquarelle et quelques tubes de gouache sur un journal. Les murs étaient tapissés de papier à grands ramages, d'assez bon goût pour une maison de location. Sur un des murs, deux toiles commencées, attachées par des punaises. En face deux gouaches – paysages – et de chaque côté de celles-ci, quelques gravures japonaises sobres.

«C'est très amusant, devant le dessin de ce papier avec ses ombres et ses effets de relief, de comparer la conception occidentale avec celle de l'Orient caractérisée par des surfaces nues et décoratives.»

«Nous ne sommes pas tout à fait installés encore», continue-t-il en s'excusant et jetant un coup d'œil autour de lui… «Nous avons déménagé d'une maison voisine il y a un mois… et ma femme est malade.

– C'est ici que vous travaillez, Monsieur Bonnard?

– Oui, la vue est belle, n'est-ce pas? Mais vous devriez voir la mer à marée haute, alors que les maisons et les bateaux se reflètent dans l'eau… C'est Boudin qui a attiré mon attention sur Deauville. Il assurait qu'il n'y avait aucun autre endroit en France où le ciel était aussi beau et changeant… Et j'avoue qu'il a raison. Ce n'est qu'à la longue qu'on arrive à comprendre tout à fait un paysage. Après deux ans seulement, il me semble connaître cette région et je commence à pouvoir en faire quelque chose.

– Vous sortez pour peindre, Monsieur, n'est-ce pas?

– Non, presque jamais. Ce n'est pas possible. Les effets de lumière changent trop vite. Je fais de petits croquis et note les couleurs : mais je peins à la maison.»

Tout à coup je remarquai qu'il n'y avait pas de chevalet dans l'atelier.

«Serait-il possible que vous attachiez vos toiles au mur avec des punaises pour peindre?

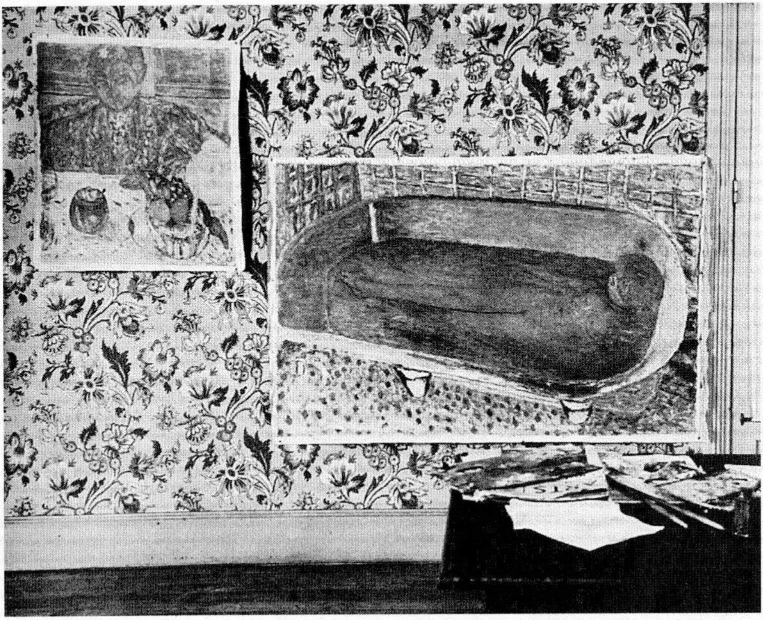

«Ça me gêne que ma toile… soit clouée sur un cadre.»

– Oui. Ça me gêne que ma toile soit clouée sur un cadre. Je ne peux jamais savoir d'avance quelles dimensions j'adopterai.

– Les ramages du papier ne s'imposent-ils pas trop à vous? Je demande étonnée.

– Pas du tout. Si le papier était uni, ce serait certainement le cas, mais comme ça, les couleurs se neutralisent. Je n'aime pas les grandes installations pour peindre. Ça m'intimide.»

Les deux toiles sur le mur sont des intérieurs; l'une représente une femme assise à une table avec un panier de fruits au premier plan. Cette peinture rappelle un peu le *Panier de fruits* que nous avons vu aux expositions françaises à Göteborg et à Stockholm. C'est une toile chaude d'un jaune éclatant tout à fait caractéristique des dernières productions de Bonnard; l'autre toile est assez grande; c'est une femme dans une baignoire.

Les deux paysages à la gouache sur le mur en face attirèrent maintenant mon attention.

«Ce ne sont pas des gouaches comme on le comprend habituellement, dit Bonnard. Ce sont des aquarelles avec beaucoup de blanc. La technique de l'aquarelle m'irrite : on cherche à faire paraître le papier blanc pour que l'effet de lumière soit atteint. C'est illogique à mon sens. D'ailleurs, je travaille si lentement qu'il me faut employer des matériaux avec lesquels je puisse continuellement apporter des changements, ajouter quelque chose de nouveau. » Riant : «A vrai dire, j'ai de la difficulté pour la peinture.»

Regardant ses paysages clairs, devant lesquels on éprouve l'atmosphère de la mer et de l'air salin, et considérant ses paroles de tout à l'heure, je fais la remarque suivante :

«Vous devez avoir une extraordinaire mémoire des couleurs et des valeurs, Monsieur?

– Non, pas du tout.» Il prit un carton qui se trouvait dans un coin de la pièce et qui était rempli de petits croquis rapides de paysages. Ces feuillets d'album étaient couverts de notes sur les couleurs, de croix et de points.

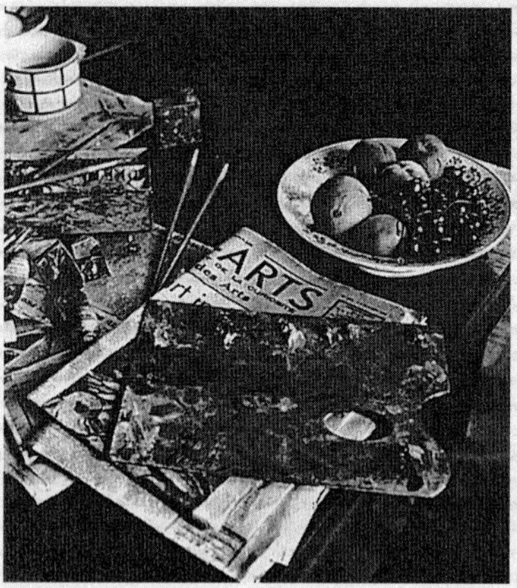

«Chez Bonnard à Deauville», palette du peintre, 1937.

«Je fais ces esquisses dehors, dès que je trouve un effet de lumière, un paysage ou une atmosphère qui me saisit.» Il recommença à parler avec ardeur et enthousiasme des changements d'aspect de la mer et de la lumière. Comment le ciel était quelque fois d'un bleu éclatant, plus bleu qu'ailleurs, mais aussi souvent couvert de nuages nacrés. Chaque minute tout change. Le temps de sortir son album, la lumière et l'atmosphère sont déjà quelque chose de tout à fait différent.

«Il s'agit de noter aussitôt que possible ce qui vous a frappé. Si l'on a dans la suite une simple couleur comme point de départ, on compose toute une peinture autour. La couleur a une logique aussi exacte que celle de la forme. Il ne faut pas lâcher, avant d'avoir réussi à rendre l'impression première…» […]

Ingrid Rydbeck,
Chez Bonnard à Deauville,
Konstrevy, Stockholm, 1937,
traduction française, L'Echoppe, 1992

A la demande de Pierre Betz, directeur de la revue Le Point, *Georges Besson, ami de Bonnard depuis 1909 et critique d'art, évoque la personnalité du peintre.*

Vous voulez des souvenirs? Des traits de caractère? Des propos de Pierre Bonnard? Vos lecteurs seront déçus : la vie de cet homme est dépourvue de pittoresque, je ne dis pas d'aventures. Connaisssez-vous plus belle aventure que le renouvellement de ce peintre unique dont chaque œuvre accomplie est toujours la promesse de nouvelles conquêtes?

Bonnard ne partit pas dans la vie comme Van Gogh en évangéliste pour redresser les filles. Il ne se coupa pas l'oreille. Il ne vécut pas, comme Lautrec, où vous savez. Il ne cuisina pas à la mode maori la «petite sensation» de Cézanne. Il ne trouva pas dans le beaujolais des raisons de se vouer à sainte Jeanne et son nombril ne fut jamais sur les plages un manifeste publicitaire. Il ne revendiqua pas les droits de l'intelligence – il est bien trop intelligent pour fournir aux marchands une version parnassienne de la crasse des musées. Et s'il lui arrive d'affirmer les bienfaits et les droits de l'imagination, c'est toujours avec ses pinceaux. Il parle peu, explique peu, il n'écrit pas. Si, une fois, en 1921, dans un de ces accès d'indignation dont il n'est pas exempt, il voulut écrire pour… exiger la démolition de tous les murs de clôture qui, dans la campagne, cachent au promeneur tant d'émouvante verdure.

Ma première visite à Bonnard est de 1909. Il portait alors un pince-nez de fer, une courte barbe sombre et, de sa lèvre supérieure surgissaient deux incisives qu'un dentiste lui rogna, il y a vingt ans au préjudice de l'air candide et étonné que lui donnait ce signe particulier. Je le connaissais à peine. J'arrivai un matin de mai dans son atelier, la cellule d'un couvent désaffecté de la rue de Douai. Il me fit asseoir dans un vieux fauteuil devant une porte jaune. Il se frotta les mains d'un mouvement énergique qui lui est resté et commença mon portrait. Il peignait en fumant la pipe et en croquant des pralines qu'il tirait d'un minuscule sac en papier posé sur un petit poêle rouillé, bas et rond. Le mois suivant, passant à Montargis, je lui adressai des pralines. Il les reçut comme si jamais il n'en avait goûtées. Puis, je lui offris une pipe et, en allumant un nina, il s'étonna qu'on puisse être gâteux au point de téter un bout d'ébonite. […]

Si vous connaissiez la bonhomie, le sourire espiègle de Pierre Bonnard, son ironie qui n'est même pas la méchanceté des bons tant elle est peu grinçante, s'il était possible de vous révéler ses sacrifices, les tristesses de sa vie et de quel cœur il les accepta vous comprendriez que sa personnalité aurait de l'attrait, même si Bonnard n'était Bonnard ou s'il avait moins de génie. Son indulgence est infinie et cet homme

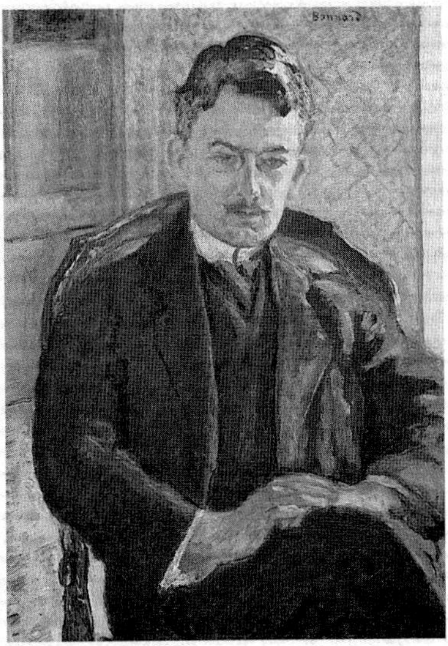

Georges Besson par Bonnard, 1909.

parfois entêté s'ingénie à ne créer jamais aucune difficulté. […]

Vous avez rencontré des gens qui prétendent trouver quelque plaisir aux propos extorqués çà et là et qui, répétés, ornés, mis en conserve, deviennent les propos définitifs des maîtres, par exemple ceux prêtés à Rodin, ceux exprimés par Bourdelle, ce dieu d'Offenbach. Mon horreur de l'éloquence me fait préférer des accents plus humains, certaines plaintes étouffées de Delacroix, un aveu de Jules Renard, de Corot, de Bonnard.

Rien de plus poignant que ce billet, car, pendant trente ans, il revint souvent ce «mauvais jour», à Grasse, à Saint-Tropez, un hiver à La Baule, à Arcachon, à Trouville… L'état de santé de Marthe Bonnard exigeait ces étapes. Il en résulta d'invraisemblables conditions de travail. Bonnard possède probablement depuis toujours un atelier à Montmartre. Il tient de la grange vide et du garde-meuble désaffecté. Mais son véritable atelier fut ailleurs et partout, dans d'inénarrables décors de chambres d'hôtel ou de villas meublées. Souvent au plafond la suspension du retraité, toujours au mur le papier peint à fleurs, que des toiles piquées recouvraient peu à peu. L'une, trop haute, dépassait la porte, une autre, plus vaste encore, garnissait le plancher. Et Bonnard, penché, son chien Ubu ou Poucette entre les jambes, un pied sur la peinture, frottait un ton, se redressait souriant, avouait que son travail était «amélioré».

Bonnard aime à reprendre ses anciens tableaux. Au musée de Grenoble puis au Luxembourg, il lui arriva de guetter le passage d'un gardien d'une salle à l'autre, de sortir d'une poche une minuscule boîte garnie de deux ou trois tubes et d'un bout de pinceau, «d'améliorer» furtivement de quelques touches un détail qui le préoccupait. Et, son coup fait, de disparaître radieux comme un collégien après une inscription vengeresse au tableau noir.

Mais que vais-je vous raconter, mon cher Betz, si je n'arrête ce bavardage? Je préfère vous annoncer que la santé de Bonnard est parfaite. Quant au travail : «Je flotte, dit-il, entre l'intimisme et la décoration, on ne se refait pas.»

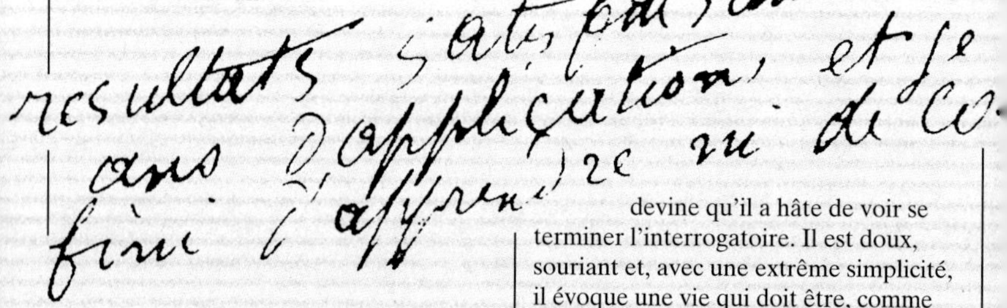

«J'ai quelques résultats satisfaisants sur deux ans d'application, et je n'ai pas fini d'apprendre ni de comprendre.»

Georges Besson,
Le Point, janvier 1943

«L'homme presque le plus timide que l'on puisse imaginer»

Raymond Cogniat, critique d'art, livre ses impressions sur l'homme et interroge l'artiste.

Pierre Bonnard semble l'homme le plus discret, presque le plus timide qu'on puisse imaginer. Dès qu'on lui parle de lui-même on a l'impression de le voir se replier, avec si peu d'affectation qu'on est honteux des questions posées comme d'une indiscrétion commise involontairement. Et cependant Pierre Bonnard répond sans mauvaise humeur apparente, mais on devine qu'il a hâte de voir se terminer l'interrogatoire. Il est doux, souriant et, avec une extrême simplicité, il évoque une vie qui doit être, comme celle de tous les artistes originaux de sa génération, souvent difficile.

– Mon père, fonctionnaire, ne tenait pas du tout à ce que je devienne artiste.

– Cela est fort traditionnel, et ainsi commencent et se fortifient la plupart des vocations.

– Je ne sais pas si le mot vocation est exact en ce qui me concerne. Je ne me rendais pas très exactement compte alors si je voulais être peintre. Il me semble bien que, à cette époque, ce qui m'attirait, ce n'était pas tellement l'art, mais plutôt la vie d'artiste avec tout ce qu'elle comportait, dans mon idée, de fantaisie, de libre disposition de soi-même. Certes depuis longtemps j'étais attiré par la peinture et par le dessin, mais sans que ce fût une passion irrésistible, tandis que je voulais à tout prix échapper à la vie monotone.

– J'avais fait mes études de droit et l'on me destinait à l'Enregistrement; après mon échec, mon père me fit entrer au Parquet. Mais je n'y restai guère.

– N'êtes-vous pas passé par l'Ecole des beaux-arts?

– Très peu de temps, et aussi à celle des arts décoratifs. Mais c'est l'Académie Julian que j'ai surtout fréquentée.

– C'est là que vous avez rencontré Maurice Denis, Sérusier, Ranson, Roussel.

– Oui, et c'est là que nous a été révélé l'exemple magnifique de Gauguin, et que quelques-uns d'entre nous ont commencé leur initiation.

– Qui était en réaction contre l'impressionnisme.

– Mais pas du tout, du moins pas à mes yeux. Je me souviens très bien qu'à cette époque, je ne connaissais pas du tout l'impressionnisme; et l'œuvre de Gauguin nous a enthousiasmés, pour elle-même, non contre quelque chose. D'ailleurs quand, un peu plus tard, nous avons découvert l'impressionnisme, ce fut un nouvel enthousiasme, une sensation de découverte et de libération, car Gauguin est un classique, presque un traditionaliste, et l'impressionnisme nous a apporté la liberté.

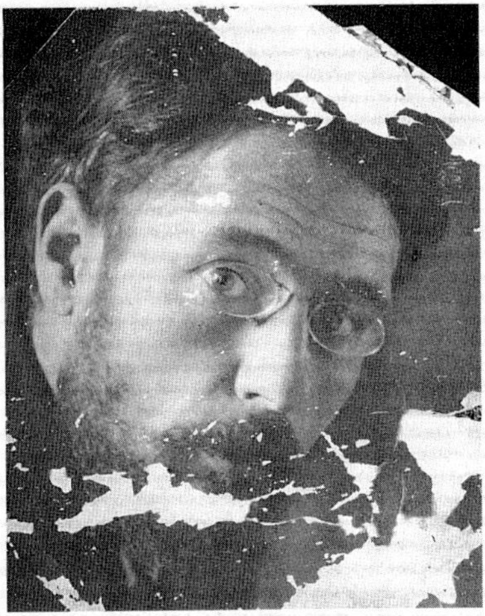

Bonnard, vers 1915.

– Ainsi s'explique ce qui, dans votre art, se rattache à l'impressionnisme. En vous s'est faite la synthèse des deux tendances. Vous souvenez-vous de l'époque où vous avez découvert ce qui pouvait être votre propre moyen d'expression, disons votre technique?

– Très exactement! C'était pendant des vacances que je passais dans le Dauphiné, dans une propriété de ma famille, aux environs de l'année 1895 : un jour, les mots et les théories qui étaient le fonds de nos conversations : couleurs, harmonies, rapports de lignes et de tons, équilibre, ont perdu leur signification abstraite pour devenir quelque chose de très concret. Brusquement j'avais compris ce que je cherchais et comment je pourrais tenter de l'obtenir.

«La suite? Le départ était donné; le reste a été de la vie quotidienne. »

Raymond Cogniat,
«Les Nouvelles artistiques»,
Les Nouvelles littéraires,
29 juillet 1933

Bonnard illustrateur

Depuis 1891, date de sa première lithographie pour l'affiche France-Champagne *et du dessin pour la couverture d'une «Valse de salon», jusqu'en 1947 où allait paraître le numéro de* Verve *qui lui était entièrement consacré, Pierre Bonnard n'a cessé d'enrichir livres et revues de ses dessins. «Miracle de candeur et de subtile sagesse extrême-orientale, Bonnard fut le premier dessinateur dont la main soit entièrement libre et mouvante» (J. Leymarie).*

Bonnard collabora à diverses revues dont La Revue blanche *dont les rédacteurs sont Thadée Natanson et Félix Fénéon, mais aussi aux* Cahiers d'aujourd'hui *et à* Verve*; il y voisinera avec ses amis peintres des premières années : Maurice Denis, Edouard Vuillard, Henri de Toulouse-Lautrec.*

A ces dessins qui devaient être pour la plupart clichés, Bonnard apporta le même soin qu'il avait donné à ses lithographies et à ses eaux-fortes. Et cependant, comme pour les lithographies et les eaux-fortes, nulle trace visible d'effort, mais bien la même impression de spontanéité et de fraîcheur, le même sentiment de liberté. Et une continuelle variété. La différence des sujets, évidemment, appelait cette richesse. *Ubu*, d'Alfred Jarry, n'était pas *Marie*, de Peter Nansen. Mais un tel renouvellement de soi par la sympathie offerte au modèle ne cesse de surprendre. Et cette alliance avec l'âme enfantine, pour *les Histoires du Petit Renaud* de Léopold Chauveau. Et de même les lithographies pour les *Petites Scènes familières*, de Claude Terrasse, qui avaient suivi de peu les ornements colorés du *Petit Solfège*, du

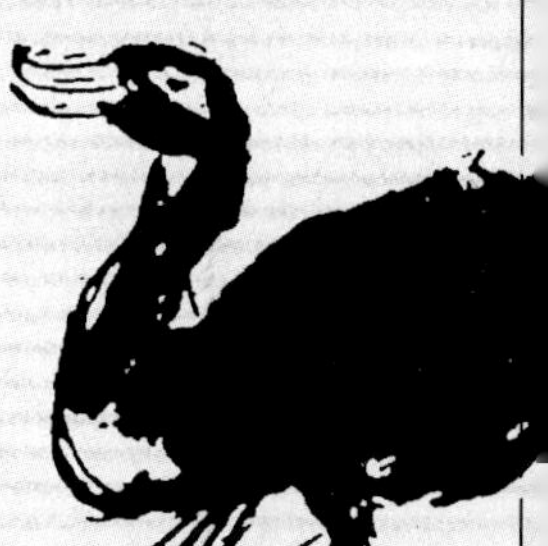

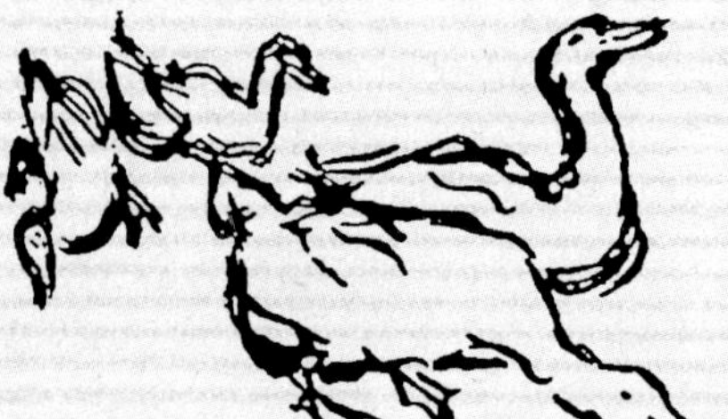

Dessin à l'encre pour *La 628-E8* (1908).

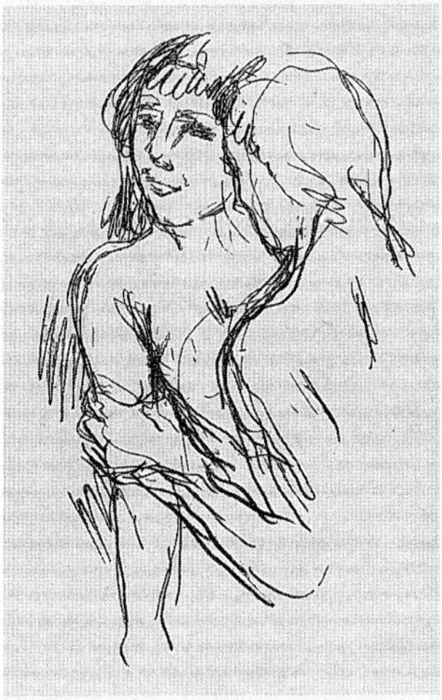

même compositeur. Ainsi, tout se tient dans cet ensemble foisonnant.

Préface au catalogue *Bonnard illustrateur*, Adam Biro, 1988

Le Surmâle

Après la publication du dessin de Messaline dans La Revue blanche*, Alfred Jarry demande à Bonnard d'illustrer l'annonce de son prochain roman.*

Mon cher Bonnard

Votre dessin de Messaline dans *La Revue blanche* est tout à fait épatant. Surexcités par la vue dudit, Thadée Natanson et moi-même vous demanderons humblement si cela ne vous embête pas de pourtraire pour le prochain numéro de la revue un petit Surmâle qui illustrerait comme cette fois-ci l'annonce du roman. Il suffirait de construire n'importe quel bonhomme, pourvu qu'il soit très nu et horrifiquement costaud. Massue herculéenne s'il vous agrée ainsi. «Attributs» *ad libitum*, mais présentables, n'outrageant pas la morale. En réalité, un simple petit hercule. Si vous vouliez faire cette image, j'en serais fort heureux, mais il faudrait, vu le temps du clichage, que Fénéon l'ait au plus tôt.

Bien cordialement,

A. Jarry

La 628-E8

J'aimais bien Mirbeau, quoique nous ayons des natures absolument différentes, opposées même, dirais-je. Je me suis d'abord occupé de son récit de voyages aux Pays-Bas. Il venait d'acheter sa première voiture, la 628-E8, et choisit son matricule pour titre. J'ai dessiné dans les marges toute une suite. Cela m'a beaucoup amusé, car j'apprécie infiniment l'humour de Mirbeau. Et tout le livre en est imprégné.

P. Bonnard

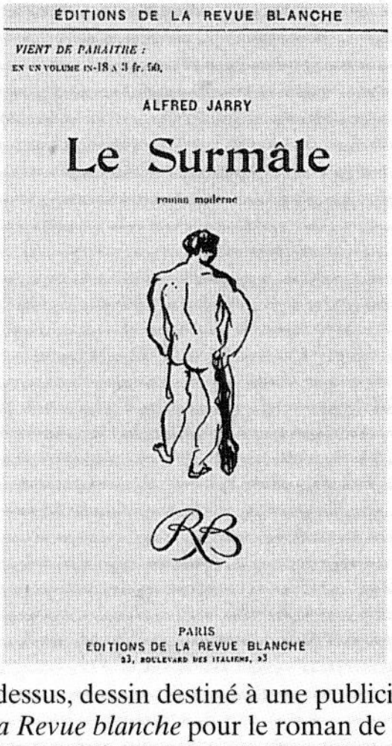

Ci-dessus, dessin destiné à une publicité de *La Revue blanche* pour le roman de Jarry (1er juillet 1902). En haut, dessin pour les *Cahiers d'aujourd'hui* (1921).

Les carnets

Bonnard jetait ici et là, au crayon, au gré de son humeur, les réflexions nées pendant son travail. Ces notes voisinent dans l'espace restreint de ses agendas de poche avec des remarques sur le temps qu'il fait, le rappel des rendez-vous, parmi les dessins les plus divers se rapportant à ses tableaux.

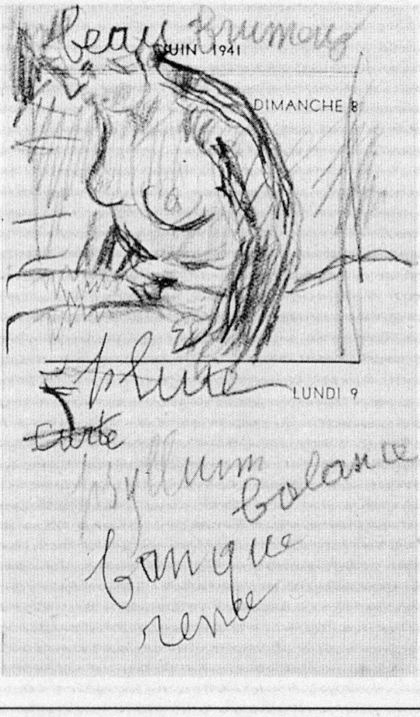

«Observations sur la peinture»

(s. d.)
Les Maîtres. Leur exemple.
Leurs défauts. Les situer à leur époque.

(s. d.)
L'œuvre d'art – un arrêt du temps.

(7 février 1927)
Violet dans les gris.
Vermillon dans les ombres orangées, par un jour froid de beau temps.

(24 avril 1929)
Rhétorique dans l'exécution : appel aux réserves de beautés de formes et de couleurs, résultats d'observations personnelles ou d'observation des maîtres, s'évoquant sous vos yeux à mesure que le pinceau pose ses touches.

(16 février 1932)
Représenter la nature quand c'est beau. Tout a son moment de beauté. La beauté, c'est la satisfaction de la vision. La vision est satisfaite par la simplicité et l'ordre. La simplicité et l'ordre sont produits par les divisions de surfaces lisibles, les groupements de couleurs sympathiques, etc.

(15 janvier 1934)
On peut prendre toutes les libertés de ligne, de forme, de proportions, de couleurs, pour que le sentiment soit intelligible et de bonne visibilité. Les intentions sont néant.

(1945)
Quand on couvre une surface avec les couleurs, il faut pouvoir renouveler indéfiniment son jeu, trouver sans cesse de nouvelles combinaisons de formes et de couleurs qui répondent aux exigences de l'émotion.

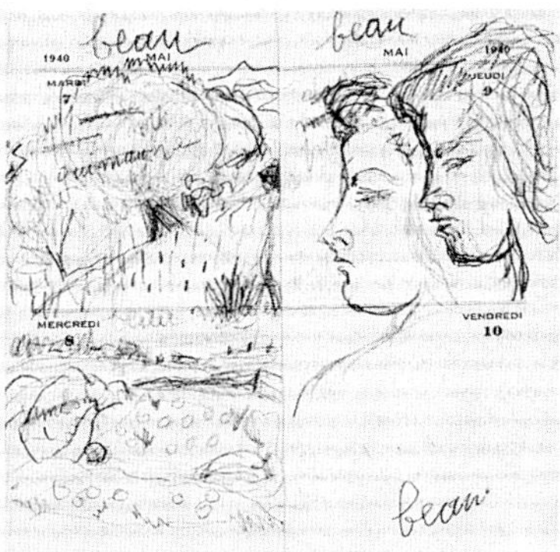
beau
1940 MAI
MARDI
7
beau
MAI
1940
JEUDI
9
MERCREDI
8
VENDREDI
10
beau

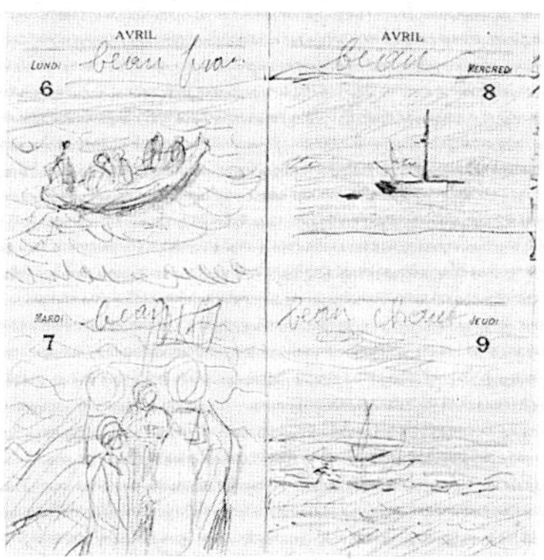
AVRIL
LUNDI
6
AVRIL
beau
MERCREDI
8
MARDI
7
JEUDI
9

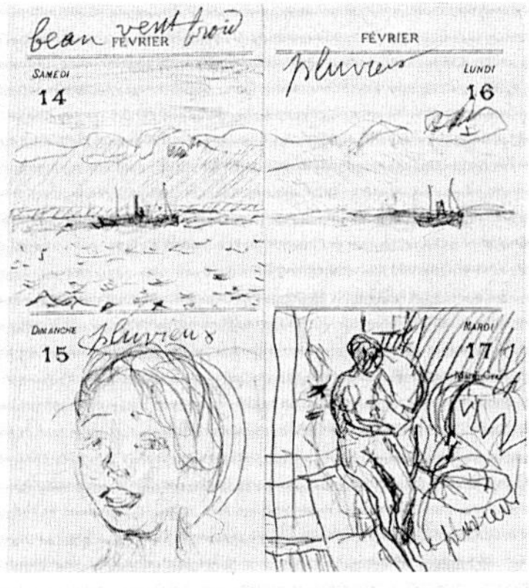
beau vent froid
FÉVRIER
SAMEDI
14
FÉVRIER
pluvieux
LUNDI
16
DIMANCHE
15
pluvieux
MARDI
17

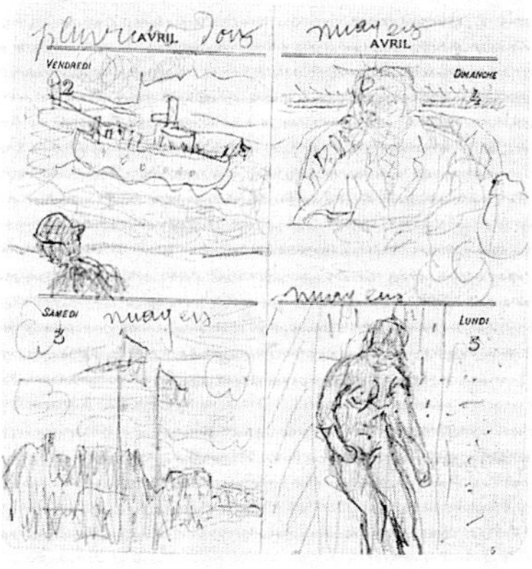
pluvieux
AVRIL
VENDREDI
12
nuageux
AVRIL
DIMANCHE
SAMEDI
3
nuageux
nuageux
LUNDI
5

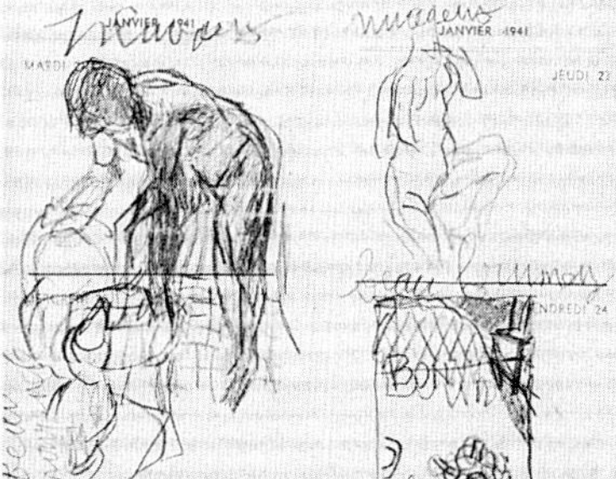
JANVIER 1941
MARDI
nuageux
JANVIER 1941
JEUDI 22
VENDREDI 24
BON

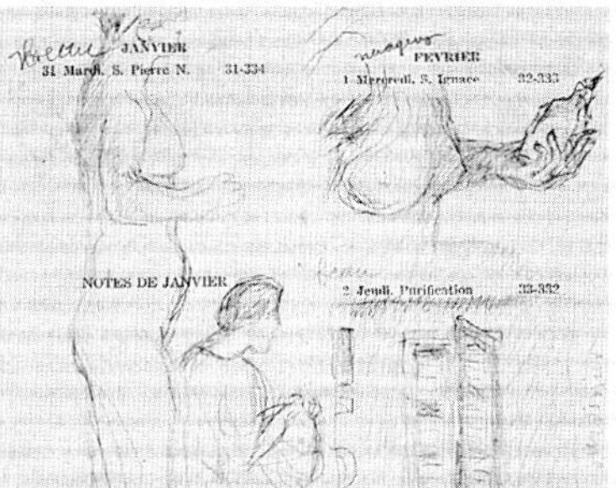
JANVIER
31 Mardi. S. Pierre N. 31-334
FÉVRIER
1 Mercredi. S. Ignace 32-333
NOTES DE JANVIER
beau
2 Jeudi. Purification 33-332

Les maisons du peintre

L'œuvre de Bonnard reflète son goût profond pour l'intimité, la vie familiale. Il a aimé, parfois avec passion, ses maisons et s'en est toujours inspiré ainsi que des paysages alentour.

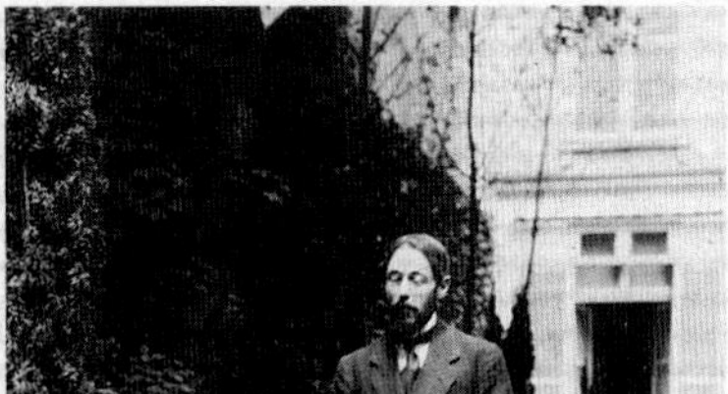

Bonnard chez lui à Saint-Germain-en-Laye.

Le Grand-Lemps

La première, c'est la maison familiale du Grand-Lemps, en Dauphiné. Maison qui fut celle de son grand-père Michel Bonnard, agriculteur et marchand de grains, puis celle de son père qui vint s'y retirer dans son âge mûr. Toute petite maison carrée à l'origine, mais fort agrandie dans la suite, et qu'entourait un «clos» d'une dizaine d'arpents.

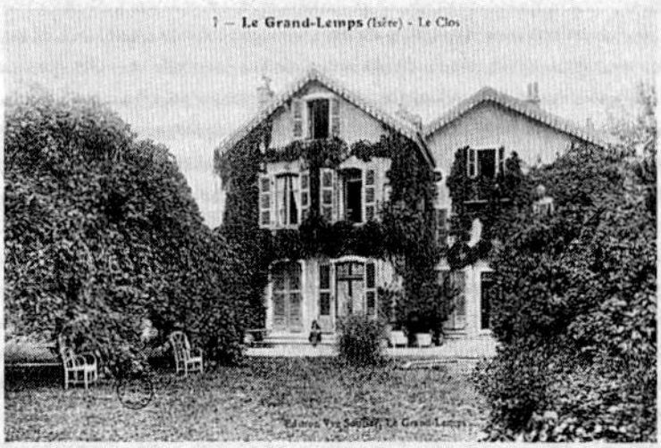

Le Clos, au Grand-Lemps.

Le Grand-Lemps est un bourg situé entre Lyon et Grenoble, à quatre lieues à l'est de La Côte-Saint-André. […].

Sous ce ciel l'hiver est long. Au printemps les terres sont délayées de neige fondante. Mais dès le mois de mai la nature longtemps endormie se réveille et, dans ce sol fertile, s'épanouit. […]

C'est là qu'il fit ses premières peintures. […] Bonnard peint des paysages en des toiles toutes petites, qui ont la délicatesse des Corot d'Italie. Mais déjà la vie l'attire et le charme. […] La maison de Lemps se peuple peu à peu de petits garçons et de petites filles. Toutes les grâces enfantines vont sourire dans les œuvres de Bonnard. […]

Il y vient chaque automne, car il habite Paris, et quelquefois en hiver, lorsqu'il y a trop longtemps qu'il n'a revu sa mère. Elle lui a fait aménager, au second étage de la vieille maison, qui poussait ainsi des ajoutures dans tous les sens, un atelier. Par la baie vitrée on voit, au nord, les toits du village et son beffroi, plus loin la barrière proche de coteaux. […]

La maison de Montval

La seconde maison est celle de Montval. Bonnard est parisien. Mais en avril, dès que les pêchers commencent à fleurir il lui faut retrouver la nature. Vers 1900, il loue une petite maison aux environs de Paris.

Elle est toute petite, en bas d'un chemin creux assez raide qu'on appelle la rue de la Montagne et qui débouche dans la grande rue. Au devant d'elle il y a un jardin bordé de marronniers. La façade est percée de trois portes en cintre. Elle n'a qu'un étage, qui abrite deux chambrettes basses ajourées d'une baie ronde. […]

La Roulotte

Cette magie, il la veut plus ample encore. Un jour il rencontre auprès de Vernon – et non loin du Giverny de Claude Monet – une maison nouvelle. On l'avait nommée Ma Roulotte. Ma Roulotte, quel nom séduisant pour un paysagiste! Elle porte bien son nom. En bordure de la route qui conduit de Vernonnet à Pressagny, et en bordure du fleuve, elle est comme un trait d'union entre la route et la rivière. […]

Il décrit encore le spectacle que de sa fenêtre, ou du haut de la colline voisine il découvre, les champs vert pâle et or au début de l'été, les bords de la rivière suivis de lignes de peupliers, d'ormes, de frênes, avec les taches argentées des saules, la rivière elle-même, majestueuse, avec sa vie de bateaux, et qui tantôt est bleue sous le soleil, tantôt couleur de plomb sous la pluie. […]

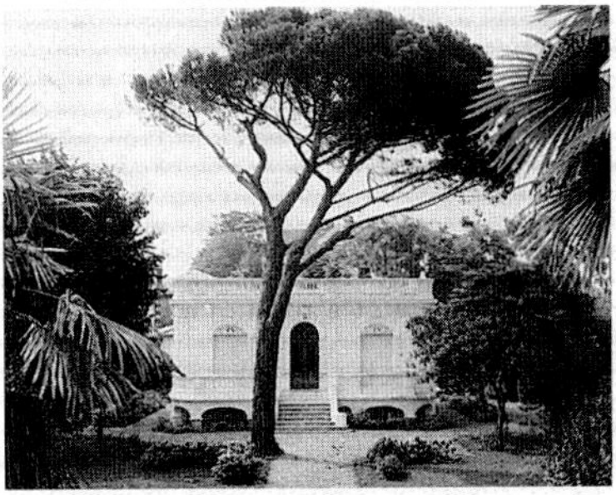

La Villa Castellamare, dans la ville d'hiver, à Arcachon.

La villa Le Bosquet

[…]

Il séjourne ici et là sur la Côte, à Saint-Tropez, dans la maison de Manguin, à Antibes, à Grasse. Au Cannet, au-dessus de Cannes, il découvre parmi les demeures opulentes une modeste petite maison rose qu'il appellera Le Bosquet.

Charles Terrasse,
Formes et couleurs, 1944

La Villa Le Bosquet, au Cannet.

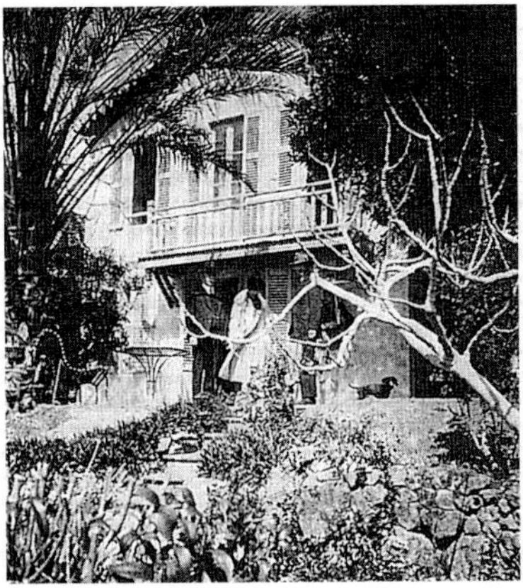

Polémique

Dans* Les Cahiers d'art *, revue critique, paraît en 1947, à l'occasion de la grande exposition Bonnard au musée de l'Orangerie, quelques mois après la mort du peintre, un article polémique signé Christian Zervos. Cette prise de position provoqua l'indignation de Matisse qui répondit en annotant l'article : «Oui, je certifie que Pierre Bonnard est un grand peintre pour aujourd'hui, et sûrement pour l'avenir.»

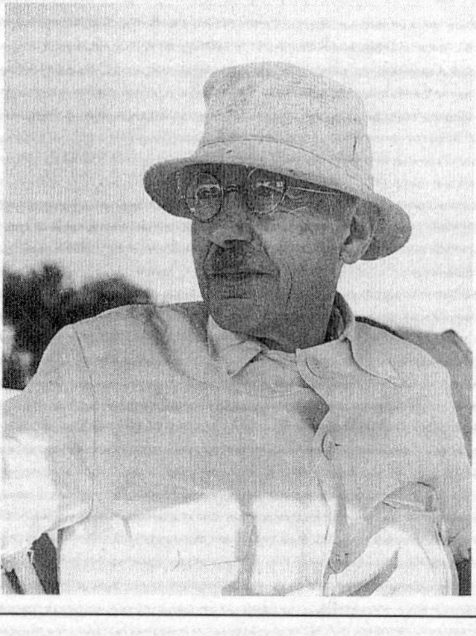

Jusqu'ici il était difficile de formuler un point de vue sur les peintures de Bonnard, connues seulement par des expositions d'importance limitée. L'impression qu'on en recevait chaque fois était trop fragmentaire pour qu'on en vînt à aborder ces peintures de plain-pied et en connaître les élévations et les chutes.

La récente exposition de l'ensemble des recherches de Bonnard, organisée par le musée de l'Orangerie, fait sortir son œuvre des raccourcis qui flattent davantage et n'en laisse plus rien ignorer.

Je dirai en conscience que cette exposition m'a bien désappointé. Elle ne répondait pas à l'attente que donnait la renommée de l'artiste. Je l'avoue, il m'est impossible de passer par cette admiration et de consentir à celui-ci ne fût-ce qu'une petite part de la révérence qu'il inspire. […]

Bonnard, ne l'oublions pas, a vécu ses premières années de travail sous le beau rayon de l'impressionnisme. Il fut en quelque sorte le dernier organe assimilateur de cette esthétique. Mais ce fut un organe si faible qu'il n'en a jamais recueilli la veine vigoureuse. […]

On sait que l'impressionnisme a introduit dans le tableau un jeu complexe de vibrations atmosphériques qui dénote un vif sentiment de la lumière, et usé de subtils artifices pour en tirer tout le possible, mais sans omettre un instant de les tenir légèrement au-dessous du modèle. Faute de pouvoir accorder ses pensées avec le monde impressionniste, Bonnard s'est servi de ces vibrations atmosphériques d'une manière si excessive que celles-ci finirent par dominer le modèle aussi bien que tout alentour, tellement qu'en définitive les différentes parties de ses tableaux s'en trouvent éteintes et nivelées. […]

Deux tendances principales se partagent la nouvelle esthétique ressortissant aux conceptions les plus audacieuses de l'art. D'une part Matisse, de l'autre le cubisme, comme on le sait du reste.

L'entreprise de Matisse, exceptionnelle par ses envols téméraires comme par ses belles et agréables parties, prépare avec verve et entraînement la voie à de nouvelles découvertes. Ses entrelacements de pensées, de formes, d'effusions lyriques, fondées sur l'instinct, et pour une très large part insconcientes, sans cesse renouvelées par une miraculeuse illusion, ont remis les choses de l'art en haute posture et donné à la peinture l'élan vigoureux dont Bonnard était incapable. […]

Bien que je répugne à considérer un artiste autrement qu'en lui-même et dans sa propre signification, et à faire prendre à un autre homme des avantages sur lui ou encore à m'en servir comme d'une arme de combat, je ne saurais me défendre, dans la mesure seulement où la question de l'œuvre de Bonnard doit devenir plus claire, de le mettre en regard de Matisse et des peintres cubistes de meilleure race, et de m'étonner qu'il ait vécu une des plus aiguës périodes de l'art sans avoir eu l'instinct de ce qui était à faire, et aussi que tant d'investigations, d'inquiétudes, de recherches, et de découvertes retentissantes ne lui aient pas donné l'éveil, que rien n'ai rejailli dans son travail des essors aventureux, de l'accroissement de puissance et d'ascendant, de l'originalité viable et sincère des hommes avec qui il avait vécu coude à coude. […]

Tel me paraît Bonnard, un artiste sans déchets, ou presque, mais sans surcroît. S'il possède des qualités, il n'en est pas moins dénué d'étendue d'esprit et d'aperçus de génie. Son inspiration n'est pas assez vive, car il n'est jamais sous l'empire d'une exaltation sensible et il ne peut s'abandonner aux violents conflits intérieurs ni à l'impulsion du combat. Partout où il lui faudrait frapper un coup décisif, il glisse. […]

Nombreux seront sans doute ceux qui penseront que je me suis pitoyablement mépris sur le compte de Bonnard. Je m'excuse de persister dans mes impressions.

Christian Zervos,
Les Cahiers d'art, 1947

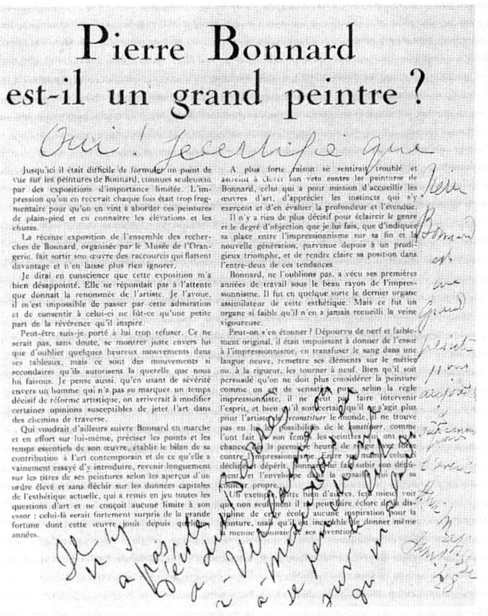

Pierre Bonnard est-il un grand peintre ?

Jusqu'ici il était difficile de formuler un point de vue sur les peintures de Bonnard, connues seulement par des expositions d'importance limitée. L'impression qu'on en recevait chaque fois était trop fragmentaire pour qu'on en vint à aborder ces peintures de plain-pied et en connaître les élévations et les chutes.

La récente exposition de l'ensemble des recherches de Bonnard, organisée par le Musée de l'Orangerie, fait sortir son œuvre des raccourcis qui flattent davantage et n'en laisse plus rien ignorer.

Je dirai en conscience que cette exposition m'a bien désappointé. Elle ne répondait pas à l'attente que donnait la renommée de l'artiste. Je l'avoue, il m'est impossible de passer par cette admiration et de consentir à celui-ci ne fût-ce qu'une petite part de la révérence qu'il inspire.

Peut-être suis-je porté à lui trop refuser. Ce ne serait pas, sans doute, se montrer juste envers lui que d'oublier quelques heureux mouvements dans ses tableaux, mais ce sont des mouvements si secondaires qu'ils autorisent la querelle que nous lui faisons. Je pense aussi, qu'en usant de sévérité envers un homme qui n'a pas su marquer un temps décisif de réforme artistique, on arriverait à modifier certaines opinions susceptibles de jeter l'art dans des chemins de traverse.

Qui voudrait d'ailleurs suivre Bonnard en marche et en effort sur lui-même, préciser les points et les temps essentiels de son œuvre, établir le bilan de sa contribution à l'art contemporain et de ce qu'elle a vainement essayé d'y introduire, revenir longuement sur les titres de ses peintures selon les aperçus d'un ordre élevé et sans fléchir sur les données capitales de l'esthétique actuelle, qui a remis en jeu toutes les questions d'art et ne conçoit aucune limite à son essor ; celui-là serait fortement surpris de la grande fortune dont cette œuvre jouit depuis quelques années.

A plus forte raison se sentirait troublé et astreint à élever son veto entre les peintures de Bonnard, celui qui a pour mission d'accueillir les œuvres d'art, d'apprécier les instincts qui s'y exercent et d'en évaluer la profondeur et l'étendue.

Il n'y a rien de plus décisif pour éclaircir le genre et le degré d'objection que je lui fais, que d'indiquer sa place entre l'impressionnisme sur sa fin et la nouvelle génération, parvenue depuis à un prodigieux triomphe, et de rendre claire sa position dans l'entre-deux de ces tendances.

Bonnard, ne l'oublions pas, a vécu ses premières années de travail sous le beau rayon de l'impressionnisme. Il fut en quelque sorte le dernier organe assimilateur de cette esthétique. Mais ce fut un organe si faible qu'il n'en a jamais recueilli la veine vigoureuse.

Peut-on s'en étonner ? Dépourvu de nerf et faiblement original, il était impuissant à donner de l'essor à l'impressionnisme, en transfuser le sang dans une langue neuve, remettre ses éléments sur le métier ou, à la rigueur, les tourner à neuf. Bien qu'il soit persuadé qu'on ne doit plus considérer la peinture comme un art de sensation pure, selon la règle impressionniste, il ne peut pas faire intervenir l'esprit, et bien qu'il soit certain qu'il ne s'agit plus pour l'artiste de *reconstituer* le monde, il ne trouve pas en lui les possibilités de le *constituer*, comme l'ont fait [illegible] son temps les peintres qui ont eu la chance, dès la première heure, de réagir avec force contre l'impressionnisme. Entre ses mains celui-ci décline et dépérit. Bonnard lui fait subir son dénuement, et l'enveloppe dans la grisaille qui est sa couleur propre.

Un exemple, entre bien d'autres, fera mieux voir que non seulement il ne peut faire éclore de la discipline de cette école aucune inspiration pour la peinture, mais qu'il est incapable de donner même la menue monnaie de ses inventions.

L'article des *Cahiers d'art*, annoté par Matisse.

BIBLIOGRAPHIE

Le recensement le plus important de tous les textes parus sur Pierre Bonnard a été publié dans les catalogues des expositions Bonnard à Washington et à Dallas en 1984.
Il était nécessaire d'insister sur les témoignages de ses contemporains, sans pour autant méconnaître l'importance et souvent l'originalité de toutes les études postérieures.

Catalogues raisonnés

Peintures
- Jean et Henry Dauberville, *Bonnard. Catalogue raisonné de l'œuvre peint*, Paris, Bernheim-Jeune, t. I : *1888-1905*, 1966; t. II : *1906-1919*, 1968; t. III : *1920-1939*, 1973; t. IV : *1940-1947* et supplément *1887-1939*, 1974.

Gravures et lithographies
- Claude Roger-Marx, *Bonnard lithographe*, Monaco, André Sauret, 1952.
- Francis Bouvet, *Bonnard : l'œuvre gravé. Catalogue complet*, Paris, Flammarion, 1981.

Photographies
- Françoise Heilbrun et Philippe Néagu, *Pierre Bonnard photographe*, Paris, Philippe Sers, Réunion des musées nationaux, 1987.

Illustrations reproduites
- *Bonnard illustrateur*, Paris, Adam Biro, 1988.

Monographies

Livres
- François Fosca, *Bonnard*, Genève, Kundig, 1919.
- Léon Werth, *Bonnard*, Paris, Crès, 1919 et 1923.
- Gustave Coquiot, *Bonnard*, Paris, Bernheim-Jeune, 1922.
- Charles Terrasse, *Bonnard*, Paris, Henri Floury, 1927.
- Pierre Courthion, *Bonnard, peintre du merveilleux*, Lausanne, Marguerat, 1945.
- François-Joachim Beer, Louis Gillet, Raymond Cogniat, *Pierre Bonnard*, Marseille, Editions françaises d'art, 1947.
- Thadée Natanson, *Le Bonnard que je proprose*, Genève, Pierre Cailler, 1951.
- Denys Sutton, *Bonnard*, Londres, Faber and Faber, The Faber Gallery, 1957.
- Antoine Terrasse, *Bonnard*, Genève, Skira, 1964 ; Gallimard, 1967 et 1988.
- Annette Vaillant, *Bonnard ou le bonheur de voir*, Neuchâtel, Ides et Calendes, 1965.
- Raymond Cogniat, *Bonnard*, Paris, Flammarion, 1968 et 1977.
- André Fermigier, *Pierre Bonnard*, Paris, Cercle d'art, New York, Harry N. Abrams, 1969.
- Jean Clair, *Bonnard*, Paris, Henri Screpel, 1985.
- Guy Amoureux, *L'univers de Bonnard*, Paris, Henri Screpel, 1985.
- Michel Terrasse, *Bonnard et le Cannet*, Paris, Herscher, 1987.
- Michel Terrasse, *Bonnard, du dessin au tableau*, Paris, Imprimerie nationale, 1996.
- Guy Cogeval, *Bonnard*, Paris, Hazan, 1993.
- Nicholas Watkins, *Bonnard*, Londres, Phaëdon Press, 1994.
- Timothy Hyman, *Bonnard*, Londres, Thames and Hudson, 1998.
- George Roque, *La stratégie de Bonnard. Couleur, lumière, regard*, Paris, Gallimard, 2006.

Numéros de revues consacrés à Bonnard
- Le Point, Lanzac, 1943, XXIV, «Bonnard».
- *Formes et couleurs*, Lausanne, 1944, n°2, «Bonnard».
- *Les publications techniques et artistiques*, Paris, 1945, «Pierre Bonnard».
- *Verve*, Paris, 1947, vol. V, n° 17-18, «Couleur de Bonnard».

Journaux et revues contemporains
- Gaston Gallimard, «Œuvres récentes de Bonnard (Galerie Bernheim)», *La Nouvelle Revue française*, n° 44, Paris, août 1912.
- Lucie Cousturier, «Pierre Bonnard», *L'Art décoratif*, n° 180, Paris, 20 décembre 1912.
- André Lhote, «Bonnard», *La Nouvelle Revue française*, Paris, 1er janvier 1929, et «Irréalisme et Surréalisme», *La Nouvelle Revue française*, août 1933.
- Raymond Cogniat, «Leurs débuts : Pierre Bonnard», *Les Nouvelles littéraires*, Paris, 29 juillet 1933.
- Pierre Courthion, «Impromptu : Pierre Bonnard», *Les Nouvelles littéraires*, Paris, 24 juin 1933.
- Charles Sterling, «Bonnard», *L'Amour de l'art*, Paris, avril 1933.
- Maurice Denis, «L'Epoque du symbolisme», *Gazette des Beaux-Arts*, Paris, mars 1934.
- Ingrid Rydbeck, «Hos Bonnard i Deauville», *Konstrevy*, n° 4, Stockholm, 1937.
- Ambroise Vollard, «Mes portraits», *Arts et métiers graphiques*, n° 64, Paris, 15 septembre 1938.

- Jacques Kober, «Bonnard et les écoles» *L'Arche*, n° 6, Paris, février 1941, et «Hommage», *Derrière le miroir*, Galerie Maeght, Paris, février-mars 1947.
- Maurice Morel, «Un primitif parmi nous», *Les Editions de France*, Paris, juillet 1942.
- Marguette Bouvier, «Pierre Bonnard revient à la litho...», *Comœdia*, Paris, 23 janvier 1943.
- André Giverny, «Bonnard», *La France libre*, Londres-Alger, 15 mai 1943.
- Gaston Diehl, «Pierre Bonnard dans son univers enchanté», *Comœdia*, Paris, 10 juillet 1943; «Fidélité de Pierre Bonnard», *Comœdia*, 15 avril 1944; «Les Problèmes de la peinture», *Confluences*, Paris, 1945.
- Albert Flament, «Les Silences du peintre Bonnard», *La Revue des Deux Mondes*, n° 78, Paris, 15 décembre 1943.
- Jacques Lassaigne, «Hommage à Bonnard», *La Maison française*, n° 1, 1946.

Catalogues d'expositions

- Copenhague, Ny Carlsberg Glyptotek, mai 1947 : *Bonnard*. Préface de Haavard Rostrup.
- Amsterdam, Stedelijk Museum, juin-juillet 1947 : *Pierre Bonnard*. Préface de Claude Roger-Marx.
- Stockholm, Svensk Fransk Konstgalleriet, septembre 1947 : *Pierre Bonnard : Svensk ägo*.
- Paris, Orangerie des Tuileries, oct.-nov. 1947 : *Bonnard*. Préface de Charles Terrasse.
- Cleveland, Museum of Art, 3 mars-11 avril 1948 : New York, The Museum of Modern Art, 11 mai-6 septembre 1948 : *Pierre Bonnard : A Retrospective Exhibition*. Introduction de Charles Terrasse et texte de John Rewald.
- Zurich, Kunsthaus, 6 juin-24 juillet 1949 : *Pierre Bonnard*, Préface de Jean Leymarie.
- Milan, Palazzo della Permanente, avril-mai 1955 : *Pierre Bonnard*. Textes de Charles Terrasse et Franco Russoli.
- Paris, Galerie Bernheim-Jeune, mai-juillet 1956 : *Hommage à Bonnard*. Préface de Jean et Henry Dauberville.
- New York, The Museum of Modern Art, 7 octobre-29 novembre 1964; Chicago, The Art Institute, 8 janvier-28 février 1965; Los Angeles, The County Museum of Art, 31 mars-31 mai 1965 : *Bonnard and his Environment*. Textes de James Thrall Soby, James Elliott, Monroe Wheeler.
- Londres, Royal Academy of Arts, 6 janvier-6 mars 1966 : *Pierre Bonnard*. Préface de Charles Wheeler, texte de Denys Sutton.
- Paris, Orangerie des Tuileries, 13 janvier-15 avril 1967 : *Pierre Bonnard : Centenaire de sa naissance*.
- Tokyo, Musée national d'art occidental, 20 mars-5 mai 1968; Kyoto, Musée national d'art moderne, 11 mai-16 juin 1968 : *Bonnard*.
- Hambourg, Kunstverein, 6 févr.-5 avr. 1970 : *Pierre Bonnard : Gemälde, Aquarelle, Zeichnungen and Druckgraphik*. Texte de H. Platte.
- Saint-Paul-de-Vence, Fondation Maeght, 18 juillet-28 septembre 1975 : *Bonnard dans sa lumière*. Textes de M. Arland et de J.Leymarie.
- Paris, Centre Georges-Pompidou, Musée national d'art moderne, 23 février-21 mai 1984; Washington, The Phillips Collection, 9 juin-20 août 1984; Dallas, Museum of Art, 16 septembre-20 novembre 1984 : *Bonnard*. Textes de Jean Clair, Steven A. Nash, Margrit Hahnloser-Ingold, Jean-François Chevrier, Sasha Newman.
- Bordeaux, Galerie des Beaux-Arts, 10 mai-25 août 1985 : *Hommage à Bonnard*. Textes de Claire Frèches-Thory et de Philippe Le Leyzour.
- Londres, Tate Gallery, 12 février-17 mai 1998; New York, Museum of Modern Art, 17 juin-13 octobre 1998 : *Bonnard*. Textes de Sarah Whitfield et de John Elderfield.
- Paris, Musée d'art moderne de la ville de Paris, 25 janvier-30 avril 2006, *Pierre Bonnard L'œuvre d'art, un arrêt du temps*, Paris-Musées, 2006.

TABLE DES ILLUSTRATIONS

COUVERTURE

1er plat *La Porte-Fenêtre ouverte*, vers 1921, huile sur toile (h/t), 114 x 112 cm, détail. Coll. part.
Dos *Nu gris de profil*, 1936, h/t, 114 x 61 cm. Coll. part.
4e plat *Le Moulin à café*, 1930, h/t, 48 x 57 cm. Winterthur, Kunstmuseum.

OUVERTURE

1 *Nu accroupi au tub*, 1916, h/t, 140 x 102 cm. Coll. part,
2 *Nu à la cheminée*, 1913, h/t, 77 x 59 cm. Saint-Tropez, Musée de l'Annonciade.
3 *Le Grand Nu bleu*, 1924, h/t, 101 x 73 cm. Coll. part.
4 *Nu gris de profil*, 1936, h/t, 114 x 61 cm. Coll. part.
5 *Nu devant la glace*, 1933, h/t, 154 x 104,5 cm. Venise, Galerie d'Art moderne.
6 *Nu de dos à la toilette*, 1934, h/t, 106 x 72 cm. Paris, Musée national

d'Art moderne.
7 *Nu à la baignoire*, 1931, h/t, 120 x 100 cm. Paris, Musée national d'Art moderne.
8-9 *Nu à la baignoire*, 1936, h/t, 93 x 147 cm. Paris, Musée du Petit Palais.
11 *Le Nuage sur la mer*, vers 1930, gouache, 28 x 36 cm. Coll. part.

CHAPITRE I

12 *Portrait de l'artiste par lui-même*, 1889, h/t, 21,5 x 15,8 cm. Coll. part.
13 «La Voiture de livraison», 1885, crayon et encre sur papier. Coll. part.
14 *Les Toits du Grand-Lemps*, tableau inachevé, 20,5 x 26 cm. Coll. part.
14h *Bonnard enfant*, peinture anonyme. Coll. part.
15 «La Seine à Paris», crayon plume et aquarelle, page de carnet, 1882. Coll. part.
16h Vuillard, *Portrait de Pierre Bonnard*, 1891. Coll. part.
16-17 «L'Académie Julian», *in* Pierre Bonnard, *La Vie du peintre*. Coll. part.
17 Paul Sérusier, *Le Talisman*, huile sur bois. Paris, Musée d'Orsay.
18 *Andrée Bonnard avec ses chiens*, 1890, h/t, 188 x 80 cm. Coll. part.
18-19 *L'Exercice*, 1890, h/t, 23 x 31 cm. Coll. part.
19 «Au Palais», 1889, croquis sur feuille volante. Coll. part.
20 «La Famille du peintre», crayon, vers 1891. Coll. part.
21h *Le Chien Ravageau*, h/t, 24 x 19 cm. Coll. part.
21b *L'Après-Midi au jardin*, 1891, h/t, 38 x 45 cm. Coll. part.
22-23 *Femmes au jardin, paravent à quatre volets*, 1891, huile sur papier collé sur toile, 160 x 48 cm. Paris, Musée d'Orsay.
22g *Femme à la robe à pois blancs*.
22d *Femme assise au chat*.
23g *Femme à la robe quadrillée*.
23d *Femme à la pèlerine*.
24h *France-Champagne*, 1891, affiche, lithographie en 3 couleurs, 70 x 50 cm. Coll. part.
24b Toulouse-Lautrec, *Le Moulin rouge*, affiche. Coll. part.
25 *France-Champagne, Valse de salon pour piano*, 1891, détail. Coll. part.
26 *Le Corsage à carreaux*, 1892, h/t, 61 x 33 cm. Paris, Musée d'Orsay.
27h *Les Deux Caniches*, 1891, h/t, 36,3 x 39,5 cm. Southampton City Art Gallery.
27b Projet de meuble, 1891, crayon, plume et aquarelle, 35 x 21 cm. Paris, Galerie Berès.
28h *Baignade*, 1893, h/t, 35 x 27 cm. Coll. part., Angleterre.
28b *Le Peignoir, Femme vue de dos*, vers 1890, h/t, molletonné, 154 x 54 cm. Paris, Musée d'Orsay.
29 *Crépuscule ou La Partie de croquet*, 1892, h/t, 130 x 162,5 cm. Paris, Musée d'Orsay.
30b «Enfants et chat», vers 1895. Coll. part.
30h Bonnard dans son atelier, photographie, vers 1905. Coll. part.
31 *L'Enfant au pâté de sable*, vers 1894-1895, détrempe à la colle sur toile. Paris, Musée d'Orsay.
32 *Le Cheval de fiacre*, vers 1895, huile sur bois, 297 x 400 cm. Washington, The National Gallery of Art, Ailsa Mellon Bruce Collection.
33h *Scène de famille*, 1892, lithographie en 3 couleurs. Coll. part.
33b *Reine de joie*, 1892, lithographie en 4 couleurs, 19 x 26 cm, couverture pour un livre de Victor Joze. Coll. part.
34b *La Femme au parapluie*, lithographie en 2 couleurs, détail. Coll. part.
34h *La Petite Blanchisseuse*, 1896, lithographie en 5 couleurs. Coll. part.
35h *La Revue blanche*, 1894, affiche, lithographie en 4 couleurs. Coll. part.
35b «Boulevard», 1899, lithographie extraite de *Quelques Aspects de la vie de Paris*, album. Coll. part.
36 «Le Théâtre des Pantins», *in* Pierre Bonnard, *La Vie du peintre*, feuille d'un cahier de dessin, crayon et plume, touche de lavis, vers 1910. Coll. part.
37h et 37b Alfred Jarry, *Almanach du Père Ubu*, illustré, page de titre. Coll. part.
37m «L'Agronome citadin», dessin pour Alfred Jarry, *Le Petit Almanach du Père Ubu*. Coll. part.
37bg «L'Œuvre», vignette pour le Théâtre de l'Œuvre. Coll. part.
38 Les Enfants lisant, 1900, h/t, 45 x 54 cm. Coll. part.
39hg «Renée de dos embrassant un chien», Noisy-le-Grand, vers 1898, photographie de Pierre Bonnard. Paris, Musée d'Orsay.
39hd «La Baignade au Grand-Lemps», vers 1899, photographie de Pierre Bonnard. Paris, Musée d'Orsay.
39b *La Petite Fille au chat*, vers 1899, huile sur carton, 50 x 49 cm. Coll. part.
40 *Femme assoupie sur un lit* ou *L'Indolente*, 1899, h/t, 92 x 108 cm. Paris, Musée d'Orsay.
41 *L'Homme et la Femme*, 1900, h/t, 115 x 72,5 cm. Paris, Musée d'Orsay.

CHAPITRE II

42 *La Glace du cabinet de toilette*, 1908, huile sur panneau, 120 x 97 cm. Moscou, Musée Pouchkine.
43 Bonnard vers 1907-1909, photographie. Coll. part.
44g et 44d Paul Verlaine, *Parallèlement*, Paris, Ambroise Vollard, 1900, lithographie. Coll. part.
45h *La Pastorale de Longus* ou *Daphnis et Chloé*, Paris, Ambroise

CHAPITRE III

CHAPITRE IV

à Pierre Bonnard par Henri Matisse, 13 août 1925. Coll. part.
87b *La Table*, 1925, h/t, 102,9 x 74,3 cm. Londres, The Tate Gallery. Presented by the Courtauld Fund Trustees 1926.
88h *Nu devant la glace*, vers 1924, h/t, 117 x 66 cm. Coll. part.
88b *Le Bain*, 1920, lithographie. Coll. part.
89 *Femme nue*, 1925, h/t, 73,5 x 45 cm. Coll. part.
90h Dessin préparatoire pour *Le Compotier*, vers 1924. Coll. part.
90b *Nature morte au compotier*, 1923, h/t, 39 x 50 cm. Coll. part.
91-90b *Le Compotier*, 1924, h/t, 47 x 31 cm. Coll. part.

CHAPITRE V

92 *La Salle à manger*, vers 1944, gouache, 65 x 50 cm. Coll. part.
93 Boîte à couleurs de Bonnard. Paris, Musée du Petit Palais.
94h *Fleurs*, 1933, h/t, 59,5 x 48,5 cm. Coll. part.
94b *Le Moulin à café*, 1930, h/t, 48 x 57 cm. Winterthur, Kunstmuseum.
95 *La Salle à manger sur le jardin*, 1930-1931, h/t, 159,3 x 113,8 cm. New York, The Museum of Modern Art, don anonyme, 1941.
96 *Autoportrait*, 1930, aquarelle, gouache et crayon sur papier, 65 x 50 cm. Coll. part.
97 *Le Cabinet de toilette* ou *La Toilette*, 1932, h/t, 121 x 118,10 cm. New York, The Museum of Modern Art, Florene May Schoenborn Bequest.
98-99 *Intérieur blanc*, 1932, h/t, 109 x 162 cm. Grenoble, Musée des Beaux-Arts.
100h Exposition chez Bernheim-Jeune, 1933, photographie. Coll. part.
100b *Le Bateau jaune*, 1938, h/t, 58 x 75 cm. Coll. part., New York.
101 *Fenêtre à Trouville*, 1934, h/t, 98 x 60 cm. Asahi Brewery Ltd., Japon.
102hg Henri Matisse, photographie d'Henri Cartier-Bresson.
102hd Pierre Bonnard, photographie d'Henri Cartier-Bresson.
103h Matisse, *La Fenêtre ouverte à Collioure*, 1912, h/t, 73 x 60 cm. Coll. part.
103bg Lettre de Bonnard à Matisse. Coll. part.
103bd Lettre de Matisse à Bonnard. Coll. part.
104 *Paysage du Cannet au toit rouge*, 1945-1946, h/t, 64 x 57 cm. Coll. part.
105h Bonnard peignant, photographie de Brassaï.
105b *Ciel d'orage sur Cannes*, 1945, h/t, 51 x 73 cm. Coll. part.
106h Bonnard travaillant au *Saint-François de Sales*, photographie d'Henri Cartier-Bresson.
106b *Le Jardin au Cannet*, vers 1945, h/t, 63,5 x 53 cm. Coll. part.
107 *Plat de pêches*, 1941, h/t, 37 x 44,5 cm. Coll. part.
108 *Autoportrait*, 1945, h/t, 54 x 44 cm. Toulouse, Fondation Bemberg.
109 *L'Avant-Midi*, 1940-1946, h/t, 125 x 70 cm. Coll. part.
110h *Le Cheval de cirque*, 1936-1946, h/t, 94 x 118 cm. Coll. part.
110b Pages d'agenda, 1934. Paris, Bibliothèque nationale de France.
111 *L'Atelier au mimosa*, 1946, h/t, 125 x 125 cm. Paris, Musée national d'Art moderne.
112 *L'Amandier en fleur*, 1946-1947, h/t, 55 x 37,5 cm. Paris, Musée national d'Art moderne.

TÉMOIGNAGES ET DOCUMENTS

113 *La Promenade des nourrices*, 1897, paravent, lithographie en 5 couleurs, 150 x 200 cm. Paris, Musée d'Orsay.
114 Bonnard et Vuillard, 1899, photographie de Ker-Xavier Roussel. Paris, Musée d'Orsay.
115 Bonnard et deux amies en Normandie, 1901, photographie de Vuillard. Coll. part.
116 Bonnard et Monet à Giverny vers 1925, photographie de Jacques Salomon. Coll. part.
117 Lettre de Monet à Bonnard [sans date]. Coll. part.
118 Lettre de Bonnard à Matisse. Archives Succession Matisse.
119 Matisse, photographie d'André Ostier. Coll. part.
120 Illustration extraite de Pierre Bonnard, *La Vie du peintre*. Coll. part.
123 Mur d'atelier, photographie de Rogie André. Coll. part.
124 Chez Bonnard à Trouville, photographie de Rogie André. Coll. part.
125 *Portrait de Georges Besson*, 1909, h/t, 75 x 53 cm. Paris, Musée d'Orsay.
127 Photo d'identité de Bonnard, vers 1915. Coll. part.
128 Dessin à l'encre pour Octave Mirbeau, *La 628-E8*, Paris, Eugène Fasquelle, 1908, couverture. Coll. part.
129h *La Revue blanche*, 1902. Coll. part.
129b *Cahiers d'aujourd'hui*, 1921. Coll. part.
130-131 Pages d'agenda. Paris, Bibliothèque nationale de France.
132b Bonnard à Saint-Germain-en-Laye, photographie. Coll. part.
132h Le Grand-Lemps, carte postale ancienne. Coll. part.
133 Vues de la Villa Castellamare à Arcachon et de la Villa du Bosquet au Cannet, photographies. Coll. part.
134 Bonnard, photographie d'André Ostier. Coll. part.
135 *Les Cahiers d'art*, 1947, article annoté

INDEX DES ŒUVRES DE BONNARD

INDEX GÉNÉRAL

CRÉDITS PHOTOGRAPHIQUES

AKG 24b. Archivio Scala 42, 62b. Asahi Brewery Ltd., Japon 101. Bibliothèque nationale de France 11, 110b, 130, 131. © Mme Brassaï 105h. Bulloz 93. The Bridgeman Art Library 27h. Christie's, New York 77. Coll. part. Dos, 1, 4, 12, 14h, 16h, 20, 21b, 39b, 43, 48, 50h, 52, 53h, 54b, 55h, 55b, 56, 65b, 72h, 73h, 73b, 76h, 78, 91, 94h, 96, 98h, 104, 105b, 106b, 109, 115, 116, 117, 120, 124, 127, 128, 129. Coll. part./photo Droits Réservés 14-15, 18, 18-19, 24h, 25, 28h, 36, 37m, 60, 92, 119, 123, 124, 125, 126, 132, 133, 134. Coll. part./photo Patrick Léger 13, 14, 15, 19, 21h, 30h, 30b, 33h, 33b, 34h, 34b, 35h, 35b, 37bg, 38, 39hg, 39hd, 44g, 44d, 45h, 45b, 50m, 50b, 59h, 61, 62h, 65h, 66b, 68b, 72b, 75, 76b, 79, 80-81, 82h, 83, 84-85, 87h, 88b, 90h, 103bd. Collection Thyssen-Bornemisza, Madrid 58. Fondation Bemberg, photo J.-M. Routhier 108. Galerie Bères/photo Patrick Léger 27b. Galerie Bernheim 3, 90b. Galerie Jan Krugier, Ditesheim & Cie, Genève 69, 89, 107. Galerie Paul Pétridès, Paris 53b. Galerie Schmit 54h, 88h. Giraudon 5, 64, 66h, 67, 100b, 110h. Institut Wildenstein, Paris 1er plat, 82b. Kunstmuseum, Winterthur 2e plat, 74, 94b. Magnum 102hg, 102hd, 106h. The Metropolitan Museum, New York 63, 68h. Musée de l'Annonciade, Saint-Tropez 2. Musée des Beaux-Arts, Grenoble 98-99. Musée national d'Art moderne, Paris 6, 7, 111, 112. The Museum of Modern Art, New York 95, 97. Musées Royaux des Beaux-Arts de Belgique, Bruxelles 49. The National Gallery of Art, Washington/photo by Richard Carafelli 32. The Phillips Collection, Washington 70-71, 80. Photothèque des Musées de la Ville de Paris 8-9. Réunion des Musées nationaux, Paris 17, 22d, 22g, 23d, 23g, 26, 28b, 29, 31, 39h, 40, 41, 46-47, 48, 51, 57, 59b, 113, 114. Scottish National Museum of Modern Art, Edinburgh 81. © Succession Henri Matisse 87h, 103, 135. The Tate Gallery, Londres 87b. Van der Weydt Museum, Wuppertal 86.

REMERCIEMENTS

L'éditeur et l'auteur remercient les musées et les collectionneurs qui ont prêté leur concours à l'élaboration de cet ouvrage.

ÉDITION ET FABRICATION

DÉCOUVERTES GALLIMARD
COLLECTION CONÇUE PAR Pierre Marchand.
DIRECTION Elisabeth de Farcy. COORDINATION ÉDITORIALE Anne Lemaire.
GRAPHISME Alain Gouessant. COORDINATION ICONOGRAPHIQUE Isabelle de Latour.
SUIVI DE PRODUCTION Fabienne Brifault. SUIVI DE PARTENARIAT Madeleine Giai-Levra.
RESPONSABLE COMMUNICATION ET PRESSE Valérie Tolstoï. PRESSE David Ducreux et Alain Deroudilhe.
BONNARD «LA COULEUR AGIT»
ÉDITION Béatrice Peyret-Vignals. ICONOGRAPHIE Caterina D'Agostino.
MAQUETTE Jérôme Faucheux. LECTURE-CORRECTION Catherine Lévine et François Boisivon.

Table des matières